Hybrides Arbeiten und Lernen in virtuellen Welten

Holger Fischer · Dirk Engel

Hybrides Arbeiten und Lernen in virtuellen Welten

Mit zahlreichen Beispielen und Impulsen aus der Remote-Work-Praxis

Holger Fischer
Gießen, Deutschland

Dirk Engel
Frankfurt am Main, Deutschland

ISBN 978-3-658-42432-9   ISBN 978-3-658-42433-6 (eBook)
https://doi.org/10.1007/978-3-658-42433-6

Die Deutsche Nationalbibliothek verzeichnet diese Publikation in der DeutschenNationalbibliografie; detaillierte bibliografische Daten sind im Internet über https://dnb.d-nb.de abrufbar.

© Der/die Herausgeber bzw. der/die Autor(en), exklusiv lizenziert an Springer Fachmedien Wiesbaden GmbH, ein Teil von Springer Nature 2023

Das Werk einschließlich aller seiner Teile ist urheberrechtlich geschützt. Jede Verwertung, die nicht ausdrücklich vom Urheberrechtsgesetz zugelassen ist, bedarf der vorherigen Zustimmung des Verlags. Das gilt insbesondere für Vervielfältigungen, Bearbeitungen, Übersetzungen, Mikroverfilmungen und die Einspeicherung und Verarbeitung in elektronischen Systemen.
Die Wiedergabe von allgemein beschreibenden Bezeichnungen, Marken, Unternehmensnamen etc. in diesem Werk bedeutet nicht, dass diese frei durch jedermann benutzt werden dürfen. Die Berechtigung zur Benutzung unterliegt, auch ohne gesonderten Hinweis hierzu, den Regeln des Markenrechts. Die Rechte des jeweiligen Zeicheninhabers sind zu beachten.
Der Verlag, die Autoren und die Herausgeber gehen davon aus, dass die Angaben und Informationen in diesem Werk zum Zeitpunkt der Veröffentlichung vollständig und korrekt sind. Weder der Verlag noch die Autoren oder die Herausgeber übernehmen, ausdrücklich oder implizit, Gewähr für den Inhalt des Werkes, etwaige Fehler oder Äußerungen. Der Verlag bleibt im Hinblick auf geografische Zuordnungen und Gebietsbezeichnungen in veröffentlichten Karten und Institutionsadressen neutral.

Planung/Lektorat: Ann-Kristin Wiegmann
Springer Gabler ist ein Imprint der eingetragenen Gesellschaft Springer Fachmedien Wiesbaden GmbH und ist ein Teil von Springer Nature.
Die Anschrift der Gesellschaft ist: Abraham-Lincoln-Str. 46, 65189 Wiesbaden, Germany

Vorwort

Wir sind keine IT-Nerds, sondern Anwender, die erstmals 2021 während der Corona-Pandemie intensiver mit den neuen Möglichkeiten des Lernens und Arbeitens in virtuellen Welten in Berührung gekommen sind. Kurz danach gab es dafür ein neues Wort, das in aller Munde war: das Metaverse.

Fasziniert waren wir von den relativ einfachen und kostengünstigen Möglichkeiten (wie etwa die Plattform Gather, über die wir später mehr berichten werden), in eine immersive Welt einzutauchen und unmittelbar die Vorteile für das eigene Lernen und Arbeiten in Remote Work zu erkennen und zu erleben.

Uns wurde zudem – anders als bisher vermutet – bewusst: Das Metaverse ist keine hochkomplexe Zukunftsvision, sondern funktioniert heute schon, sogar im 8-Bit-Design und ganz ohne VR-Brille. Wir erkannten, dass man bereits mit niedrigschwelligen Lösungen spannende und praktische Anwendungsmöglichkeiten für die tägliche Arbeit und Wissensvermittlung in virtuellen Räumen realisieren konnte. Auf welche Technologie man letztendlich dabei setzen sollte, hängt ganz entscheidend vom jeweiligen Use Case ab.

Während unserer Recherchen zu diesem Buch stellten wir fest: Eine zunächst auf Gaming ausgerichtete Technologie, ob in 3D-Light oder hoch immersiv mit VR-Brille und Tracking, öffnet sich mittlerweile immer stärker für Anwendungen in der Arbeits- und Lernwelt und bietet eine Vielzahl von Einsatzmöglichkeiten. Durch die Integration von Künstlicher Intelligenz werden diese in für uns bisher unvorstellbare Dimensionen erweitert.

Was uns überrascht hat: Im deutschsprachigen Raum fanden wir bis Anfang 2023 kaum entsprechende Fachliteratur, die neben einer wissenschaftlichen Betrachtung ganz praktische Handlungsempfehlungen für den Einsatz von VR-Technologie in der beruflichen Praxis lieferte. Bewusst haben wir uns daher in diesem Fachbuch dazu entschieden, konkrete praktische Beispiele aus dem Lern- und Berufsalltag vorzustellen, Interviews mit Experten zu führen und jene Menschen zu Wort kommen zu lassen, für die virtuelle Welten mittlerweile zum Alltag gehören.

Nachdem wir einen Blick darauf werfen, weshalb es in Zeiten von Remote Work neue Lösungen braucht und wie virtuelle Welten dabei helfen können, stellen wir verschiedene konkrete Ansätze und damit Praxisbeispiele vor.

Wir fragen, was die Wissenschaft und die Psychologie aus heutiger Sicht über das Metaverse, Avatare und ihre Wirkung auf das menschliche Gehirn wissen und werfen im Anschluss einen Blick in die nähere Zukunft, in der die Künstliche Intelligenz eine immer größere Rolle spielen wird. In Kapitel 6 dieses Buches finden Sie zudem eine Übersicht niedrigschwelliger Plattformen, die einen leichten Einstieg in das Metaverse ermöglichen.

Wir sind überzeugt, dass dieses Buch einen echten Mehrwert für Personaler, Entscheider und Führungskräfte liefert, die ihr Unternehmen in jene Zukunft führen und wettbewerbsfähig bleiben wollen.

Ganz besonders gilt unser Dank Sven Nordmann, der uns mit seinem journalistischen Hintergrund seit Beginn des Buchprojektes konstruktiv-kritisch begleitet hat. Durch seine fundierten Interviews sowie Hintergrundgespräche mit den verschiedenen Experten konnten wir schließlich aus einem größeren Fundus die für uns interessantesten Best-Practice Beispiele in diesem Fachbuch zusammenstellen. Der Dank gilt ebenso allen Personen, die uns durch ihre Praxisbeispiele sowie dem vertiefenden und zum Teil sehr immersiven Eintauchen ins Metaversum die vielfältigen Einsatzmöglichkeiten der neuen VR-Technologien aufgezeigt haben. Danken möchten wir insbesondere dem gesamten Team der Confidos Akademie – ein solches Werk ist immer nur so gut, wie das Team dahinter auch funktioniert. Herzlichen Dank ebenso an all unsere Gesprächspartner und jene, die die Entstehung dieses Buches begleitet haben. Es würde hier den Rahmen sprengen, diese alle namentlich zu erwähnen.

Während unseres Buchprojektes konnten wir unser Wissen über virtuelle Welten und Künstliche Intelligenz deutlich erweitern. Uns ist die Halbwertzeit dieses Wissens bewusst. Auch wenn wir uns darüber im Klaren sind, dass ein Fachbuch wie dieses die (neue) virtuelle Realität nur im Ansatz wiedergeben kann, so sind wir doch davon überzeugt, dass unser Buch sowohl einen theoretisch als auch wichtigen praktischen Überblick liefert. Als nächsten Schritt empfehlen wir den ganz persönlichen Praxistest. Aber Vorsicht: Manches wirkt realistischer als einem vielleicht lieb sein mag. Verbunden mit der Hoffnung, dass Sie für sich ganz persönlich, für Ihr Team, Ihr Unternehmen oder Ihre Organisation hilfreiche und ganz praktische Anregungen für Ihren beruflichen Alltag erhalten, wünschen wir Ihnen nun inspirierende Impulse beim Lesen der Lektüre.

Noch ein Hinweis zum „Gendern": In diesem Buch haben wir uns Mühe gegeben, die neutrale Form zu verwenden. Zur besseren Lesbarkeit wählen wir gelegentlich die männliche Form. Diese gilt für alle Geschlechter.

Gießen/ Frankfurt im Sommer 2023　　　　　　　　　　　　　　　　Holger Fischer
　　　　　　　　　　　　　　　　　　　　　　　　　　　　　　　　　Dirk Engel

Inhaltsverzeichnis

1	**Welche Herausforderungen haben wir in der neuen Arbeitswelt?**		1
1.1	Warum wir dieses Buch für wichtig halten		1
1.2	Damit wir wissen, worüber wir sprechen...		5
	1.2.1	Glossar: Begriffe rund ums Metaverse und in diesem Buch	6
	1.2.2	Wir sind schon im Metaverse – mehr oder weniger	10
1.3	Wo stehen wir in Deutschland?		12
	1.3.1	Die Herausforderungen durch Remote Work	12
	1.3.2	Lernen im Remote-Work-Modus	22
	1.3.3	Stärken & Schwächen von Zoom, Microsoft Teams & Co	24
1.4	Warum informelle Kommunikation so wichtig ist		27
	1.4.1	Der spontane Austausch im Flur bleibt im Homeoffice aus	28
	1.4.2	Zwang- und formlose Gespräche bieten Raum für Kreativität	29
1.5	Das Konzept der virtuellen Distanz		29
	1.5.1	Je größer die virtuelle Distanz, desto größer die Probleme	30
	1.5.2	Virtuelle Welten können die Brücke schlagen zwischen mobilem Arbeiten und persönlicher Nähe	31
	Literatur		31
2	**Wie können virtuelle Arbeitswelten helfen?**		35
2.1	Mehr Nähe, Effizenz und Einsparungen		35
2.2	Gather: Mit Pokémon-Style in die Remote-Work-Welt		37
	2.2.1	Spielerische Flexibilität	38
	2.2.2	Interview mit Philipp Wang (Gather)	38
2.3	Das „Bürogefühl" wieder aufleben lassen		40
	2.3.1	Interview mit Nargiza Shamsieva	40
	2.3.2	Die Effizenz steigern und Kosten sparen	44
	2.3.3	Kreatives Arbeiten	48
	2.3.4	Nachhaltiges Lernen: Von der Präsenz bis zum Metaverse	52
	2.3.5	Virtuelles Verkaufen	66

2.4		Wo virtuelle Welten zum Einsatz kommen können	69
2.5		Was virtuelle Welten kosten	71
2.6		Ein paar kurze Anmerkungen zu Datenschutz und Datensicherheit	72
Literatur			74

3 Was können wir aus der Praxis lernen? ... 75

3.1		Confidos Akademie: Schritt für Schritt zum Büroalltag in der virtuellen Welt	75
	3.1.1	Frühjahr 2021: Der erste Kontakt mit Gather	76
	3.1.2	Herbst 2021: Der erste User Case	76
	3.1.3	Anfang 2022: Arbeiten in einer neuen Umgebung	78
	3.1.4	Frühjahr 2022: Erste kreative Gestaltungen	80
	3.1.5	Mitte 2022: Vertrautheit und Gewöhnung setzen ein	80
	3.1.6	Ende 2022: Ein Resümee der Herausforderungen	82
	3.1.7	Anfang 2023: Der Relaunch	82
3.2		Ihre Checkliste für den Einstieg in einfache virtuelle Welten	86
3.3		Neusehland: Wenn Blended Learning auf eine virtuelle Welt trifft	89
	3.3.1	Neusehland zählt zu den Pionieren in der Fortbildung im Metaverse	90
	3.3.2	Selbstlernphasen wechseln sich mit Live-Meetings ab	91
	3.3.3	Die Beschäftigten können sich durchgehend spontan virtuell treffen	93
	3.3.4	Gruppenarbeiten können flexibler umgesetzt werden	93
	3.3.5	Klar wird: Präsenz wird nicht ersetzt, sondern ergänzt	95
	3.3.6	Wie liefen die zwei Blended-Learning-Kurse konkret ab?	96
	3.3.7	Zwei verschiedene Kurse: Gleicher Ablauf, unterschiedlicher Inhalt	97
	3.3.8	Am virtuellen Whiteboard tragen die Beschäftigten Erkenntnisse zusammen	99
	3.3.9	„In Gather läuft das alles organischer und natürlicher ab"	99
	3.3.10	Was sagen die Teilnehmenden dazu?	100
	3.3.11	Der Weg ins moderne Lernen wird begleitet	101
	3.3.12	Wie soll es weitergehen?	101
3.4		Pflege-VR: Patienten virtuell pflegen und auf Weltreise schicken	103
3.5		ThinkStartVR: Sie bringen Unternehmen die Brille bei	105
	3.5.1	„Wann ist es eine sinnvolle Alternative?"	106
	3.5.2	360-Grad-Videos vom Meetingraum	108
3.6		teamazing: Wie neue Beschäftigte in der 2D-Welt eingearbeitet werden	109
	3.6.1	„Den größten Schwerpunkt legen wir auf Online-Teambuilding"	110

		3.6.2	Inhalte hervorheben, Interaktion mit neuen Kollegen forcieren	111
		3.6.3	Das Gefühl, in einem gemeinsamen Raum zu sein	112
	3.7		Weitere Metaverse-Möglichkeiten: Spielerische Ansätze von Meereswelten über Fitnesstraining	112
		3.7.1	Plötzlich wird die gemächliche Achterbahn zum Schweißbad	114
		3.7.2	Virtuellen Meeresschmutz kaufen, Welt verbessern	115
		3.7.3	Auch Zverev und Klopp nutzen dieses Trainingssystem	116
	3.8		WorldofVR: Den passenden Bürostuhl virtuell aussuchen	117
	3.9		Augmented Reality: Die Störung beheben, ohne vorbeizuschauen	119
	3.10		Weltenmacher: Virtuell den Erste-Hilfe-Kurs absolvieren	121
4	**Was weiß die Wissenschaft? – Einige Erkenntnisse für die Praxis**			**125**
	4.1		Warum identifizieren wir uns mit Avataren?	126
		4.1.1	„Menschen glauben, einen Körper zu besitzen, der nicht der eigene ist"	126
		4.1.2	Ist der Avatar groß, tritt man aggressiver auf	127
	4.2		Wieso tauchen wir so tief in virtuelle Welten ein?	129
		4.2.1	Bemerkt unser Geist nicht den Unterschied zwischen „echter" und „falscher" Welt?	130
		4.2.2	Es gibt Nebenwirkungen: Verlust des Zeitgefühls, Suchtgefahr	130
	4.3		Wie funktioniert die soziale Interaktion in virtuellen Welten?	131
		4.3.1	Persönliche Nähe braucht geschützte Situationen	132
	4.4		Das digitale Klassenzimmer – Lernen in virtuellen Welten	133
		4.4.1	Manchen fällt es virtuell leichter, sich etwas zuzutrauen	134
	4.5		Der Schreibtisch im Metaverse – Arbeiten in virtuellen Welten	135
		4.5.1	Studie empfiehlt, spontanen Austausch unter Kollegen zu ermöglichen	136
		4.5.2	Die Vorteile virtueller Welten	136
	4.6		Es muss weiter geforscht werden	137
	Literatur			138
5	**Wohin bewegen wir uns?**			**141**
	5.1		Pro & Contra: Übernimmt das Metaverse die Kontrolle?	141
		5.1.1	Zuversicht – Virtuelle Realität in der Zukunft: Der optimistische Blick	142
		5.1.2	Skepsis – Virtuelle Realität in der Zukunft: Der kritische Blick	146
	5.2		Wie die Künstliche Intelligenz die Arbeitswelt verändert	150
		5.2.1	Virtuelle Assistenten, die wie Menschen aussehen	150

		5.2.2	Chat-Bots im Kundenempfang oder zur Meetinganalyse nutzen.	152
		5.2.3	Für Unternehmen gilt es, sich folgende Fragen zu stellen.	153
		5.2.4	Drei Empfehlungen für die Nutzung eines Chat-Bots.	154
		5.2.5	Drei Beispiele, wie digitale Assistenten konkret helfen können.	154
	5.3	Unser Abschlussplädoyer mit einer Prise Ethik.		155
	Literatur.			159
6	**Weitere Informationen und Tipps**.			161
	6.1	Der niedrigschwellige Einstieg ins Metaverse: Vier praktikable Varianten		161
		6.1.1	Wie finde ich die richtige Plattform für einen niedrigschwelligen Einstieg?	162
		6.1.2	Worauf müssen Sie achten?.	162
		6.1.3	FrameVR: Offene Plattform in 3D-Format	163
		6.1.4	WorkAdventure: Benutzerfreundliche 2D-Umgebung	164
		6.1.5	ZEP.US: Individuelle Projekte aus Südkorea.	166
		6.1.6	Meta Horizon Workrooms: Die andere Variante von Meta	167
	6.2	Tipps, um auf dem Laufenden zu bleiben bei Datenschutz und Datensicherheit		168
	Zusammenfassung.			169
	Literatur.			170

Über die Autoren

Dirk Engel ist Experte für Mediennutzung und Marketing-Kommunikation. Der Marktforscher kennt die aktuellen Studien und Fragestellungen rund um das Thema virtuelle Welten und Medienwandel. Als unabhängiger Markt- und Medienforscher berät er führende Medienunternehmen und Werbevermarkter. Auch ist er ein geschätzter Berater für wichtige Branchen-Verbände.

Zuvor arbeitete er 15 Jahre lang bei einer internationalen Media- und Marketing-Agentur in Frankfurt und London. In seiner Funktion als „Head of Research" begleitete er führende Unternehmen beim digitalen Wandel, darunter die Deutsche Telekom, Microsoft oder Intel.

Seit über zwei Jahrzehnten erforscht der Berater, Fachautor und Dozent den Umgang mit digitalen Medien. Sein Credo dabei: „Wissen, was Kunden wollen." Seine langjährige Erfahrung, Konsumenten zu verstehen, führt ihn zur Überzeugung, dass wir durch virtuelle Welten und KI vor einer radikalen Veränderung der Medien- und Arbeitswelt stehen.

Der studierte Kommunikationswissenschaftler lebt in Frankfurt am Main und lehrt an verschiedenen Hochschulen. Dirk Engel veröffentlicht Fachartikel in Zeitschriften, Büchern und auf Internet-Portalen. Für die Confidos Akademie arbeitet er als Berater für Themen rund um Marketing und Medien.

www.kunden-wissen.de/

Holger Fischer ist seit 2011 Inhaber und Leiter der Confidos Akademie. Der Sozialwissenschaftler ist dank seiner langjährigen praktischen Erfahrung ein Experte für digitale und analoge Wissensvermittlung, außerdem für Remote Work in virtuellen Welten. Er berät mit seinem Team Firmen bei der Ausgestaltung und Nutzung jener Welten.

Mit seinen Kolleginnen und Kollegen arbeitet Fischer seit Anfang 2022 neben dem Sitz im Gießener Europaviertel in einer virtuellen Akademie mit eigenen Avataren, die in Gather erstellt wurde. Die zertifizierte Akademie setzt auf die hybride Wissensvermittlung in Präsenz, online und virtuellen Räumen von Softskills bis zu modularen Train-the-Trainer-Qualifizierungen. Zu seinen Kunden zählen namhafte Unternehmen aus dem Mittelstand, Konzerne und öffentlichen Institutionen.

Im Rahmen des Studiengangs „Future Skills und Innovation" erhielt Fischer an der Technischen Hochschule Mittelhessen 2022 einen Lehrauftrag für die Umsetzung eines virtuellen Lernkonzepts in Gather Town. Seit Mai 2023 gehört der Weiterbildungsexperte dem Vorstand von Weiterbildung Hessen e. V. an.

Dem Akademie-Gründer ist es wichtig, „auf den Wandel mit geeigneten Lösungen zu reagieren und die Chancen, die unsere digitale Arbeitswelt mit sich bringt, zu erkennen". Der diplomierte Sozialwissenschaftler mit Schwerpunkt empirische Sozialforschung hat sich bereits während seines Studiums mit kognitiven Fragestellungen wissenschaftlich beschäftigt und wurde unter anderem mit dem renommierten Wissenschaftspreis der Schader-Stiftung aus Darmstadt ausgezeichnet.

Der Mittelhesse und Vater von zwei Kindern war vor der Gründung seiner Akademie acht Jahre lang als Qualifizierungsbeauftragter des Landkreises Gießen tätig und lehrte als Inhaber der Confidos Akademie und Gastdozent am Fachbereich Weiterbildung der Justus-Liebig-Universität Gießen zum Thema Blended Learning.

www.confidos-akademie.de

Abbildungsverzeichnis

Abb. 1.1	Besprechung im virtuellen 3D-Light-Meetingraum. (Bild: Confidos Akademie)	3
Abb. 1.2	Virtuelle Realitäten können die künftige Arbeits- und Lernwelt bunter gestalten. (Bild: Adobe Stock)	5
Abb. 1.3	Einfacher Beispiel-Avatar, der im 8-Bit-Pixel-Look individuell gestaltet werden kann. (Bild: Holger Fischer)	7
Abb. 1.4	Virtual Reality im Europa Park: Mit der VR-Brille auf dem Kopf geht's auf die Achterbahn. (Bild: Sven Nordmann)	9
Abb. 1.5	Eine virtuelle 3D-Auflösung zeigt eigene Avatare im Rahmen einer Videokonferenz. (Bild: Adobe Stock)	10
Abb. 1.6	Klassische Videokonferenzen als Vorstufe der künftigen virtuellen Realität. (Bild: Adobe Stock)	11
Abb. 1.7	Eine Videokonferenz folgt der nächsten: Die Müdigkeit nimmt schnell zu. (Bild: Adobe Stock)	13
Abb. 1.8	65 % wünschen sich hybrides Arbeiten. (Quelle: Appinio, 2022)	13
Abb. 1.9	Die Deutschen sind pro Woche 1,4 Tage im Homeoffice. (Quelle: Aksoy et al., 2022)	14
Abb. 1.10	62 % der Unternehmen ermöglichen Remote-Arbeit. (Quelle: ifo Institut, 2022)	15
Abb. 1.11	Bei fast allen großen Unternehmen gibt es Remote-Arbeit, aber… (Quelle: ifo Institut, 2022)	15
Abb. 1.12	…in den kleinen Unternehmen wird an mehr Tagen in Remote gearbeitet. (Quelle: ifo Institut, 2022)	15
Abb. 1.13	Wahrgenommene Vorteile: Mehr Zeit, produktiveres Arbeiten. (Quelle: DAK, 2020)	16
Abb. 1.14	Mangel an Kontakten ist der Hauptnachteil. (Quelle: Berg, 2022)	18
Abb. 1.15	Die Pandemie hat die Arbeitskultur verbessert. (Quelle: Berg, 2022)	20
Abb. 1.16	Im Homeoffice gab es vor Corona weniger Fehlzeiten. (Die Zeit, 2019, zitiert nach statista)	21

Abb. 1.17	Blended Learning: Kombiniert E-Learning mit Präsenz bzw. Live-Online-Trainings. (Bild: Confidos Akademie)	23
Abb. 1.18	Klassischer Arbeitsalltag: Videokonferenzen bieten unweigerlich viele Vorteile und verbinden Menschen schon jetzt. (Adobe Stock)	25
Abb. 1.19	Der wichtige informelle Austausch fehlt oftmals im klassischen Homeoffice. (Bild: Adobe Stock)	28
Abb. 1.20	Das Konzept der „Virtuellen Distanz" 2020. (Quelle: eigene Darstellung nach Lojeski & Reilly,)	30
Abb. 2.1	Die andere Form der Zusammenkunft: Meeting in einem individuell gestalteten Gather-Büro. (Bild: Gather)	36
Abb. 2.2	Remote Work rund um die Welt: Blick ins 2D-Gather-Office (Ausschnitt) im Silicon Valley. (Bild: Gather)	37
Abb. 2.3	So lief das in den Anfängen ab: Remote Work in der virtuellen Akademie 2022. (Bild: Confidos Akademie)	42
Abb. 2.4	Neusehland-Welt in Gather Town mit Zugang zur Online-Akademie, Konferenz- und Meetingraum, Co-Working-Space und Azubiwelt. (Bild: Confidos Akademie)	46
Abb. 2.5	Teamspiele lassen sich in virtuellen Welten niedrigschwellig konzipieren. (Bild: Rica Bünning)	50
Abb. 2.6	Der Klassiker: Persönlicher Austausch mit Führungskraft im Office. (Bild: Adobe Stock)	53
Abb. 2.7	Online-Lernen mit Videochat: Flexibel, aber oft ohne direktes persönliches Feedback. (Bild: Adobe Stock)	55
Abb. 2.8	Beispiel: Virtueller Trainer-Workshop in Gather. (Bild: Confidos Akademie)	56
Abb. 2.9	Verbindet zwei Welten miteinander: Blended Learning. (Grafik: Adobe Stock)	58
Abb. 2.10	Praxisbeispiel Space Makers: Wie Events und Kongresse in virtuellen Welten realisiert werden. (Bild: Spac Makers)	62
Abb. 2.11	Welten nach den Bedürfnissen der Kunden zu programmieren, ist der Job von Kilian Schmelmer. (Quelle: Kilian Schmelmer)	64
Abb. 2.12	Im April 2022 öffnete der virtuelle Showroom von H&M Germany. (Bild: H&M)	67
Abb. 2.13	Arten von Meetings. (Quelle: eigene Darstellung)	70
Abb. 3.1	Statt Präsenz in Gather: Der virtuelle Azubi Welcome Day von Neusehland 2021. (Bild: Confidos Akademie)	77
Abb. 3.2	Im Jahr 2022: Bunte 2D-Vielfalt zum Verweilen, Konferieren und Austauschen. (Bild: Confidos Akademie)	79
Abb. 3.3	Eigene Entwicklung: Ein Labyrinth in der virtuellen Welt als Abwechslung für Teamaktionen. (Bild: Confidos Akademie)	80

Abbildungsverzeichnis   XV

Abb. 3.4	Frischer, aufgeräumter, moderner: Die Gather-Welt der Akademie 2023 mit Zugang zu verschiedenen anderen Areas wie z. B. Konferenz- und Seminarraum sowie Lobby als Empfangsbereich. (Bild: Confidos Akademie).	83
Abb. 3.5	Kurze Besprechung oder Abstimmungen in den neu gestalteten Büros erleichtern die Kommunikation zwischen den hybrid arbeitenden Teammitgliedern. (Bild: Confidos Akademie)	84
Abb. 3.6	Seit 2023 verlässlicher Begleiter und nützlicher KI-Assistent in der Confidos-Welt: der ChatBot. (Bild: Confidos Akademie)	85
Abb. 3.7	Die Optik gehört bei Neusehland zum Marken-Kern. Ganz ohne VR-Brille taucht das mittelständische Unternehmen der Optikbranche bereits seit 2021 in virtuelle Welten ein. (Bild: Neusehland)	90
Abb. 3.8	Virtueller Seminarraum der Neusehland-Online-Akademie. (Bild: Neusehland)	91
Abb. 3.9	Umsetzung eines Blended-Learning-Kurses der Neusehland-Online-Akademie auf der Lernplattform blink.it sowie im virtuellen Schulungsraum. (Quelle: Confidos Akademie)	92
Abb. 3.10	Gemeinsam am Whiteboard unterwegs: Bildausschnitt aus dem Neusehland-Workshop. (Bild: Confidos Akademie)	94
Abb. 3.11	Der Blended-Learning-Kurs „Zeitgemäß führen" auf blink.it steht den Teilnehmenden über die Neusehland-Online-Akademie mit direktem Zugang zum virtuellen Seminarraum zur Verfügung. (Bild: Neusehland)	97
Abb. 3.12	Augenoptiker und Hörakustiker treffen sich im virtuellen Sitzungsraum. (Bild: Confidos Akademie).	98
Abb. 3.13	Virtueller Raum für die Azubis: Neusehland setzt auch bei der Ausbildung auf virtuelle Begegnungsmöglichkeiten. (Bild: Neusehland)	102
Abb. 3.14	Brille auf und ab ins virtuelle Patientenzimmer: Üben ohne Risiko. (Bild: Boris Dahm für StellDirVor GmbH)	103
Abb. 3.15	Übungssituationen können mit neuester Technik beliebig oft durchgespielt werden. (Bild: Boris Dahm für StellDirVor GmbH)	105
Abb. 3.16	Selbstversuch mit VR-Brille: Buchautor Holger Fischer. (Bild: Confidos Akademie)	107
Abb. 3.17	Unter Anleitung von Michael Stock: Buchautor Holger Fischer erkundet das Metaversum. (Foto: Michael Stock)	108
Abb. 3.18	Simple und übersichtliche Gestaltung in der teamazing-Welt. (Bild: teamazing)	110
Abb. 3.19	Das virtuelle Tor zu den verschiedenen Kollaborationstools. (Bild: teamazing)	111

Abb. 3.20	Die Metaverse-Messe im Dezember 2022 blickte im Europa-Park in Rust in die Zukunft. (Bild: Sven Nordmann).	113
Abb. 3.21	Vorstellung der virtuellen WWF-Welt im Freizeitpark in Rust. (Bild: Sven Nordmann).	114
Abb. 3.22	Mit der Brille auf dem Kopf in Hochgeschwindigkeit neue Welten erkunden: der Alpenexpress im Europa-Park. (Bild: Europa-Park).	115
Abb. 3.23	Virtueller Meeresschmutz wird verbildlicht und kann durch Spenden entfernt werden. (Bild: WWF).	116
Abb. 3.24	Tennisstar Alexander Zverev wirbt für die Technik von ImproVR – www.goimprovr.com. (Bild: ImproVR/Munich).	117
Abb. 3.25	Wenn virtuelle Realität dabei helfen soll, die richtige Büroausstattung zu finden. (Bild: WorldofVR).	118
Abb. 3.26	WorldofVR bildet virtuell auch Arbeitsräume nach. (Bild: World of VR).	118
Abb. 3.27	So kann Augmented Reality in der Praxis aussehen. (Bild: INOSOFT AG).	120
Abb. 3.28	Neuartiger Kundenservice, ohne vor Ort anreisen zu müssen: Mit erweiterter Realität wird es möglich. (Bild: INOSOFT AG).	120
Abb. 3.29	Der Nutzer betritt eine Unfallsituation: Wenn Erste Hilfe notwendig wird…. (Bild: Weltenmacher).	121
Abb. 3.30	Wie nochmal ist eine verwundete Person im ersten Moment richtig zu versorgen? (Bild: Weltenmacher).	122
Abb. 4.1	Bereits Realität: Konferenzen im virtuellen Raum mit eigenem Avatar. (Bild: Adobe Stock)	126
Abb. 4.2	Die beiden Autoren im Selbstversuch im Sandbox-Game. (Bild: vobiz, mit freundlicher Genehmigung von Sandbox VR)	128
Abb. 4.3	Eins mit ihren Avataren – so sehen sich die Autoren im Game. (Bild: vobiz, mit freundlicher Genehmigung von Sandbox VR)	129
Abb. 4.4	Gemütliche Zusammenkunft beim Lagerfeuer: Ein vertrautes Gespräch kann sich auch mit virtuellem Avatar entwickeln. (Bild: Gather).	132
Abb. 4.5	Vorlesung von Autor Fischer bei Studium Plus an der THM Mittelhessen: Virtuelle Welten mit neuen Umgebungen können die Motivation von Lernenden fördern. (Bild: Holger Fischer).	134
Abb. 4.6	Wenn das Büroleben glaubwürdig abgebildet wird: Kurze Besprechung im virtuellen Arbeitszimmer der Kollegin. (Bild: Confidos Akademie).	135
Abb. 5.1	Wie können wir zukünftig Synergien, die sich zwischen menschlicher Intelligenz, virtuellen Welten und KI ergeben, sinnvoll und ethisch verantwortlich nutzen? (Bild: Midjourney, Holger Fischer).	142

Abb. 5.2	Autor Fischer (links) mit Torsten Schneider (rechts) in der Sandbox in Alsfeld. (Bild: Sven Nordmann)	143
Abb. 5.3	Aufgepasst, wo kommen die Aliens? (Bild: Holger Fischer)	144
Abb. 5.4	Die Verbindung zum eigenen Avatar war für Autor Dirk Engel spürbar. (Bild: Mit freundlicher Genehmigung von Sandbox VR)	145
Abb. 5.5	Virtuell nachgebaute Synagoge der Stadt Marburg. (Bild: INOSOFT AG)	148
Abb. 5.6	Mit der KI-Software Synthesia erstellte virtuelle Assistenten ähneln Menschen und werden im Lern- und Arbeitskontext bereits eingesetzt. (Bild: Confidos Akademie)	151
Abb. 5.7	Die Welt staunt über ChatGPT. (Illustration: Daniel Jennewein)	152
Abb. 5.8	Zukunft gestalten: Mit KI und virtuellen Welten – oder macht sich der Mensch so überflüssig? (Bild: Adobe Stock)	155
Abb. 5.9	Mensch und KI: Eine Verbindung mit Zukunft? (Bild: Midjourney, Holger Fischer)	158
Abb. 6.1	Virtuelles Zusammentreffen in der Welt von FrameVR.io. (Bild: Screenshot Dirk Engel)	164
Abb. 6.2	WorkAdventure: Leistungsstarke Alternative aus Frankreich. (Bild: Screenshot Dirk Engel)	165
Abb. 6.3	Übersichtlich gestaltete 2D-Welt aus Korea: ZEP.US. (Bild: Screenshot Dirk Engel)	166
Abb. 6.4	Will Teamarbeit neu gestalten: Meta Horizon Workrooms. (Bild: www.meta.comdeworkworkrooms)	168

Welche Herausforderungen haben wir in der neuen Arbeitswelt?

> **Zusammenfassung**
>
> Zu Beginn unseres Buches möchten wir einige Dinge klarstellen, Begriffe erklären und einen Überblick geben, welche Herausforderungen die neue Arbeitswelt, die von Remote Work und Hybrid Work geprägt ist, für uns bereithält. Dabei geht es um die tägliche Zusammenarbeit, aber auch um Lernen und berufliche Weiter- und Fortbildung. Zuerst möchten wir aber erklären, warum wir dieses Buch für wichtig halten und dabei schon einige unserer Kernthesen vorstellen. Außerdem werden wir klarstellen, was wir unter einigen Begriffe verstehen, die in der öffentlichen Diskussion mit sehr unterschiedlicher Bedeutung verwendet werden.

1.1 Warum wir dieses Buch für wichtig halten

Es ist nicht so, als hätte es vor dem Durchbruch des Internets und einige Jahre später des Smartphones keine prominenten Skeptiker gegeben. Das World Wide Web, erklärte Bill Gates seinen Beschäftigten 1993, sei nichts als ein vorübergehender Hype. Das Smartphone, 2007 erstmals öffentlich präsentiert, sei das „teuerste Telefon der Welt" und spreche „Business-Nutzer überhaupt nicht an, weil es keine Tastatur besitzt", meinte der damalige Microsoft-CEO, Steve Ballmer.

Die Apple-Aktie hat seit 2007 eine Wertsteigerung um satte 3400 % erfahren, die allumfassende und selbstverständliche Bedeutung des Internets ist jedem bekannt. Das Erscheinen des Metaverse, das Auftreten virtueller Welten im Arbeits-, Lern- und Spielkontext liegt nun bereits einige Jahre zurück – die Künstliche Intelligenz wurde ebenfalls schon vor vielen Jahrzehnten ins Leben gerufen. Und doch steht uns ganz offensichtlich eine Zeitenwende bevor, ein Durchbruch, der in seiner Wucht nicht abzuschätzen ist.

Virtuelle Welten und die Künstliche Intelligenz beeinflussen schon jetzt unser Leben und werden in den kommenden Jahren grundlegende Veränderungen mit sich bringen – ob wir wollen oder nicht. Dieses Buch darf Sie, liebe Leserin und lieber Leser, dazu anregen, als Unternehmer, Manager, Personalentscheider, Führungskraft oder interessierter Mensch Teil dieser Entwicklung zu sein – oder sich zumindest damit beschäftigt zu haben, bevor der Daumen gesenkt wird.

Wir blicken dabei nicht in die ferne Zukunft, sondern richten den Blick praxiserprobt auf das Hier und Jetzt. Wir stellen konkrete Fragen und liefern detaillierte Antworten auf die Frage: Wie können Unternehmen jetzt den Einstieg ins Metaverse finden? Nicht in drei Jahren, nicht in fünf Jahren, sondern jetzt?

Wir zeigen auf, dass die ersten Schritte in den virtuellen Arbeitswelten ganz ohne teures Equipment und VR-Brillen gelingen können. Während sich viele Involvierte mit wilden und bunten Zukunftsszenarien beschäftigen und ein Hype immer von der Fantasie lebt, richten wir den Blick gezielt auf das, was jetzt umsetzbar ist und für Entscheider, Personaler und Führungskräfte einen konkreten Nutzen bietet. Dabei lenken wir das Scheinwerferlicht bewusst auf die Aspekte Arbeiten und Lernen: Wie können wir von der aktuellen Technik am meisten profitieren?

Virtuelle Welten laden dazu ein, den Wunsch nach flexibleren Arbeitszeiten und mehr Homeoffice mit fortführender Nähe zu den Beschäftigten zu verbinden. Sie erweitern das bisher bekannte Spektrum. Remote Work, Arbeit von jedem beliebigen Ort der Welt aus, kann durch virtuelle Welten persönlich, nahbar und erlebbar gemacht werden – eine Internetverbindung und eine Kamera vorausgesetzt.

Etablierte Tools wie Zoom oder Microsoft Teams bekommen in ihren Möglichkeiten schlagkräftige Konkurrenz von praktikablen, einfachen Plattformen: Gather zum Beispiel (siehe Abb. 1.1). Das Start-up aus dem Silicon Valley erblickte 2020, kurz vor Pandemiebeginn, das Licht der Welt und ermöglicht es Teilnehmenden, in einer spielerischen 2D-Welt flexibel sowie technisch verlässlich miteinander zu interagieren.

Menschen sehen sich live und in Farbe über eine Kamera und können sich gleichzeitig mit einem Avatar in einer virtuellen Welt fortbewegen. Es ist ein Sinnbild dafür, dass die große Zukunft nicht in fünf Jahren beginnt, sondern schon jetzt einfach umsetzbar auf uns wartet – und viele Vorteile mit sich bringt.

Genau deshalb richten wir einen Fokus in diesem Buch auf die Gather-Welt: Die Plattform ist ein Exempel für 2D-Welten, die JETZT eine Veränderung ermöglichen. Wir stellen etliche Praxisbeispiele vor, viele verschiedene Tools und virtuelle Welten, um doch immer wieder auch zu Gather zurückzukehren. Mit jener Welt haben wir, Holger Fischer und Dirk Engel, die besten und nachhaltigsten Erfahrungen im Arbeitsalltag gemacht, wenn es darum geht, mit minimalem Aufwand maximalen Ertrag zu erzielen.

Wir konzentrieren uns stark darauf, wie Unternehmen und Weiterbilder von der neuen virtuellen Welt profitieren können. Spielerische Kreationen ebnen oft den Weg für spätere praktikable Use Cases, sind im aktuellen Stadium für dieses Buch aber nur von begrenzter Relevanz.

Abb. 1.1 Besprechung im virtuellen 3D-Light-Meetingraum. (Bild: Confidos Akademie)

Wir achten darauf, wie das Arbeiten und Lernen in diesem Land heute möglichst einfach verbessert werden kann und verstehen uns dabei als Pioniere – denn mit der Vorstellung jener Plattformen und Praktiken bewegen wir uns nicht auf wissenschaftlich abgesichertem Gebiet, sondern vielmehr auf Neuland.

Die Ausführung solcher Wege, die die Arbeit in Ihrem Unternehmen erheblich erleichtern, Ihnen Reisekosten einsparen und Nachhaltigkeit einbringen soll, ist Zentrum dieses Buches. Wir schildern, dass es keine Millionenbeträge für die Installation von virtuellen Welten braucht. Vielmehr sind Aufklärung und Antreiber in der eigenen Firma vonnöten. Offenheit statt Ablehnung, Chance statt Gefahr!

Deutschland, das wissen wir, tut sich oft schwer mit Neuem – und ärgert sich im Nachgang darüber. Nach drei Sicherheitsrunden und sechs Betatests sind Amerikaner und Asiaten schon zehn Level weiter. Die Digitalisierung in Schulen mag als aktuelles Beispiel ausreichen. Mit dem Metaversum, virtuellen Welten und der Künstlichen Intelligenz aber haben sich in den letzten Jahren Powertools entwickelt, das weltweit immer größer werden.

Die Frage ist nicht länger, ob dieses Powertools an Einfluss und Bedeutung gewinnen. Die Frage ist lediglich, ob wir daran partizipieren und mitgestalten oder lieber die beleidigte deutsche Leberwurst spielen wollen, die sich dem nächsten auftürmenden Trend durch Skepsis und Regulierung verschließt.

In den ersten beiden Kapiteln holen wir Sie, liebe Leserin und Leser, beim Status Quo ab, besprechen, wo wir in Deutschland in Sachen Remote Work und Technik stehen, warum die Notwendigkeit, über alternative Arbeitsmodelle nachzudenken, wächst und wie virtuelle Welten dabei Abhilfe schaffen können. Wir ordnen für Sie ein, klären Begrifflichkeiten und gehen anschließend auf die Frage ein, wie sehr Lernen in Zukunft anders gedacht wird und welche Rolle neue Realitäten dabei spielen.

Im dritten Kapitel zeigen wir konkrete Praxisbeispiele auf, die beweisen, dass der Weg in die virtuelle Realität schon jetzt gangbar ist. Eine Checkliste mit Selbsttest, von welchen Faktoren der konkrete Einstieg ins Metaverse abhängt, findet sich dort ebenfalls und kann Ihrem Unternehmen schnell dienlich sein: Sind niedrigschwellige virtuelle Welten für unsere Firma überhaupt sinnvoll? Was sollten wir beachten? Und welche Schritte gehören wirklich dazu?

Wir fragen im vierten Kapitel, was die Wissenschaft über die aktuellen Entwicklungen rund um das Metaverse weiß, und stellen die Arbeit von Pionieren aus Deutschland und Österreich vor. Auch im letzten Kapitel lassen wir Experten zu Wort kommen, die einen Blick in die Zukunft werfen.

Sie werden Menschen wie Torsten Schneider kennenlernen, der die Metaverse-Entwicklung nicht in den USA verfolgen, sondern in seinem „eigenen Vorgarten im mittelhessischen Alsfeld ausprobieren" will: Er wirbt mit der modernsten Anlage für Virtual Reality im Land und sagt: „Die Entwicklung ist unaufhaltsam. Die virtuelle Realität ermöglicht, dass wir die Welt erkunden und erleben, ohne zu reisen."

Wir zeigen dabei das breite Spektrum der Möglichkeiten auf (siehe Abb. 1.2.): Von der an Super Mario erinnernden intuitiv zu bedienenden 2D- bzw. 3D-Light-Welt über Simulationen, die ermöglichen, Pflegepersonal virtuell zu schulen und die Wundversorgung mit VR-Brille vorzunehmen bis hin zur Vorstellung des Verkaufsgesprächs, das von einem Avatar geführt wird und in nicht allzu ferner Zukunft Realität werden dürfte.

Sie werden lesen und verstehen, wie Pflegekräfte lediglich eine VR-Brille aufsetzen müssen, um in ein virtuelles Patientenzimmer einzutauchen und Situationen beliebig oft übend wiederholen können. Sie werden mitbekommen, welche Trends sich auftun: Wie der Europa-Park in Rust, der WWF oder die größte virtuelle Immobilienplattform neue Realitäten für sich nutzen. Garniert wird all das von zahlreichen Interviews mit Experten, die sich im Metaverse-Metier bewegen.

Wie nah Menschen in ihrer Tätigkeit beieinander und in der Meinung doch auseinanderliegen können, zeigt Thomas Winzer. Der VR-Experte und Vorstandsvorsitzende der INOSOFT-AG sitzt mit seinen Software-Entwicklern weniger als 50 km entfernt von Torsten Schneiders Alsfeld im mittelhessischen Marburg. Er sagt: „Letztlich wird sich der Hype einpendeln. Ich bin überzeugt davon, dass wir uns nicht täglich im Metaverse bewegen werden. Es ist ein bisschen wie mit dem Phantasialand, dem Freizeitpark. Da fahre ich auch einmal im Jahr hin. Aber ich fahre ja nicht täglich ins Phantasialand."

Abb. 1.2 Virtuelle Realitäten können die künftige Arbeits- und Lernwelt bunter gestalten. (Bild: Adobe Stock)

Ebenso klar machen wir, dass Präsenztreffen in ihrer Wirkung unerreichbar bleiben und es mit diesem Buch vor allem darum geht, das Beste aus beiden Welten (Präsenz und Online) miteinander zu verbinden. Denn dass der Mensch ein soziales Wesen ist, ist ebenso klar wie die Tatsache, dass die neuen Technologien große Chancen mit sich bringen.

Die gestalterischen Möglichkeiten erweitern sich beinahe täglich und verschieben sich vor allem durch den Faktor der Künstlichen Intelligenz in zuweilen schwer vorstellbare Sphären. Trotzdem fällt es vielen deutschen Unternehmen und Institutionen immer noch nicht leicht, den Fuß in die Metaverse-Tür zu bekommen. Deshalb gibt es dieses Buch. Wir nehmen sie mit auf eine Reise, an deren Ende Sie erkennen sollen, welchen Mehrwert virtuelle Welten bieten und wie sie Arbeiten und Lernen schon jetzt erheblich erleichtern können.

1.2 Damit wir wissen, worüber wir sprechen…

Bis vor Kurzem war der Begriff „Metaverse" nahezu unbekannt. Heute ist er in aller Munde. Nicht nur die Entwickler und Vermarkter von Computer-Spielen sprechen davon, auch kleine und mittelständische Unternehmen, Institutionen vom Handwerk bis zur Hochschule.

Allerdings gibt es kein einheitliches Verständnis davon, was mit Metaverse eigentlich gemeint ist. Das ist nicht ungewöhnlich – viele Trendwörter sind gerade wegen ihrer Vagheit populär, weil jeder in sie die eigenen Wünsche und Hoffnungen hineinprojizieren kann.

Das mag vielleicht ein Grund gewesen sein, warum Facebook-Gründer Mark Zuckerberg seinen Konzern in „Meta" umbenannte: Damit wollte er seinen Aktionären und der Öffentlichkeit zeigen, dass seine Firma für die Zukunft fit ist. Denn trotz aller unterschiedlichen Bedeutungszuschreibungen – fast alle sind sich einig, dass das Metaverse glänzende Zeiten vor sich hat und man deshalb lieber früher als später mitmachen sollte.

Tatsächlich ist das Metaversum bisher ein nicht eingelöstes Versprechen, eine Vision für die Zukunft. Es existiert als Ganzheit noch nicht. Viele Versatzstücke aber sind schon vorhanden und teilweise erfolgreich etabliert. Andere sind gerade in der Entwicklung – mit technischen und wirtschaftlichen Fortschritten in den nächsten Monaten und Jahren kann jedenfalls gerechnet werden. Nach und nach wird sich alles zusammenfügen, so wie die einzelnen Steine eines Mosaiks.

In unserem Buch geht es nicht primär um diese Zukunft des Metaverse und seine vielen Chancen und Risiken. Dafür gibt es andere Publikationen. Wir beschäftigen uns vielmehr mit den Möglichkeiten, die uns bereits heute IT-Technologien bieten, um uns mehr oder weniger intensiv im sogenannten Metaverse in einer Arbeits- und Lernwelt zu bewegen und im beruflichen Alltag zu nutzen. Wir schauen konkret darauf, wie Sie als Unternehmen schon heute vom Metaverse und Künstlicher Intelligenz profitieren und diese gewinnbringend in Ihren Arbeitsalltag integrieren können. Salopp formuliert stellen wir also die Frage: Metaverse, was habe ich davon?

Auch wir verwenden in diesem Buch den schillernden Begriff Metaverse, um damit verschiedene aktuelle Ideen, Entwicklungen und Technologien zusammenzufassen. Diese Phänomene gleichen im Augenblick eher verstreuten Puzzle-Steinen, die noch kein fertiges Bild darstellen. Doch gibt es Aspekte dieser Welt, die bereits existieren und ganz konkrete Probleme von heute lösen können. Darum geht es in diesem Buch.

1.2.1 Glossar: Begriffe rund ums Metaverse und in diesem Buch

Augmented Reality: Augmented Reality (AR) ist eine Technologie, die eine computergenerierte Darstellung von virtuellen Objekten auf die physische Welt projiziert. Dabei wird die Realität durch das Einblenden von Informationen, Bildern oder Grafiken ergänzt, um die Wahrnehmung und das Verständnis der Realität zu erweitern.

Avatar: Ein Avatar ist eine grafische Darstellung einer Person oder eines Benutzers in einer virtuellen Welt (siehe Abb. 1.3). In der Regel kann ein Benutzer seinen Avatar personalisieren und anpassen, um seine Identität in der virtuellen Welt darzustellen. Dieser

Abb. 1.3 Einfacher Beispiel-Avatar, der im 8-Bit-Pixel-Look individuell gestaltet werden kann. (Bild: Holger Fischer)

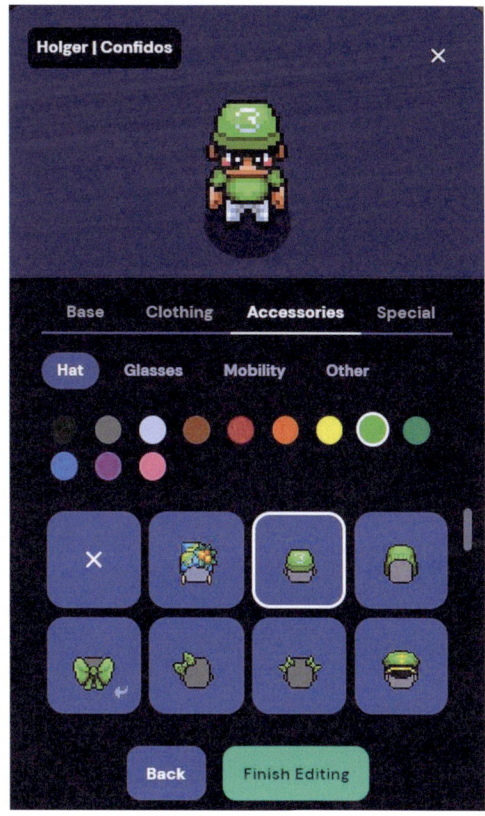

kann sehr einfach in Form einer selbst definierten Gaming-Figur gestaltet sein bis hin zum verwechselnd ähnlichen Ebenbild von sich selbst.

Homeoffice: Homeoffice steht für eine flexible Arbeitsform, die es Beschäftigten ermöglicht, ihre Arbeit aus dem privaten Umfeld heraus zu führen – vollumfänglich oder in einem Wechselspiel mit der klassischen Büroarbeit (Kunze et al., 2021). Der Begriff bezieht sich auf die Verrichtung des Dienstes in den eigenen vier Wänden und ist dadurch eingeschränkter als das Remote Work, in dem der Arbeitnehmer sich potenziell frei auf der gesamten Welt bewegen kann. Übrigens: Nur in Deutschland verwendet man das Wort Homeoffice, in den englischsprachigen Ländern gibt es dies nicht – hier spricht man eher von „Working from home" oder „Mobile Office".

Hybrides Arbeiten: Der Begriff bezeichnet in der Regel ein Arbeitsmodell, bei dem Mitarbeiter sowohl von zu Hause als auch im Büro arbeiten können (Kunze et al., 2021). Es ist eine Kombination aus Remote Work und präsentem Arbeiten und ermöglicht es den Mitarbeitern, flexibler und autonomer zu arbeiten, während sie gleichzeitig den

Zugang zu den Ressourcen und Kollegen im Büro haben. Dieser Begriff wird nicht selten mit Remote Work gleichgesetzt.

Immersion: Dieser Begriff bezieht sich auf den Zustand, in dem eine Person tief in eine Erfahrung oder Aktivität eintaucht und sich vollständig in ihr verliert. Immersion in Medieninhalten kann dazu führen, dass der Nutzer sich stärker mit den Charakteren und der Handlung identifiziert und emotionaler auf die Inhalte reagiert (Hofer, 2016).

Künstliche Intelligenz: Der Begriff (oft abgekürzt als KI) bezieht sich auf die Fähigkeit von Computersystemen, Aufgaben auszuführen, die normalerweise menschlicher Intelligenz zugeschrieben werden, wie z. B. Lernen, Entscheidungsfindung, Problemlösung und Sprachverarbeitung. Der aktuelle wissenschaftliche Stand der KI wird durch eine Vielzahl von Technologien repräsentiert, die auf unterschiedlichen Arten von Daten, Algorithmen und Techniken basieren. Dazu zählen maschinelles Lernen und das Verarbeiten von Sprache (etwa bei Sprachassistenten wie Siri oder Alexa) ebenso wie Übersetzungs- oder Textprogramme. Diese KI-Technologien dürfen aber nicht mit einer wirklichen, menschlichen Intelligenz verglichen werden. In der Wissenschaft spekuliert man zwar schon über eine „starke KI", die fähig wäre, jede Aufgabe zu erledigen, die ein menschlicher Intellekt ausführen kann, dies ist jedoch noch keine Realität.

▶ **Metaverse**
Das Metaverse bezeichnet eine virtuelle Welt, die aus verschiedenen vernetzten virtuellen Welten und Augmented-Reality-Anwendungen besteht, die von einer großen Anzahl von Nutzern gleichzeitig besucht und genutzt werden können. Es ist eine Art dreidimensionales Internet und soll in Zukunft eine nahtlose und immersive Erfahrung für Benutzer schaffen (Ball, 2022; Dripke et al., 2022).

New Work: New Work, „Neue Arbeit", ist die Bezeichnung für ein neues Verständnis von Arbeit in Zeiten von Globalisierung und Digitalisierung. Es kann als Dachbegriff betrachtet werden und vereint neben anderen Bereichen Remote Work und Homeoffice unter sich. Die zentralen Werte von New Work sind Freiheit, Selbstständigkeit und Teilhabe an der Gemeinschaft (Allmers et al., 2022). New Work beruht auf dem Ansatz des Philosophen Frithjof Bergmann und beinhaltet auch Denkmodelle wie eine reduzierte Arbeitszeit (Bergmann, 2004). Praktische Beispiele für neue Arbeitsformen sind freiberufliche Tätigkeiten, der Sechs-Stunden-Tag oder offene Räume, in denen mehrere Personen in unregelmäßigen Abständen zusammenkommen. Das Etikett „New Work" wird sehr unterschiedlich verwendet, deshalb ist nicht immer klar, wer was meint, wenn man von „New Work" redet (Frischmuth, 2021).

Remote Work: Remote Work ist ein recht neuer und deshalb nicht einheitlich verwendeter Begriff, der aus dem Amerikanischen stammt. Im weiteren Sinne ist damit eine berufliche Tätigkeit gemeint, die von überall aus erledigt werden kann**,** also nicht an die Anwesenheit in einem Büro gebunden ist (Neeley, 2022). Die Ortsunabhängigkeit führt dazu, dass potenziell kreativ am Strand gearbeitet und das „Büro" überall mit hingenommen werden kann. So können Unternehmen auf die verschiedenen Bedürfnisse in ihrer Belegschaft eingehen.

Virtuelle Welt: Eine virtuelle Welt ist eine künstlich geschaffene Umgebung, die von Benutzern durch digitale Geräte wie Computer, Tablets oder Smartphones erkundet werden kann. Diese virtuelle Welt kann eine Simulation der realen Welt sein oder eine völlig eigenständige Welt mit eigenen Regeln und Gesetzen darstellen (siehe Abb. 1.5). In der virtuellen Welt können Benutzer miteinander interagieren, Objekte erschaffen und in einer digitalen Umgebung zusammenarbeiten. Beispiele für virtuelle Welten sind Multi-Player-Online-Games (z. B. Minecraft, World of Warcraft oder Fortnite), aber auch offene Plattformen für Events oder Begegnungen (z. B. Roblox, Mozilla Hub, VR Chat, Decentraland).

Virtual Reality: Virtual Reality (VR) ist eine computergenerierte Darstellung einer dreidimensionalen Umgebung, die den Benutzer in eine virtuelle Welt eintauchen lässt. Diese virtuelle Welt kann von einem Benutzer durch eine VR-Brille oder ein anderes VR-Gerät erlebt werden (siehe Abb. 1.4). VR ist keine neue Erfindung, seit den 1980ern wird mit VR-Systemen geforscht und es wurde immer wieder in der Öffentlichkeit über die möglichen Auswirkungen auf unsere Gesellschaft diskutiert (Rheingold, 1991; Lanier, 2018).

Abb. 1.4 Virtual Reality im Europa-Park: Mit der VR-Brille auf dem Kopf geht's auf die Achterbahn. (Bild: Sven Nordmann)

Abb. 1.5 Eine virtuelle 3D-Auflösung zeigt eigene Avatare im Rahmen einer Videokonferenz. (Bild: Adobe Stock)

1.2.2 Wir sind schon im Metaverse – mehr oder weniger

Wer heute über das Metaverse spekuliert, schaut in eine Glaskugel, in der die Zukunft schemenhaft aufscheint. Wir wollen jedoch den Blick auf die Gegenwart lenken, den profanen Arbeitsalltag im Büro. Aufwendige VR-Techniken, wie sie bei der Konstruktion von Autos eingesetzt werden, sind so gut wie gar nicht im Büro angekommen.

Doch das technische Umfeld verändert sich mehr und mehr. Smartphones, Tablets, Webcams, smarte Mikrofone, Cloud-Services, Collaboration-Software (wie Slack oder Teams), Laptops und Notebooks, WLAN und viele andere Techniken waren vor einigen Jahren weit davon entfernt, flächendeckend eingesetzt zu werden – heute sind sie Standard in vielen Büros und dem eigenen Homeoffice.

Auf den ersten Blick hat das wenig mit dem Metaversum zu tun, von dem gerade so viele Menschen träumen. Doch im Grunde arbeiten wir schon in einer „Steinzeit-Version" eines Metaversums:

- Eine gemeinsame Benutzeroberfläche wie Outlook oder Teams ist im Grunde ein gemeinsamer „Ort" – allerdings einer, der nicht dafür geschaffen wurde, dass Menschen sich dort wohlfühlen oder der ihren Bedürfnissen entspricht. Stattdessen müssen sich die Menschen an die Regeln der Software anpassen.
- Ein gemeinsamer Outlook-Kalender synchronisiert die gemeinsame Erfahrung. Doch er reduziert unseren Tag auf eine Reihe aufeinanderfolgender Termine und Aufgaben.

- Chat-Services wie WhatsApp ermöglichen eine unmittelbare, informelle Kommunikation, egal wo die Gesprächspartner sich aufhalten.
- Social-Media-Plattformen wie LinkedIn sind ebenfalls eine Art virtuelle Welt, mit eigenen Regeln und Bräuchen, in denen sich manche von uns wie in einem Game verlieren und die Zeit vergessen können.

Eine Zoom-Konferenz ist streng genommen bereits eine Vermischung von digitaler und realer Welt (siehe Abb. 1.6). In einem Video-Meeting befinden wir uns schon in einer rudimentären Metaverse-Situation. Sie ist ebenfalls noch nicht gut auf die Bedürfnisse von Menschen ausgerichtet, deshalb gibt es eine zunehmende Unzufriedenheit mit Zoom, Teams & Co, bei denen die soziale Interaktion meistens viel zu kurz kommt.

Die heutige Realität von Remote Work versetzt uns bereits partiell in unperfekte, unbefriedigende, metaverse-ähnliche Situationen. Auf der anderen Seite winkt eine technisch immer perfekter werdende Zukunft, die viele Kinderkrankheiten des jetzigen Status gelöst haben wird. Doch in der Zwischenzeit sind Frustrationen, Ineffizienz und Reibungsverluste an der Tagesordnung. Statt auf bessere Zeiten zu warten, ist es ratsam zu überprüfen, welche Möglichkeiten schon heute existieren, die uns das Arbeiten in einer Remote-Welt erleichtern. Es geht nicht darum, alle Probleme auf einmal zu lösen, sondern die derzeitigen Chancen zu nutzen.

Abb. 1.6 Klassische Videokonferenzen als Vorstufe der künftigen virtuellen Realität. (Bild: Adobe Stock)

1.3 Wo stehen wir in Deutschland?

Arbeiten auf der Urlaubs-Finca auf Mallorca, mit dem Smartphone beim Waldspaziergang chatten oder schlicht den Dienst mit dem Laptop in den eigenen vier Wänden oder einem gemütlichen Café verrichten: Der Wunsch von vielen Beschäftigten nach flexiblen Modellen wächst. Arbeiten, von wo und wann ich will, das ist modern. Nicht zuletzt die Pandemie und gestiegene Mobilitätskosten haben die Entwicklung hin zum mobilen Arbeiten massiv beschleunigt. Unternehmen, die sich zukunftsfähig nennen wollen, kommen um die Frage des Remote Work nicht herum. Firmen, die als attraktiv wahrgenommen werden wollen, stehen vor der Frage: Wie ermögliche ich Nähe zu meinen Beschäftigten bei gleichzeitiger räumlicher Entfernung?

1.3.1 Die Herausforderungen durch Remote Work

Mit der zunehmenden Internationalisierung der Wirtschaftszweige, mehreren Niederlassungen und reisenden Arbeitnehmern werden Unternehmen schon seit Jahrzehnten vor die Herausforderung gestellt, Menschen an unterschiedlichen Orten zusammenzuführen. Während die Lösungen im alten Jahrtausend meist Telefon, Brief oder Vor-Ort-Meeting hießen, lauten die Kontaktwege heute E-Mail, Chat oder Videokonferenz. Gängige Videokonferenzsysteme haben sich spätestens mit Beginn der Pandemie zum selbstverständlichen Begleiter des Arbeitsalltags in Deutschland entwickelt.

Das schnelle Einklinken in Echtzeit-Konferenzen vom eigenen Schreibtisch aus wurde hip. Menschen live und in Farbe sehen, sich in großen Gruppen vom eigenen Wohnort aus austauschen: Schnell entwickelte sich eine regelrechte Zoom-Mania mit Schalten am Fließband. Eine Konferenz folgte der nächsten. Der Branchenverband Bitkom befragte 2021 Beschäftigte, die Videoanrufe und Online-Meetings nutzen – von ihnen gaben mehr als die Hälfte an, am Tag mehr als fünf solcher digitalen Zusammenkünfte beizuwohnen (Bitkom, 2021).

Kein Wunder, dass sich eine gewisse Videomüdigkeit breit machte (siehe Abb. 1.7). In den Medien gab man dem Phänomen den Namen „Zoom Fatigue" (Kunze et al., 2021). Auf den intensiven Kaltstart im Dauer-Homeoffice folgte vermehrt der Wunsch nach der Rückkehr zu echten 1:1-Begegnungen. Mittlerweile haben sich die Extreme angenähert: Der Digitalisierungs-Rausch ist nicht mehr so präsent wie zur Hochzeit der Pandemie, ein erhöhter Wunsch nach flexibleren Kommunikationsformen aber klar erkennbar.

1.3.1.1 Das Homeoffice ist gekommen, um zu bleiben

Das flexible Arbeiten etabliert sich immer mehr. Vielerorts ist es zur Selbstverständlichkeit geworden. Diese Entwicklung dürfte sich fortsetzen. Der Gedanke des Homeoffice ist in der Masse der deutschen Unternehmen angekommen. Arbeitnehmer in vielen Branchen drängen mittlerweile darauf, von zu Hause aus arbeiten zu können. Bei einer

1.3 Wo stehen wir in Deutschland?

Abb. 1.7 Eine Videokonferenz folgt der nächsten: Die Müdigkeit nimmt schnell zu. (Bild: Adobe Stock)

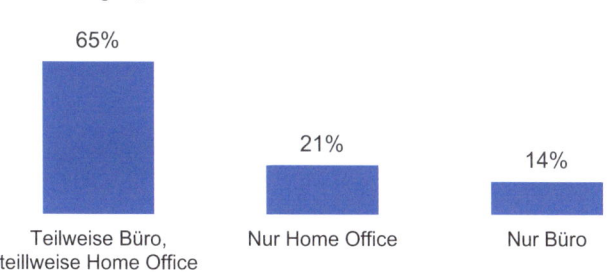

Abb. 1.8 65 % wünschen sich hybrides Arbeiten. (Quelle: Appinio, 2022)

Online-Umfrage hat das Marktforschungsinstitut Appinio im Januar 2022 ermittelt (siehe Abb. 1.8), dass sich zwei Drittel ein hybrides Arbeiten in Büro und Homeoffice wünschen, zusätzliche 21 % möchten sogar ganz auf das Büro verzichten (Appinio, 2022). Kein Wunder, dass in der Politik seit einiger Zeit über ein Recht auf Homeoffice debattiert wird.

1.3.1.2 Remote Work in Deutschland: Im Alltag angekommen

Deutschland war lange Zeit sicherlich kein Vorreiter in Sachen Remote Work, doch die Pandemie hat die Situation verändert und die Länderunterschiede weitgehend verwischt.

In der internationalen Studie „Working from Home around the World" wurde Anfang 2022 eine Stichtagbefragung in 27 Ländern durchgeführt (Aksoy et al., 2022). Danach arbeitete der durchschnittliche deutsche Arbeitnehmer 1,4 Tage in der abgefragten Woche von zu Hause – und liegt damit fast genau im internationalen Durchschnitt (1,5 Tage; siehe Abb. 1.9).

Das Statistische Bundesamt hat erhoben, wie viele der Erwerbstätigen 2021 (dem zweiten Corona-Jahr) von zu Hause gearbeitet haben (Statistisches Bundesamt, 2022). Es waren 25 % – und damit doppelt so viele wie 2019. Das wirkt auf den ersten Blick vielleicht gar nicht so hoch. Wenn man aber bedenkt, dass es viele Berufe gibt, die nicht von zu Hause erledigt werden können (vom Straßenkehrdienst bis zur Fabrikarbeit), ist das eine große Zahl. Je höher die Berufsposition ist, desto größer ist der Anteil derjenigen, die zu Hause arbeiten: Bei Führungskräften sind es 42 %, bei Technikern und kaufmännischen Angestellten immer noch 27 %.

Wie viele Unternehmen ermöglichen derzeit das Arbeiten aus dem Homeoffice? Hier liefert die Personalleiterbefragung aus dem Jahr 2021 des ifo-Instituts Aufschluss: 62 % (ifo-Institut, 2022). Dabei liegen Industrie- und Dienstleistungsbetriebe gleichauf, bei Handelsunternehmen ist der Anteil geringer, es sind aber immer noch die Hälfte der befragten Unternehmen (siehe Abb. 1.10).

Je größer ein Unternehmen ist, desto wahrscheinlicher ist die Möglichkeit, von zu Hause zu arbeiten (siehe Abb. 1.11). Bei Firmen mit weniger als 50 Mitarbeitern sind es nur 46 %, bei größeren Unternehmen ab 500 Beschäftigten sind es schon fast alle (95 %). Interessanterweise ist der Zusammenhang genau umgekehrt, wenn man sich den Durchschnitt der Tage anschaut, an denen zu Hause gearbeitet wird. Jemand in einem kleinen Unternehmen (unter 50 Beschäftigte) arbeitet im Durchschnitt 7,4 Tage von zu Hause aus, in einem großen Unternehmen (ab 500 Beschäftigte) sind es nur 5,3 Tage (ifo-Institut, 2022, siehe Abb. 1.12).

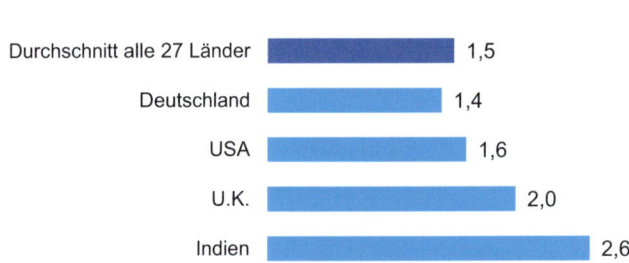

Abb. 1.9 Die Deutschen sind pro Woche 1,4 Tage im Homeoffice. (Quelle: Aksoy et al., 2022)

1.3 Wo stehen wir in Deutschland?

Abb. 1.10 62 % der Unternehmen ermöglichen Remote-Arbeit. (Quelle: ifo Institut, 2022)

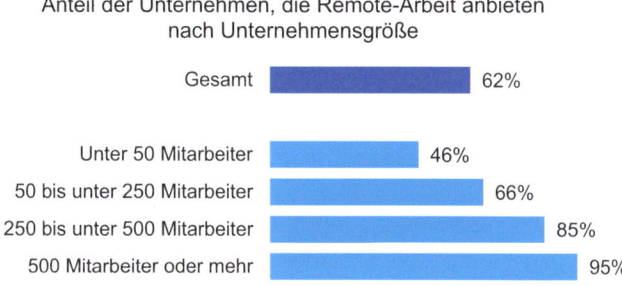

Abb. 1.11 Bei fast allen großen Unternehmen gibt es Remote-Arbeit, aber… (Quelle: ifo Institut, 2022)

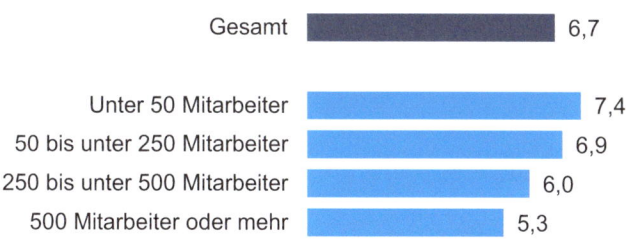

Abb. 1.12 …in den kleinen Unternehmen wird an mehr Tagen in Remote gearbeitet. (Quelle: ifo Institut, 2022)

Diese und ähnliche Zahlen zeigen deutlich: Remote Work ist in Deutschland auch in der Nach-Corona-Zeit Alltag. Als Beispiel sei nur eine Studie von McKinsey & Company aus dem Jahr 2021 genannt (McKinsey Global Institut, 2021), die ergab, dass viele Unternehmen nach der Pandemie eine Kombination aus Remote Work und Präsenzarbeit anstreben. Die Studie befragte 400 Führungskräfte in Deutschland und ergab, dass 75 % der Befragten eine hybride Arbeitsweise bevorzugen.

Das Zukunftsinstitut der bekannten Trendforscher Tristan und Matthias Horx sieht in New Work einen der wirksamsten Megatrends, der unser künftiges Leben bestimmen wird – Remote Work ist dabei ein Kernelement von New Work (Zukunftsinstitut, 2023). Das Potenzial an Remote-Jobs scheint dabei noch lange nicht ausgeschöpft zu sein. Verschiedene Wirtschaftsforschungs-Institute gehen davon aus, dass zwischen 40 und 54 % aller Jobs in Deutschland prinzipiell ins Homeoffice verlagert werden können (Hans-Böckler-Stiftung, 2023).

1.3.1.3 Die Vorteile für Arbeitnehmer

Doch wie sehen das die Arbeitnehmerinnen und Arbeitnehmer? Insgesamt scheinen die positiven Erfahrungen zu überwiegen. Eine Umfrage der DAK (DAK, 2020) zeigt anschaulich die Vorteile (siehe Abb. 1.13).

- Studien zeigen (Häring & Storbeck, 2007), dass der Weg zur Arbeit ein erheblicher Stimmungskiller und Fresser von Lebenszeit ist – je länger die Anfahrt, desto unzufriedener die Beschäftigten. Dieser Faktor wird durch ein erhöhtes Gehalt kaum

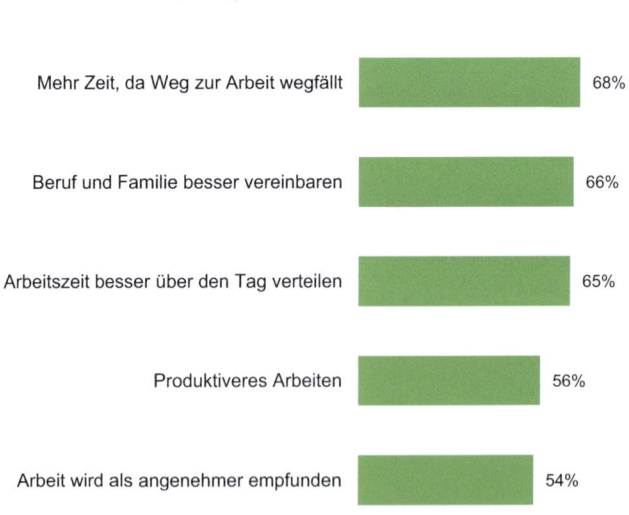

Abb. 1.13 Wahrgenommene Vorteile: Mehr Zeit, produktiveres Arbeiten. (Quelle: DAK, 2020)

aufgefangen. Mit dem Homeoffice fällt das Pendeln weg und der oft aufwendige Weg zur Arbeit entfällt. Das wird von den Arbeitnehmern sehr geschätzt.
- Als Arbeitnehmer kann ich mir meine Zeit im Homeoffice freier einteilen und auch privaten Verpflichtungen flexibler nachgehen: Das Kind muss in die Kita gebracht werden? Die Butter noch eingekauft werden? Die Mutter vom Bahnhof abgeholt werden? Wer von zu Hause aus arbeitet, kann sich in aller Regel freier bewegen – und weiß diese Möglichkeit zu schätzen.
- Viele Arbeitnehmer haben positive Erfahrungen mit dem Arbeiten im Homeoffice gemacht – obwohl sie im Vorfeld oft skeptisch waren. Das ist ein weltweites Phänomen: 46 % der Befragten in der internationalen Studie „Working from Home around the World" schätzten ihre Produktivität im Homeoffice positiver im Vergleich zu ihren Erwartungen ein, nur eine Minderheit berichtete von einer wahrgenommenen Verschlechterung (Aksoy et al., 2022).

Woher kommt diese positive Einschätzung der eigenen Produktivität zu Hause? Ein Aspekt ist die fehlende Ablenkung durch Kollegen, Vorgesetzte oder Kunden. Es scheint Arbeiten zu geben, in denen ein Austausch mit den Kollegen als störend wahrgenommen wird (Bloom et al., 2015).

Einen anderen Aspekt, der in der Öffentlichkeit weniger Beachtung findet, ermittelte eine Umfrage unter Homeoffice-Arbeitenden, die vom Verband Bitkom 2022 durchgeführt wurde (Berg, 2022). 40 % der Befragten gaben an, dass ihnen das Arbeiten von zu Hause die Möglichkeit eines gesundheitsbewussteren Lebensstils ermöglicht. Denn die gewonnene Zeit erlaubt es, mehr Fitness und Sport zu machen. Ebenso kann auf gesundes Essen geachtet werden, wenn man selbst kocht und nicht auf Kantinen und Imbissbuden angewiesen ist.

1.3.1.4 Die Nachteile für Arbeitnehmer
Natürlich hat das Arbeiten im Homeoffice Nachteile. Sie werden in der Bitkom-Umfrage von 2022 gut dokumentiert (Berg, 2022; siehe Abb. 1.14).

- Mangelnde Ausstattung: Während es für ein Büro im deutschen Raum Vorgaben gibt, wie ein Bürostuhl auszusehen hat oder welche Lichtverhältnisse herrschen und das vom Betriebsrat überprüft wird, ist die Ausstattung im Homeoffice so vielseitig wie die Einrichtung der Wohnzimmer. Vieles bleibt unkontrolliert: Wenn der Küchenstuhl als Arbeitsmittel dauerhaft den ergonomischen Bürostuhl ersetzt, kann das langfristige Folgen haben. Laut der Bitkom-Studie sehen immerhin 15 % der Befragten die schlechteren Arbeitsbedingungen zu Hause als ein Problem.
- Privat- und Arbeitszeit verschwimmen immer mehr miteinander, eine strikte Trennung erfordert mehr Disziplin bzw. klare Absprachen. Am Handy nachsehen, was der Chef oder die Kollegin gerade treibt, sorgt für ambivalente Sichtweisen: Die Firma nimmt Privatzeit, andererseits kann die Zeit frei eingeteilt werden. Arbeitszeit greift

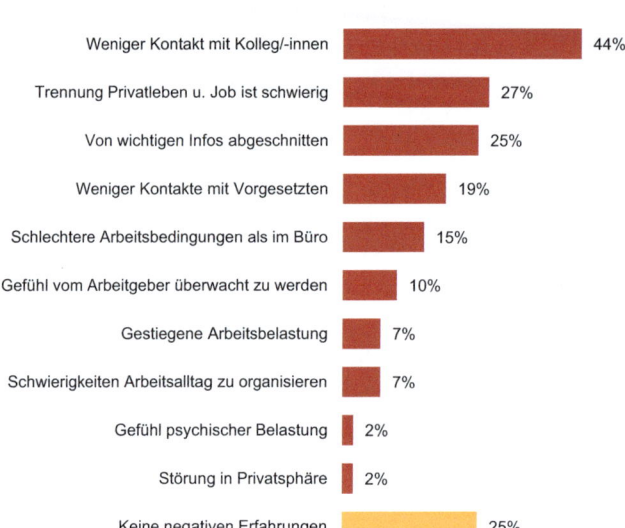

Abb. 1.14 Mangel an Kontakten ist der Hauptnachteil. (Quelle: Berg, 2022)

in Privatzeit, Privatzeit in Arbeitszeit ein. Das ist laut der Bitkom-Studie ein Problem, das von 27 % der befragten Beschäftigten gesehen wird.
- Der Nachteil, der aber am häufigsten genannt wird, ist tatsächlich der mangelnde Kontakt zu Kollegen und Vorgesetzten. Auch wenn viele die anderen Mitarbeiter als Störquelle der Arbeit sehen, vermissen andere sie. Was auf den ersten Blick wie ein Widerspruch aussieht, reflektiert aber die unterschiedlichen Arten von Arbeit. Wer allein und konzentriert eine Aufgabe erfüllen muss, vermeidet Ablenkungen. Wer sich jedoch mit anderen abstimmen muss, auf dem neusten Stand sein will oder kreative Ideen entwickeln darf, für den ist Kommunikation mit anderen ein wichtiger Aspekt der Arbeit. 44 % gaben bei der Bitkom-Umfrage zu Protokoll, dass ihnen der Kontakt zu Kolleginnen und Kollegen fehlt (Berg, 2022). Bei der oben zitierten DAK-Studie sind es sogar 75 % (DAK, 2020). Wir haben hier also den Faktor, der die überwiegend positive Erfahrung des Remote-Arbeitens trübt. Wenn ein Unternehmen die Arbeitszufriedenheit seiner Mitarbeiter steigern will, muss er dieses Problem angehen.

1.3.1.5 Die Nachteile für Arbeitgeber
Arbeitnehmer sehen in Remote-Work eine eher positive Art des Arbeitens, obwohl sie durchaus Schwächen erkennen. Wie ist es mit den Arbeitgebern? Viele Unternehmen haben nach wie vor Bedenken.

1.3 Wo stehen wir in Deutschland?

- Das Zusammengehörigkeitsgefühl schwindet. Echte zwischenmenschliche Beziehungen können über die gängigen Konferenztools schwieriger aufgebaut werden als über den 1:1-Kontakt vor Ort.
- Das gilt insbesondere für die Integration von Neuangestellten. Wie kann man neue Mitarbeiter dazu bringen, sich mit dem Unternehmen zu identifizieren? Wenn das Onboarding rein online durchgeführt werden muss, wird das zur Herkulesaufgabe.

Diese Themen korrespondieren mit den oben identifizierten Problempunkten der Mitarbeiter – zu wenig Austausch mit Kollegen, zu wenig Kommunikation.

Viele Arbeitgeber sehen weitere Nachteile:

- Die Arbeitszeiterfassung wird erschwert. Die Kontrollmöglichkeit schwindet. Dieser Verlust an Kontrolle zieht Befürchtungen nach sich: Nutzen meine Beschäftigten die Freiräume für private Tätigkeiten aus?
- Damit zusammen hängt die Angst vor einer rückläufigen Produktivität der Mitarbeiter. Können sie unter den Bedingungen von Heimarbeit die gleiche Leistung erbringen wie in einem Büro? Allerdings zeigen viele Studien und die Erfahrung, dass die Produktivität nicht sinkt. Im Gegenteil: Sie steigt bei Remote Work und Hybrid Work (Neeley, 2022).

Eine faszinierende Beobachtung ist, dass die Möglichkeit, im Homeoffice zu arbeiten, das Vertrauen der Beschäftigten in ihren Arbeitgeber erhöht hat. 79 % der Remote-Arbeitenden stimmen (laut der Bitkom-Umfrage, zitiert bei Berg, 2022) der folgenden Aussage zu: „Mein Arbeitgeber vertraut seinen Beschäftigten und setzt auf Eigenverantwortung" (siehe Abb. 1.15).

Bei konkreten Aspekten ist das Meinungsbild weniger eindeutig. Immerhin sagen 51 %, dass seit Corona mehr auf die Gesundheit der Beschäftigten geachtet wird. Um die 40 % sehen mehr Kooperation im Unternehmen und einen kooperativeren Führungsstil. Selbst die Kleiderordnung habe sich für viele gelockert. Ein Drittel kann sogar eine größere Förderung von Weiterbildungsmaßnahmen feststellen. Kein Zweifel: Die Pandemie war ein wirkmächtiger Katalysator für eine veränderte Arbeitskultur. New Work wandelte sich von einer reinen Phrase zu einem Konzept, das zunehmend im Alltag gelebt wird (Berg, 2022).

Was die schwindende Produktivität angeht, so zeigt sich, dass die Befürchtung unbegründet ist. Wir haben schon oben berichtet, dass die meisten Beschäftigten die eigene Produktivität im Homeoffice sogar höher einschätzen. Es gibt Studien (Kunze et al., 2021), die ebenfalls eine Produktivitätssteigerung konstatieren konnten, andere Studien zeigen zumindest keine Verschlechterung.

Arbeiten nach freier Zeiteinteilung und ohne Anfahrtswege kann zu einer erheblichen Steigerung der Effizienz führen, was gut für die Produktivität ist. Der wichtigste Grund dürfte allerdings die erhöhte Zufriedenheit der Mitarbeiter sein, die sich in den erwähnten Umfragen gezeigt hat. In der Wirtschaftswissenschaft ist es lange bekannt,

Abb. 1.15 Die Pandemie hat die Arbeitskultur verbessert. (Quelle: Berg, 2022)

dass die Arbeitszufriedenheit einen positiven Einfluss auf die Produktivität darstellt (Judge et al., 2001). Ambivalent wird die Frage diskutiert, ob es mehr störende Unterbrechungen zu Hause oder im Büro gebe (Perry et al., 2020).

Zweifelsfrei erwiesen ist, dass Ablenkungen den Arbeitsfluss stören. Unterbrechungen gibt es viele, wenn man zu Hause arbeitet – aber genauso im Büro. Tatsächlich scheinen die meisten Menschen Strategien zu entwickeln, mit Unterbrechungen umzugehen und die verlorene Zeit aufzuholen, egal wo sie arbeiten (Mark et al., 2008).

Sicher ist, dass man mit flexiblen Arbeitsmodellen besser auf die spezifischen Bedürfnisse der einzelnen Mitarbeiter eingehen kann. Die Motivation der Beschäftigten wird so beträchtlich gesteigert: Je nach Typus (freiheitsliebend-kreativ oder gewohnheitsliebend-strukturiert) kann auf die verschiedenen Bedürfnisse eingegangen – und so stärkere Ergebnisse erzielt werden. Das zeigt zum Beispiel eine interessante Studie des Marktforschungsinstituts IFAK im Auftrag des Beratungsunternehmens Priotas, in der sechs verschiedene Typen identifiziert wurden (consulting.de, 2023).

Einige sind „Mobile Office Fans", andere sind im Homeoffice unzufrieden – die Gründe sind unterschiedlich. Manchmal ist es die private Lebenssituation (Beanspruchung durch Familie macht Heimarbeit schwierig), manchmal die schlechte technische Ausstattung zu Hause. Es ist deshalb für ein Unternehmen sinnvoll, die Mitarbeiter möglichst selbst entscheiden zu lassen, wie oft sie im Homeoffice arbeiten. Denn in der Realität gibt es kein Entweder-oder: Die Norm wird zunehmend das hybride Arbeiten in den unterschiedlichsten Ausprägungen. Welches Modell man verwendet,

1.3 Wo stehen wir in Deutschland?

hängt von vielen Faktoren ab: räumliche Nähe, Aufgabengebiet, nicht zuletzt von den Bedürfnissen der Mitarbeiter.

1.3.1.6 Die Vorteile für Arbeitgeber

Höhere Mitarbeiterzufriedenheit und höhere Produktivität sind also auf der Seite der Vorteile. Hinzu kommen weitere Vorzüge:

- Im Homeoffice gibt es weniger Fehlzeiten. Das ist ein Ergebnis einer Studie, die vor der Pandemie durchgeführt wurde – und deshalb nicht durch Covid-Infektionen beeinflusst wurde (siehe Abb. 1.16). Danach sind Fehlzeiten von Mitarbeitern wegen Krankheit oder anderen Gründen im Homeoffice deutlich geringer (im Durchschnitt 7,7 Tage) als bei Festzeiten am Unternehmenssitz (11,9 Tage). In den eigenen vier Wänden scheint es einfacher zu sein, sich mit Erkältungen oder anderen Krankheiten zu arrangieren. Die Betreuung von kranken Kindern oder pflegebedürftigen Familienmitgliedern lässt sich ebenfalls leichter mit den Arbeitsaufgaben vereinbaren (Die Zeit, 2019).
- Kosten können gespart werden durch geringere Fahrtwege, weniger Dienstreisen und weniger Büroraum, der zur Verfügung gestellt werden muss. In Anbetracht von wachsenden Anforderungen in Sachen Ressourcen-Schonung, Nachhaltigkeit und Klimaneutralität ist das kein unwichtiger Faktor.
- Angesichts des anhaltenden Fachkräftemangels sind Remote-Arbeitsplätze eine Chance, solche Bewerber anzusprechen, die nicht am Unternehmensstandort wohnen und aus privaten Gründen ihren Wohnort nicht verlassen wollen. Dadurch vergrößert sich der Pool an möglichen Fachkräften enorm (Neeley, 2022).
- Es wird weniger Bürofläche gebraucht, wenn niemals alle Beschäftigten gleichzeitig anwesend sind. Das spart Raum und Miete. Anhaltspunkte dafür liefert die bereits zitierte Befragung von Beschäftigten, die das Marktforschungsinstitut IFAK

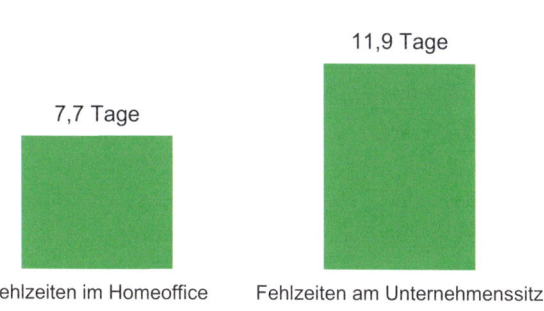

Abb. 1.16 Im Homeoffice gab es vor Corona weniger Fehlzeiten. (Die Zeit, 2019, zitiert nach statista)

durchgeführt hat (Planung & Analyse, 2023). Etwa 30 % der Umfrageteilnehmer berichteten von der Implementierung des „Open Space"-Konzepts durch ihre Arbeitgeber. Bei dieser Arbeitsplatzstrategie werden feste Arbeitsplätze im Unternehmen abgeschafft und an Präsenztagen müssen Mitarbeitende einen freien Arbeitsplatz im Büro suchen. Anscheinend haben schon einige Unternehmen ihre Büroflächen reduziert. Größere Unternehmen mit über 250 Angestellten sind oft führend in der Umsetzung des „Open Space"-Konzepts.

Wir sehen: Remote Work hat viele Vorteile für Arbeitgeber und Arbeitnehmer. Doch die Freude ist nicht ungetrübt. Defizite in der Kommunikation und im zwischenmenschlichen Austausch werden häufig bemängelt. Ein Unternehmen sollte die Lösung dieser Probleme angehen.

Zusammenfassung

- Arbeiten ist spätestens seit der Pandemie nicht mehr auf eine Arbeitsstätte begrenzt, sondern kann von zu Hause (Homeoffice) oder anderen Orten ausgeführt werden (Mobile Office).
- Durch die Pandemie ist in Deutschland Remote Work oder Hybrid Work in den Arbeitsalltag eingezogen. Die meisten Unternehmen ermöglichen ihren Beschäftigten, von zu Hause aus zu arbeiten.
- Das hat vielfältige positive Auswirkungen, u. a. auf die Arbeitszufriedenheit und die Produktivität.
- Doch nehmen Arbeitnehmer und Arbeitgeber durchaus Nachteile wahr. Vor allem wird bemängelt, dass der direkte Kontakt mit Kolleginnen und Kollegen oder Vorgesetzten zu kurz kommt. ◄

1.3.2 Lernen im Remote-Work-Modus

Ein anderes Themenfeld ist eng mit Remote Work verbunden: das Lernen im Remote-Modus. In der Ausbildung gab es das immer schon: Fernuniversitäten und Fernlehrgänge waren und sind für viele Menschen eine Möglichkeit, sich Wissen anzueignen und einen akademischen oder beruflichen Abschluss zu erreichen. In Unternehmen sind Lernen und Arbeiten eng verzahnt: Nicht nur die eigentliche berufliche Aus-, Weiter- und Fortbildung gehört dazu. Die Ideen des „lebenslangen Lernens" und dem Unternehmen als „lernender Organisation" zeigen, dass Lernen und Erfahrungsaustausch Teil der alltäglichen Zusammenarbeit sind.

Für Unternehmen, Organisationen und Weiterbildungsinstitutionen gehört mittlerweile das hybride Lernen bzw. Blended Learning zum Angebotsportfolio. Beschäftigte und Unternehmen profitieren gleichermaßen von Blended Learning und E-Learning, die ein hybrides Lernen vom Büro oder in Remote Work ermöglichen.

1.3 Wo stehen wir in Deutschland?

Blended Learning verzahnt klassisches Präsenzlernen (Seminare, Workshops usw.) oder Live-Online-Training mit online-gesteuerter Selbstlernphase. Häufig wird so ein Wechselspiel praktiziert: Erst E-Learning, dann Präsenz (Live-Online), wieder E-Learning und weitere kürzere Online-Meetings. Die Vorzüge liegen auf der Hand: Neben der Flexibilität kann auf viele Angebote zurückgegriffen werden. Voraussetzung ist die vorhandene technische Infrastruktur sowohl im Büro als auch für das mobile Endgerät. Auch ein schneller Internetzugang ist essenziell.

Inhalte maßgeschneidert zu überbringen, ohne die Teilnehmenden anreisen zu lassen, bietet in der heutigen Zeit viele Vorteile: Mehr Menschen können in kürzerer Zeit kostengünstiger erreicht werden. Als klassisches Beispiel kann hier ein Videokurs genannt werden, der die Lernenden durch mehrere zu absolvierende Kapitel führt und so garantiert, dass alle Betroffenen auf ein gleiches (Wissens-) Level gebracht werden. Dabei ermöglicht es eine große Selbstbestimmtheit: Häufig können die Kurse online im eigenen Lerntempo absolviert werden. Ein Nachteil: Nicht alle Teilnehmenden lernen intrinsisch motiviert.

So ermöglicht beispielsweise das deutsche Software-Unternehmen blink.it mit seiner cloud-basierten Lernplattform Unternehmen und Bildungseinrichtungen digitale Lerninhalte und Präsenzveranstaltungen miteinander zu kombinieren. Die Plattform bietet eine Vielzahl an Funktionen, wie zum Beispiel die Erstellung von Lerninhalten in Form von Kacheln, die Verknüpfung mit webbasierten Videokonferenzsystemen oder virtuellen Schulungsräumen (siehe Abb. 1.17). Darüber hinaus können Lernende über die Plattform miteinander interagieren und ihr Wissen in interaktiven Übungen vertiefen.

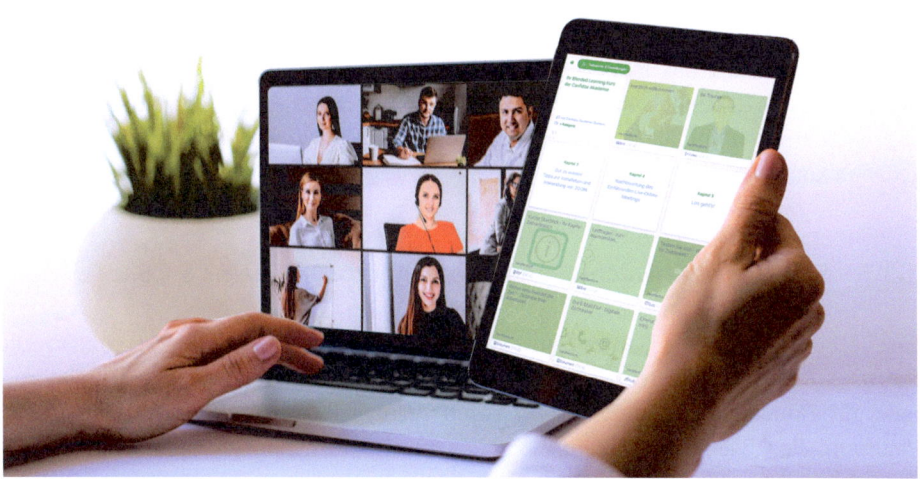

Abb. 1.17 Blended Learning: Kombiniert E-Learning mit Präsenz bzw. Live-Online-Trainings. (Bild: Confidos Akademie)

Plattformen wie blink.it ermöglichen somit eine flexible Gestaltung von Lernprozessen, da Lerninhalte jederzeit und überall abrufbar sind. Zum anderen fördert die Interaktion mit anderen Lernenden sowie dem Trainer die Motivation und den Lernerfolg.

> **Zum Weiterlesen**
> *Welche Vorteile Blended Learning in der Kombination mit virtuellen Lernräumen hat, lesen Sie im Praxisbeispiel unter Abschn. 3.3. „Wenn Blended Learning auf eine virtuelle Welt trifft".*
> *Mehr zu den psychologischen Hintergründen des Remote-Learnings gibt es in Abschn. 4.4.- Das digitale Klassenzimmer – Lernen in virtuellen Welten.*

Klar scheinen zwei Dinge: Die Weiterbildung in Präsenz bleibt trotz der technischen Entwicklung elementar und ein zentraler Bestandteil eines abgestimmten Methoden-Mixes. Und: Die Beschäftigten gebündelt wieder ins Büro zu beordern wie in Prä-Corona-Zeiten wird schwerlich funktionieren – zumal weitere Pandemien ebenso wenig auszuschließen sind wie Krisen, die einen anderen Umgang erforderlich machen.

Die Notwendigkeit für das mobile Arbeiten besteht. Wenn eine Zukunft mit Homeoffice & Co also unumgänglich wird, stellt sich die Frage: Wie können wir das Arbeiten von zu Hause aus möglichst sinnvoll und attraktiv für alle Beteiligten gestalten? Das leitet über zur Analyse des Ist-Zustandes: Sind die Beschäftigten mit der aktuellen Situation und den Rahmenbedingungen des Homeoffices zufrieden? Sind die Weichen für die Zukunft des Arbeitens und Lernens bereits gestellt? Oder müssen sie erst noch gelegt werden?

Dazu müssen wir uns die aktuell vorrangingen Tools anschauen, die in Deutschland genutzt werden, um das mobile Arbeiten komfortabler zu gestalten: Zoom, Microsoft Teams & Co – dabei beleuchten wir Stärken und Schwächen der derzeit praktizierten Videokonferenzen, erklären, wo die Grenzen liegen und wie neue Alternativen Abhilfe schaffen können.

1.3.3 Stärken & Schwächen von Zoom, Microsoft Teams & Co

Erst 2011 wurde das US-amerikanische Softwareunternehmen Zoom gegründet. Die Software, die Videokonferenzen anbietet, hat sich spätestens seit der Pandemie zum Vorreiter für virtuelle Treffen etabliert. Microsoft Teams ist eine von Microsoft entwickelte Plattform, die Chats, Besprechungen und das Austauschen von Anhängen kombiniert. In der modernen Geschäftswelt haben sich beide Tools als unverzichtbarer Bestandteil des Arbeitsalltags etabliert (siehe Abb. 1.18).

1.3 Wo stehen wir in Deutschland?

Abb. 1.18 Klassischer Arbeitsalltag: Videokonferenzen bieten unweigerlich viele Vorteile und verbinden Menschen schon jetzt. (Adobe Stock)

Stärken:
- Beide Plattformen ermöglichen Videokonferenzen und stellen eine merkliche Verbesserung zum reinen Telefongespräch mit teils schlechter Verbindung dar. Kaum noch vorstellbar sind Zeiten, in denen Briefe tagelang in der Post verweilten oder Routinen, die vorgaben, dass wichtige Dokumente von Person zu Person zum Gegenzeichnen weitergereicht wurden.
- Menschen können – eine Internetverbindung vorausgesetzt – nicht nur unmittelbar und verlässlich miteinander sprechen, sondern sich auch sehen. Das Gros der Laptops hat mittlerweile eine gute Ton- und Kameraqualität. Die Kommunikation wird so massiv vereinfacht und beschleunigt.
- Neben der Video- und Audiooption können beide Plattformen als Chat genutzt werden. Sowohl Gruppennachrichten als auch einzelne Personen können direkt angesprochen werden. Reaktionen und Emojis wie der nach oben gestreckte Daumen oder Herzen ermöglichen eine zusätzliche Interaktion.
- Präsentationen können einfach und übersichtlich gestaltet und gehalten werden. Die PowerPoint-Folie wird zügig geteilt, Aufmerksamkeit gelenkt und Informationen mitgegeben. Die Erfahrung zeigt, dass Online-Präsentationen über diese Plattformen zuweilen sogar einfacher ablaufen als in natura.
- Viele Konferenztools erweitern das Spektrum: von Whiteboards über die Möglichkeit, Umfragen zur Verfügung zu stellen, bis hin zur direkten Kalender-Verknüpfung.

Schwächen:
- Studien belegen, dass reine Videokonferenzen mit zunehmender Zeit als ermüdend wahrgenommen werden. Woran liegt das? Das Schauen auf einen Bildschirm strengt auf Dauer an und zwingt zum Sitzen. Während man im Meeting mal aufstehen und sich einen Kaffee holen kann, fühlen sich in den Online-Zusammenkünften viele Personen verpflichtet, vor dem Bildschirm sitzen zu bleiben (Kunze et al., 2021).
- Zwangsläufig blicken wir bei größeren Videokonferenzen in viele Gesichter und werden von vielen Menschen angeschaut. Das ist eine ungewöhnliche Situation, die nicht nur für Verkrampfungen sorgen, sondern unterbewusst bei vielen Menschen Stress auslösen kann. So positiv es sein mag, dass wir jede kleinste körperliche Reaktion des anderen durch die Kacheln in der Videokonferenz wahrnehmen können, so anstrengend ist es doch gleichzeitig für viele, sich ständig beobachtet zu fühlen. Unterbewusst achten wir zudem oft auf jede kleinste Veränderung der Mimik – das strengt den Kopf an. Menschen, denen es wichtig ist, wie sie im Meeting rüberkommen, müssen viel Kraft aufwenden, wie sie wirken (Benz, 2022).
- In der Welt von herkömmlichen Videokonferenzsystemen ist es eine große Herausforderung, zwischenmenschliche Beziehungen im gleichen Maße aufzubauen wie im echten Leben. Das führt zu vielen weitreichenden Folgen: Das Zusammengehörigkeitsgefühl droht zu sinken, Auszubildende werden kaum integriert, der Austausch von Ideen flacht peu a peu ab, bis der spontane Austausch, oft Nährboden für kreative Ideen, gänzlich zum Erliegen kommt (Neeley, 2022).
- Während ein Meeting vor Ort von Angesicht zu Angesicht entweder Anfahrtswege oder zumindest den Fußweg voraussetzt, entsteht beim Online-Treffen das Gefühl, dass zeitlicher Vorlauf keine Rolle spielt. Schnell ist ein Termin im Kalender eingetragen. So droht ein wahrer Konferenz-Wucher zu entstehen. Videokonferenzen sind oft eng getaktet. Das erschwert Pausen. Viele Menschen haben den Eindruck, dass die Schlagzahl bei Online-Meetings höher ist (Neeley, 2022).
- Es gibt Konferenzen, die sind gähnend langweilig. Weil sich die meisten Menschen dennoch dazu verpflichtet fühlen, vor dem Bildschirm sitzen zu bleiben, suchen sie sich eine alternative Beschäftigung: eine Ablenkung. Schließlich sieht mein Gegenüber am anderen Ende der Zoom-Leitung nicht, ob ich nun gerade auf den Chat-Bildschirm oder meine Mail-Liste schaue. Die Verlockung der vermeintlichen Zeitersparnis strengt die meisten allerdings zusätzlich an. Für dauerhaftes Multitasking ist der Mensch nicht geschaffen. Die Gefahr, sich ablenken zu lassen, ist groß (Neeley, 2022).

Diese Faktoren führen dazu, dass viele Beschäftigte bei dauerhafter Nutzung der aktuell gängigen Plattformen für Videokonferenzen schneller ermüden, das aber nicht in direkten Zusammenhang stellen. Beschäftigte bemerken diese Effekte selbst oft nicht in dem Maße.

Die Einflüsse äußern sich eher in Aussagen wie: „Ich fühle mich müde", „Ich bin kaputt", oder „Mein Rücken tut weh". Umso wichtiger ist es daher, erste Grundvoraussetzungen zu schaffen: ein professionell ausgestatteter Arbeitsplatz in den eigenen vier Wänden, die richtige Positionierung der Kamera, eine entsprechende Hardware.

Der für Unternehmen wohl schwerwiegendste Nachteil des reinen Austausches über bisher gängige Plattformen: das Verkümmern zwischenmenschlicher Beziehungen. Ein Faktor, der im ersten Moment unscheinbar daherkommt, sich auf Dauer aber zu einem echten Problem für Arbeitgeber entwickeln kann. Aktuelle Erhebungen untermauern, dass es vor allem die soziale Interaktion ist, die Menschen morgens dazu antreibt, den Weg zur Arbeitsstätte anzutreten. Weniger das Geld, mehr der persönliche Austausch spielt im Belohnungssystem der Beschäftigten eine ausgeprägte Rolle.

Das gemeinsame Kreieren, das gemeinsame Arbeiten, das gemeinsame Lösen von Problemen motiviert viele mehr als die Tätigkeit an sich. Das Gefühl des Aufgehobenseins, des Eingebettetseins in die Gruppe, ist ein nicht zu unterschätzender Faktor: über den Urlaub sprechen, sich nach dem Kind erkundigen, die Feier veranstalten.

Rituale liefern den Kitt, der die Menschen zusammenhält. Letztlich sind sie der Klebstoff, der Beschäftigte an „ihren" Arbeitgeber bindet. Die Bedeutung dieser zwischenmenschlichen Aktivitäten also kann kaum hoch genug eingeschätzt werden und führt zur Kraft der informellen Gespräche (Bolino & Grant, 2016).

1.4 Warum informelle Kommunikation so wichtig ist

Nicht Unternehmen machen Geschäfte mit Unternehmen – Menschen machen Geschäfte mit Menschen. Viele Geschäftsbeziehungen haben ihre Grundlage in informellen, zunächst formlosen Gesprächen. Genauso wie sich die Beziehung zwischen Arbeitskollegen durch private Unterhaltungen festigt und stärkt, wird ein Teil des Vertrauens im Umgang mit Kunden durch den 1:1-Kontakt aufgebaut.

Gerade in hierarchischen Unternehmen sind informelle Gespräche von großer Bedeutung (Kieser & Walgenbach, 2010). Sie kürzen Wege ab. Wer immerzu den offiziellen Dienstweg wählen muss, droht die Motivation für seine Idee zu verlieren – viele Prozesse können durch direkten, formlosen Austausch beschleunigt werden. Ob das in der Kaffeepause oder beim Bierchen nach Feierabend passiert – die Wirtschafswissenschaft weiß schon seit Jahrzehnten: Diese Brücken sind sehr wichtig.

Gleichzeitig fördern Gespräche mit vertrauten Personen das Wohlbefinden (Gelitz, 2023). Bieten sich dafür weniger Gelegenheiten, hat das einen negativen Einfluss auf die Zufriedenheit der Menschen. Deshalb wird, wie wir im ersten Kapitel bereits erläutert haben, von vielen Beschäftigten der Austausch mit Kollegen und Vorgesetzten im Homeoffice am meisten vermisst. (Berg, 2022).

1.4.1 Der spontane Austausch im Flur bleibt im Homeoffice aus

Während das fünfminütige Necken und Frotzeln über die peinliche Pleite des Lieblingsclubs am Wochenende im Büroalltag „dazu gehört", findet es im Alltag der Videokonferenzen kaum noch statt. Kaum jemand erstellt ein Video-Meeting, um über das Wetter und die Fußball-Ergebnisse zu sprechen. Was sich live beim Flurgespräch ergibt, bleibt im Homeoffice meist einfach aus – mit weitreichenden Folgen. Während beim Bürogespräch Nähe durch Austausch entsteht (siehe Abb. 1.19.), entfernen sich die Beschäftigten durch Nichtkommunikation im Homeoffice voneinander.

Auch der übliche Plausch beim Warten auf die restlichen Meeting-Teilnehmer ebbt über klassische, reine Videoportale oft ab. Im Büro finden sich Einzelne zusammen, diskutieren beim Gang zum Kaffee schnell eine Idee aus oder unterhalten sich formlos. Die Wartezeit vergeht wie im Flug. Online befinden sich alle Personen in einem Videoraum – man fühlt sich beobachtet. Oft herrscht eine peinliche Stille. Alles wirkt zwanghafter. So kommt einem das Warten auf die anderen Teilnehmer teils ewig vor (Neeley, 2022).

Laut einer Studie der University of Kansas steigert bereits ein gutes Gespräch mit einem Freund oder einer Freundin am Tag das Wohlbefinden (Benz, 2022). Die Forscher hatten mehr als 900 Studierende gebeten, täglich mindestens einmal mit einem Freund oder einer Freundin zu sprechen und dabei verschiedene Gesprächsthemen

Abb. 1.19 Der wichtige informelle Austausch fehlt oftmals im klassischen Homeoffice. (Bild: Adobe Stock)

auszuprobieren. Dabei stellten sie fest, dass nicht der Inhalt des Gesprächs, sondern die Tatsache, dass überhaupt ein gutes Gespräch stattfand, für die positive Wirkung auf das Wohlbefinden verantwortlich war. Das Gespräch mit Freunden erfüllt das menschliche Bedürfnis nach Zugehörigkeit und hilft, mit Stress umzugehen.

1.4.2 Zwang- und formlose Gespräche bieten Raum für Kreativität

Zwang- und formlose Gespräche haben noch einen weiteren entscheidenden Vorteil: Sie bieten Raum, lassen durchatmen und ermöglichen so Kreativität. Studien legen nahe, dass sowohl Qualität als auch Quantität der Kreativität in aktuell herkömmlichen Online-Meetings geringer ausfallen als bei Präsenzvorträgen (vgl. Brucks & Levav, 2022).

Erst virtuelle Welten ermöglichen in der Frage nach einer Alternative zu realem Arbeiten einen anderen Umgang, mehr informelle Kommunikation, mehr spielerische Komponenten, mehr Austausch wie beim Flurgespräch und so wieder mehr Zusammengehörigkeitsgefühl in der Arbeitsgruppe. So kann dem Effekt vorgegriffen werden, dass sich Beschäftigte aufgrund der teilnahmslosen Videokonferenzen zunehmend nur noch wie ein Rädchen im Gefüge fühlen und die Bindung zum Unternehmen immer mehr verloren geht.

Wann nämlich verlassen Arbeitnehmer ihren Arbeitgeber? Wenn der Eindruck entsteht, dass ihre Arbeit nicht wertgeschätzt wird: Mit 45 % übertrifft der Grund der fehlenden Wertschätzung vom Chef alle anderen Kündigungsgründe in diesem Land deutlich. (Compensation Partner, 2019).

Wenn der Spaß verloren geht, wenn die Bindung zu Kollegen nicht existent ist, wenn das Gefühl aufkeimt, dass die Persönlichkeit nicht gesehen wird. Die aktuell genutzten Tools für Videokonferenzen wurden nicht für Spontanität gemacht: Sie dienen vor allem dem effizienten Austausch, nicht dem Schaffen eines Betriebsklimas. Die geeigneten Tools, die auf die Pandemie reagierten und dem erhöhten Bedürfnis nach Homeoffice gerecht werden, werden aktuell in Deutschland noch zu selten genutzt: virtuelle Welten.

1.5 Das Konzept der virtuellen Distanz

Wer das mangelnde Wir-Gefühl innerhalb der Belegschaft besser verstehen will, gönnt sich einen Blick in das Konzept der virtuellen Distanz. Karen Sobel Lojeski und Richard R. Reilly beschreiben in ihrem 2021 veröffentlichten Buch „Die Macht der virtuellen Distanz", wie sehr der dauerhafte Erfolg von Firmen genau davon abhängt (Lojeski & Reilly, 2020): Je näher sich die Mitarbeitenden stehen, desto produktiver das Unternehmen. Und umgekehrt: Umso größer die virtuelle Distanz, desto erfolgloser die Arbeitsgruppe. Was hat es mit der virtuellen Distanz auf sich? Drei Elemente prägen das Zusammenspiel (siehe Abb. 1.20).

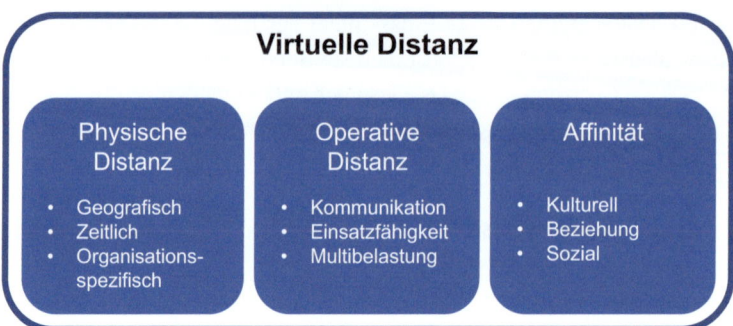

Abb. 1.20 Das Konzept der „Virtuellen Distanz" 2020. (Quelle: eigene Darstellung nach Lojeski & Reilly,)

- Physische Distanz: Wie viel Wegstrecke liegt zwischen zwei Mitarbeitenden? Die eine Kollegin kann in Frankfurt, der andere in Indien sitzen, ebenso wie beide im gleichen Hochhaus im dritten und zehnten Stock ihrer Arbeit nachgehen können. Durch die digitalen Möglichkeiten kann diese Distanz gut überwunden werden.
- Operative Distanz: Damit sind alle Barrieren gemeint, die verhindern, dass zwei Arbeitskollegen miteinander sprechen. Der klassische Fall: Die Sekretärin lässt die Kollegin nicht zur Chefin. Oder: Der Kollege liest seine Mails nicht, eine Kommunikation kommt nicht zustande.
- Persönliche Affinität: Zwei Beschäftigte können sich nicht leiden oder gehen sich zumindest aus dem Weg. „Kannst Du mir das erklären? Die Kollegin möchte ich nicht fragen, die ist immer so anstrengend…" Persönliche Befindlichkeiten, die nicht aus dem Weg geräumt werden, verhindern Zusammenarbeit.

1.5.1 Je größer die virtuelle Distanz, desto größer die Probleme

Physische Distanz kann durch die gängigen Videoplattformen noch recht gut überwunden werden, operative Distanz dagegen erscheint schon anspruchsvoller: Ist meine Kollegin gerade zu sprechen oder holt sie ihre Tochter von der Kita ab? Spätestens bei der persönlichen Affinität, die durch informelle Gespräche gefördert werden kann, werden die Grenzen der Konferenztools deutlich. Echte persönliche Nähe ist mit den derzeit vorherrschenden Plattformen schwierig – neue Beziehungen aufzubauen noch komplizierter.

Um Rat zu fragen, bedeutet oftmals im ersten Moment, Unkenntnis für den Moment einzuräumen – eine emotionale Hürde, die dann leichter genommen wird, wenn ein Vertrauensverhältnis besteht. Leidet der persönliche Kontakt, die Beziehung und damit das Vertrauensverhältnis durch fehlenden regelmäßigen Austausch, wird die Distanz größer. Unternehmen, die eine hohe virtuelle Distanz aufweisen, teilen Wissen nicht, sie bunkern es. Unternehmen mit einer hohen virtuellen Distanz kehren mehr Probleme unter den Teppich, anstatt sie zu lösen. Die Folgen sind bekannt.

1.5.2 Virtuelle Welten können die Brücke schlagen zwischen mobilem Arbeiten und persönlicher Nähe

Um mehr physische und operative Nähe zu schaffen und den Austausch unter Beschäftigten zu erhöhen, braucht es unweigerlich neue Wege. Die bisherigen Plattformen erreichen ihre Grenzen. Um das Homeoffice einerseits zu akzeptieren und andererseits für alle Beteiligten sinnvoll zu gestalten, muss über die bestehenden Tools hinausgedacht werden.

Ein Lösungsansatz? Virtuelle Welten! Sie können den Wunsch nach mobilem Arbeiten und mehr persönlicher Nähe verbinden. Neuartige Tools können dank ihrer schlichten Gestaltung die Brücke schlagen zwischen modernen Ansätzen und einfacher Praktikabilität. Im folgenden Kapitel gehen wir auf den konkreten Nutzen virtueller Arbeitswelten ein.

> **Zusammenfassung**
>
> - Informelle Kommunikation ist wichtig für das Arbeiten und Lernen (berufliche Weiter- und Fortbildung) in einer Welt von Remote Work und Hybrid Work.
> - Die gängigen Konferenz- und Meetingtools, wie Zoom, Teams und andere, ermöglichen nur sehr eingeschränkt, dass Beschäftigte ungezwungen kommunizieren können.
> - Es ist schwierig, die „virtuelle Distanz" zwischen Beschäftigten zu überbrücken. Das liegt weniger an der geografischen Distanz als an anderen Aspekten – die Unzugänglichkeit von Vorgesetzten oder das Fehlen von Ritualen und Begegnungsmöglichkeiten.
> - Virtuelle Welten können dabei helfen, solche virtuellen Distanzen zu überwinden.

Literatur

Aksoy, C., Barrero, J., Bloom, N., Davis, S., Dolls, M., Zarate, P. (2022). *Working from Home around the World* (Paper No. 9938). CESifo Working.

Allmers, S., Trautmann, M., & Magnussen, C. (2022). *On the way to new work – Wenn Arbeit etwas wird, was Menschen stärkt*. Vahlen.

Appinio. (2022). Wie würdest du in Zukunft am liebsten arbeiten?. Statista. Statista GmbH. Zugegriffen: 16. Apr. 2023. https://de.statista.com/statistik/daten/studie/1296962/umfrage/umfrage-arbeitsplatz-der-zukunft/

Ball, M. (2022). *The Metaverse – And how it will revolutionize everything*. W. W. Norton & Company.

Benz, A. (2022). Video-Calls – Aus dem Gleichtakt gebracht; Spektrum der Wissenschaft online, 29.12.2022. Zugegriffen: 16. Apr. 2023. https://www.spektrum.de/news/videocalls-aus-dem-gleichtakt-gebracht/2091939.

Berg, A. (2022). New Work – die neue Arbeitswelt nach der Pandemie; Präsentation Bitkom, Berlin, 31. März 2022. https://www.bitkom.org/sites/main/files/2022-03/31.03.22%20Bitkom-Charts%20New%20Work.pdf. Zugegriffen: 16. Apr. 2023.

Bergmann., F. (2004). *Neue Arbeit, neue Kultur*. Arbor-Verlag.

Bitkom. (2021). Wie viele berufliche Video-Anrufe tätigen Sie durchschnittlich pro Tag?. Statista. Statista GmbH. https://de.statista.com/statistik/daten/studie/1226042/umfrage/umfrage-zur-anzahl-der-beruflichen-video-anrufe-pro-tag/. Zugegriffen: 16. Apr. 2023.

Bloom, N., Liang, J., Roberts, J., & Ying, Z. J. (2015). Does working from home work? Evidence form a Chinese experiment. *The Quarterly Journal of Economics, 2015*, 165–218.

Bolino, M. C., & Grant, A. M. (2016). The bright side of being prosocial at work, and the dark side, too: A review and agenda for research on other-oriented motives, behavior, and impact in organizations. *Academy of Management Annals, 10*(1), 599–667.

Brucks, M., & Levav, J. (2022May). Virtual communication curbs creative idea generation. *Nature, 605*(7908), 108–112.

Compensation Partner (2019). Umfrage- Gründe für die Kündigung. Infografik, 2019. https://www.compensation-partner.de/downloads/infografik_kuendigung_print.pdf. Zugegriffen: 16. Apr. 2023.

Consulting.de. (2023). Sechs Typen stellen Firmen vor Herausforderungen; veröffentlicht am 28.02.2023. https://www.consulting.de/artikel/sechs-typen-stellen-firmen-vor-herausforderungen/. Zugegriffen: 16. Apr. 2023.

DAK. (2020). Digitalisierung und Homeoffice in der Corona-Krise. https://www.dak.de/dak/download/studie-pdf-2448800.pdf. Zugegriffen: 16. Apr. 2023.

Die Zeit. (2019). Durchschnittliche Fehlzeiten von Arbeitnehmern durch Homeoffice im Jahr 2018 (in Tagen). Statista. Statista GmbH. https://de.statista.com/statistik/daten/studie/1234465/umfrage/durchschnittliche-fehlzeiten-von-arbeitnehmern-durch-homeoffice/. Zugegriffen: 16. Apr. 2023.

Dripke, A., Ruberg, M., & Schmuck, D. (2022). *Metaverse – Was es ist. Wie es funktioniert. Wann es kommt*. Diplomatic Conucil Publishing.

Frischmuth, C. (2021). *New Work Bullshit – Was wirklich zählt in der Arbeitswelt*. FAZIT.

Gelitz, C. (2023). Plauschen für die Seele. Spektrum der Wissenschaft online. 04.03.2023. https://www.spektrum.de/news/gespraeche-mit-freunden-plauschen-fuer-die-seele/2115486. Zugegriffen: 16. Apr. 2023.

Hans-Böckler-Stiftung. (2023). Studien zu Homeoffice und mobiler Arbeit. Aktualisiert am 17.3.2023. https://www.boeckler.de/de/auf-einen-blick-17945-Auf-einen-Blick-Studien-zu-Homeoffice-und-mobiler-Arbeit-28040.htm. Zugegriffen: 16. Apr. 2023.

Häring, N., & Storbeck, O. (2007). *Ökonomie 2.0*. Schäffer-Poeschel.

Hofer, M. (2016). *Precence und Involvement*. Nomos.

Ifo Institut. (2022). Randstad-ifo-Umfrage: 62 Prozent der Unternehmen bieten bei Bürotätigkeit Homeoffice an. Pressemitteilung vomv19. Juli 2022. https://www.ifo.de/pressemitteilung/2022-07-19/randstad-ifo-umfrage-62-prozent-der-unternehmen-bieten-bei. Zugegriffen: 16. Apr. 2023.

Judge, T., Thoresen, C., Bono, J., & Patton, G. (June2001). (2001) The Job Satisfaction-Job Performance Relationship. *Psychological Bulletin, 127*(3), 376–407.

Kieser, A., & Walgenbach, P. (2010). *Organisation*. Haufe.

Kunze, F., Hampel, K., & Zimmermann, S. (2021). *Homeoffice und mobiles Arbeiten?* Klare Antworten aus erster Hand. UVK Verlag.

Lanier, J. (2018). *Anbruch einer neuen Zeit – Wie Virtual Reality unser Leben und unsere Gesellschaft verändert.* Hoffmann und Campe.

Lojeski, K., & Reilly, R. (2020). *Die Macht der virtuellen Distanz – Lösungen, mit denen Sie im digitalen Zeitalter und Homeoffice unausgeschöpfte Wettbewerbsvorteile erzielen können.* Wiley-VCH.

Mark, G., Gudith, D., Klocke, U. (2008). The cost of interrupted work: More speed and stress. Conference: Proceedings of the 2008 Conference on Human Factors in Computing Systems, CHI 2008, 2008, Florence, Italy, April 5–10, 2008; April 2008.

McKinsey Global Institut. (2021). The future of work after COVID-19; McKinsey. Zugegriffen: 16. Apr. 2023. https://www.mckinsey.com/featured-insights/future-of-work/the-future-of-work-after-covid-19.

Neeley, T. (2022). *Remote Work Revolution – Succeeding from anywhere.* Harper Business.

Planung & Analyse. (2023). Der erste Lack ist ab – Homeoffice unter Beobachtung. 01. Februar 2023. https://www.horizont.net/planung-analyse/nachrichten/homeoffice-unter-beobachtung-der-erste-lack-ist-ab-205761. Zugegriffen: 16. Apr. 2023.

Rheingold, H. (1991). *Virtuelle Welten – Reisen im Cyberspace.* Rowohlt.

Statistisches Bundesamt. (2022). Ein Viertel aller Erwerbstätigen arbeitete 2021 im Homeoffice. Zahl der Woche Nr. 24 vom 14. Juni 2022. Statistisches Bundesamt. https://www.destatis.de/DE/Presse/Pressemitteilungen/Zahl-der-Woche/2022/PD22_24_p002.html. Zugegriffen: 16. Apr. 2023.

Zukunftsinstitut (2023). Megatrend New Work. https://www.zukunftsinstitut.de/dossier/megatrend-new-work/. Zugegriffen: 16. Apr. 2023.

Weitere Quellen

Teile dieses Kapitels basieren auf Gesprächen und Interviews, die mit Unterstützung von Sven Nordmann (freier Journalist) von Herbst 2022 bis April 2023 geführt und mit dem Autorenteam abgestimmt wurden.

Weiterführende Literatur

Griese, D., Inden-Lohmar, T.(2023). *Marken im Metaverse – Chancen und Risiken. Best and Worst Cases.* Herausforderungen und Lösungen, Springer Fachmedien.

Hackl, C., Buzzell, J. (2021). *The augmented Workforce – How the Metaverse will impact every $ zu make.* Renown Publishing. o. O.

Hackl, C., Lueth, D., Di Bartolo, T. (2022). *Navigating the Metaverse – A guide to limitless possibilities in a web 3.0 world.* Wiley.

Kreutzer, R., & Klose, S. (2023). *Metaverse kompakt – Begriffe, Konzepte, Handlungsoptionen.* Springer Fachmedien.

2 Wie können virtuelle Arbeitswelten helfen?

Zusammenfassung

Durch gestiegene Unternehmenskosten, Klimawandel und Mobilität wächst die Notwendigkeit in der Wirtschaft, sich neu zu orientieren. Wie bloß den Beschäftigten größtmögliche Flexibilität gewähren und gleichzeitig Nähe beibehalten? Wie bloß nachhaltig und modern aufgestellt sein und gleichzeitig Kosten einsparen und effizient arbeiten? Virtuelle Welten – also Plattformen zum gemeinsamen Lernen und Arbeiten, in denen die Nutzer als Avatare sich frei bewegen können – sind eine Möglichkeit, die Zusammenarbeit unter Remote- oder Hybrid-Work-Bedingungen zu verbessern. In diesem Kapitel werden wir die Vor- und Nachteile des Einsatzes virtueller Welten erläutern.

2.1 Mehr Nähe, Effizienz und Einsparungen

Virtuelle Welten sind kein Allheilmittel, können aber eine genau solche Alternative bieten. Sie verbinden Menschen von unterschiedlichen Orten auf der Welt auf eine neuartige Art und Weise miteinander, schaffen Nähe und sparen gleichzeitig Kosten (siehe Abb. 2.1).

Sie bieten den entscheidenden Vorteil, eine gemeinsame, begehbare Welt im Internet zu schaffen, eine Ebene mit gleichen Regeln für alle Betroffenen. Kurze Dienstwege, mehr Klarheit und Transparenz in einer Vogelperspektive, Kreativität durch verschiedenste Tools.

Gleichzeitig können sich Unternehmen professioneller aufstellen, wenn es um Tagungen, Kongresse oder Auszubildenden-Tage geht. Vorträge werden lebendiger, das Plenum kann direkt einbezogen werden, Videos oder Diashows als Option können spielerisch

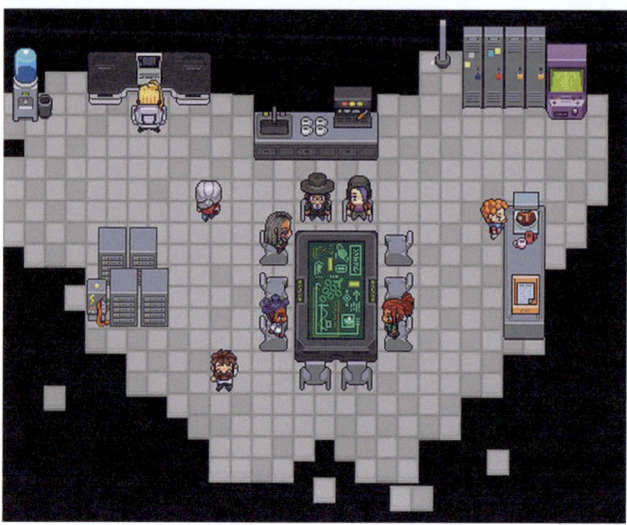

Abb. 2.1 Die andere Form der Zusammenkunft: Meeting in einem individuell gestalteten Gather-Büro. (Bild: Gather)

angeboten werden. Kurzum: Das Bilden einer Marke fällt leichter, Unternehmen können attraktiver und moderner wahrgenommen werden.

Konkret fokussieren wir uns hierbei auf den jetzigen Nutzen virtueller Welten für das Arbeiten und Lernen. In diesem Kapitel gehen wir auf die spürbaren Vorteile virtueller Welten für Unternehmen ein und werfen dabei einen ersten Blick in die Praxis. Zu jedem der fünf elementaren Aspekte lassen wir eine Expertin bzw. einen Experten zu Wort kommen, ehe wir Ihnen im dritten Kapitel dann konkrete Praxisbeispiele aus virtuellen Welten aufzeigen, die klar machen, welche Schritte schon gegangen wurden, um das Arbeiten und Lernen neu aufzustellen.

> **Warum wir uns auf Gather fokussieren**
> Bevor wir zu den fünf elementaren Vorzügen virtueller Arbeitswelten kommen, stellen wir Ihnen jene digitale Plattform vor, mit der wir seit Ende 2021 die besten und nachhaltigsten Erfahrungen in der Praxis gemacht haben und auf die wir in diesem Buch daher immer wieder verweisen: Gather. Kein anderes Tool erscheint uns nach aktuellem Stand so praxisnah, leicht umsetzbar und intuitiv zu bedienen wie das Start-up aus dem Silicon Valley.
>
> In den Praxisbeispielen (Kap. 3) finden Sie viele Anregungen, wie das Metaverse im Arbeitskontext auf andere Art und Weise genutzt wird, welche Möglichkeiten sich in 3D-Welten und der Virtuellen Realität auftun. Dort haben wir für Sie auch eine Checkliste für den Einstieg in die virtuellen Welten zusammengestellt. In

> Kap. 6 schließlich finden Sie Möglichkeiten und Tools, die nicht minder reizvoll, lediglich anders gestrickt sind.

2.2 Gather: Mit Pokémon-Style in die Remote-Work-Welt

Gather, auch Gather.town genannt, ist ein mittlerweile weltweit verbreitetes interaktives Tool für virtuelle Begegnungen, Besprechungen oder Veranstaltungen und entwickelt sich aktuell zu einem der Vorreiter für Remote Work in virtuellen Welten (siehe Abb. 2.2). Durch die einfache Steuerung eines Avatars mit Pfeiltasten und der an Videospiele aus den 80er-Jahren erinnernden Gestaltung kommt es spielerisch-leicht daher und ermöglicht gemeinsames Arbeiten auf virtueller Ebene. Menschen können sich von überall auf der Welt aus einloggen, mit ihren Avataren aneinander vorbeischlendern oder sich näherkommen und sich somit über einen Videochat miteinander unterhalten.

Das Start-up wurde 2020 während der Pandemie von vier jungen Männern aus dem Silicon Valley gegründet und wuchs schnell auf 75 Beschäftigte und eine Bewertung von 700 Mio. $ im November 2021. „Viele halten das Metaversum für Science-Fiction, als wäre es noch fünf bis sieben Jahre entfernt", sagte einer der Gründer, Philipp Wang, dem Forbes-Magazin schon im Jahr 2022 (Cai, 2022). Gather beweist mit seiner intuitiven

Abb. 2.2 Remote Work rund um die Welt: Blick ins 2D-Gather-Office (Ausschnitt) im Silicon Valley. (Bild: Gather)

und einfachen Haptik das Gegenteil. Nicht von allen wird es aufgrund seiner spielerischen Optik ernst genommen – genau dieser Reizpunkt aber macht es so interessant.

Philipp Wang äußert sich in diesem Fachbuch zu den Zukunftszielen des Unternehmens und erklärt, weshalb der Fokus von Gather vom Eventcharakter hin zu Remote Work wechselte: „Dort wollen wir weltweit führend werden." Ein büroähnliches Gefühl, Gruppenarbeiten und größere Meetings können in der 3D-Light-Version einfach und effektiv abgehalten werden. Verschiedene Tools wie Whiteboards oder interaktive Spiele sind integriert – peu a peu werden Schnittstellen geknüpft, um das einheitliche Arbeiten in Gather zu vereinfachen.

2.2.1 Spielerische Flexibilität

Gather kann auf vielen gängigen Computern und Betriebssystemen genutzt werden, weist auf dem Smartphone allerdings eine deutlich eingeschränkte Funktionalität auf. Um einer Fläche in Gather beizutreten, bedarf es eines Einladungslinks – danach wird ein Avatar erstellt, mit dem man sich fortan in der virtuellen, an Pokémon erinnernden Spiele-Welt, bewegen kann.

Der Kreativität in der Gestaltung der Welten sind wenig Grenzen gesetzt – Unternehmen haben sich komplette Büroräume mit eigenen Abteilungen eingerichtet oder Gaming-Areas konzipiert. Ist man einem anderen Avatar bis auf drei Pfeiltasten nahe, ploppt ein Videofenster wie in Zoom auf – die Unterhaltung kann beginnen.

Mehr Flexibilität und Raum für Bewegung, spontane Gespräche und größere Events zählen zu den Vorzügen des Programms, das kostengünstig daherkommt und in der Integration in den Arbeitsalltag deutlich praktikabler erscheint als aufwendige und teure VR-Lösungen mit Brille.

2.2.2 Interview mit Philipp Wang (Gather)

Gather-CEO Philipp Wang will mit seiner 3D-Light-Version die Remote-Work-Welt erobern

"Wir wollen an der Spitze von Remote Work stehen"

Als niedrigschwellige Einstiegsmöglichkeit in die virtuellen (Arbeits-) Welten hat sich Gather seit der Pandemie etabliert. Während der Fokus des Start-ups zu Beginn vornehmlich auf der Eventbranche lag, hat sich das junge Unternehmen mittlerweile auf Remote Work konzentriert. CEO Philipp Wang und die Unternehmensführung erklären im Gespräch das Ziel, weltweit führender Anbieter für 3D-Light-Welten in Bezug auf Remote Work zu werden und sprechen darüber, an welchen Stellschrauben sich Gather in den nächsten Jahren entwickeln will. Ein Interview mit einer Unternehmensführung, die mitspielt in der virtuellen Ausrichtung der Zukunft.

Warum liegt der Schwerpunkt der strategischen Ausrichtung von Gather auf Remote Work?
Remote Work verändert die Art und Weise, wie Arbeitgeber und Arbeitnehmer über „Arbeit" in allen Branchen denken. Gather hat sich zum Ziel gesetzt, an der Spitze dieser Bewegung zu stehen und eine virtuelle Umgebung zu schaffen, die es Unternehmen ermöglicht, ihre Produktivität und Effizienz zu steigern. Während der Pandemie haben wir einen überwältigenden Anstieg von Anfragen in Bezug auf Remote Work verzeichnet.

Wie bewertet Gather die Marktentwicklung im Bereich von Remote Work?
Die Pandemie hat einen wichtigen Trend dramatisch beschleunigt: Nämlich den Menschen die Möglichkeit zu geben, unabhängig von ihrem physischen Standort miteinander zu arbeiten.

Welchen großen (Wettbewerbs-) Vorteil sieht Gather derzeit? Im Vergleich zu 3D-Welten und VR, aber auch gegenüber etablierten Anbietern wie MS Teams?
Unser Wettbewerbsvorteil ist die einzigartige und zugängliche 2D-Oberfläche, die eine nahtlose Navigation und Nutzung für eine Vielzahl von Zwecken wie Remote Work, Events und Bildung ermöglicht. Damit heben wir uns von komplexeren 3D- und VR-Umgebungen ab. Unsere Räume sind zudem vom Nutzer anpassbar.

Welche Schnittstellen zu externen Tools sollen in absehbarer Zeit geschaffen werden?
Wir haben den Google-Kalender integriert und unseren Nutzern die Integrationen von Slack und Outlook ermöglicht. Wir arbeiten aktiv an der Entwicklung zusätzlicher Tools.

Wo sieht Gather sein Zielpublikum auf dem europäischen Markt?
Wir sehen unser Zielpublikum derzeit in Team-Typen, die den Fokus auf Co-Working & interne Zusammenarbeit legen. Idealerweise bewegen wir uns dabei in einer Gruppengröße zwischen 25 und 200 Personen. Unser primäres Ziel ist es, die Plattform bei allen Organisationen zu etablieren, unabhängig von Größe und Anzahl der Mitarbeiter.

> **Zum Weiterlesen**
> *Eine Übersicht von verschiedenen Plattformen, die Gather ähneln und die das dauerhafte Arbeiten in virtuellen Räumen ebenfalls ermöglichen, finden Sie in der Anlage zu diesem Buch.*

> **Zusammenfassung**
> - Es gibt zahlreiche digitale Plattformen, die virtuelle Umwelten für Events, Lernen oder Arbeiten zur Verfügung stellen.
> - Eine davon ist Gather, die sich bereits in vielen Projekten bewährt hat.
> - Die Entwickler von Gather arbeiten kontinuierlich daran, die Plattform für Remote Work zu optimieren. ◄

2.3 Das „Bürogefühl" wieder aufleben lassen

Während die Beschäftigten im klassischen Remote Work zuletzt oft getrennt voneinander gearbeitet haben und sich nur über Videokonferenzen „live" begegneten, ermöglichen virtuelle Welten das Nachbilden eines Bürogefühls. Mitarbeitende können sich ihr eigenes, kleines Büro errichten und selbst gestalten – so entsteht Bindung. Zum Jubiläum, dem Geburtstag oder dem Firmenabschied kann der Raum geschmückt – oder eben auch wieder leergeräumt werden. Beschäftigte berichten von einer real entstandenen Bindung zum virtuellen Büro. Ein großer Vorteil, der Menschen trotz räumlicher Entfernung wieder miteinander verbinden kann.

2.3.1 Interview mit Nargiza Shamsieva

2.3 Das „Bürogefühl" wieder aufleben lassen

„Du fühlst Dich im Homeoffice weniger alleine" Die 32-jährige Nargiza Shamsieva, ehemalige Projektmanagerin der Gießener Weiterbildungsakademie Confidos, schildert im Interview, wie sie die Integration von Gather in den Arbeitsalltag vom Beginn 2021 bis Ende 2022 erlebte, wie das Gestalten des eigenen Büros in der virtuellen Lern- und Arbeitswelt die Motivation erhöhte und welche Vorteile sie erkannte: „Es hat unseren Zusammenhalt gestärkt und die Produktivität gesteigert."

Frau Shamsieva, Sie haben für die Confidos Akademie ein Jahr lang in Gather gearbeitet und hatten dort Ihr eigenes virtuelles Büro. Wie kann man sich das vorstellen?

Nargiza Shamsieva: Jeder Beschäftigte hat seinen eigenen Bereich, den er oder sie frei gestalten konnte und den wir dann das persönliche Büro genannt haben. Dort begebe ich mich jeden Morgen mit meinem Avatar hin. Wenn jemand mit mir sprechen möchte, kann er anklopfen. Das bekomme ich dann als Geräusch übermittelt. Mein eigenes virtuelles Büro schön einzurichten, hat Spaß gemacht. Das alles hat eine große Wirkung auf die Zusammenarbeit. Du bewegst Dich gemeinsam in einer Welt, jeder mit seinem Avatar. Du hast einen Überblick, wer gerade mit wem redet – oder in einem Meeting ist. Dieses Gefühl des Involviertseins hilft. Du fühlst Dich im Homeoffice weniger alleine. Du kriegst mit, was passiert, ohne, dass Du überfrachtet wirst. Es hat Nähe geschaffen. Ich habe Gather daher sehr gerne für Remote Work genutzt.

Welche konkreten Vorzüge für die tägliche Zusammenarbeit ergeben sich aus der virtuellen Welt?

Nargiza Shamsieva: Du kannst mit Deinem Avatar mithilfe der Pfeiltasten schnell hin- und herhuschen. Ein paar Schritte und Du sprichst direkt via Video mit Deinem Arbeitskollegen. Ein kurzes Gespräch ist aus meiner Erfahrung heraus meist besser als eine Mail. Das erspart langfristig Zeit. Nach einigen Monaten haben wir unsere eigenen Regeln in der Welt aufgestellt. Wir haben gesagt: Der Arbeitstag beginnt mit einem Login. Jeder sollte seine Statusleiste beschriften und dort beispielsweise reinschreiben: „Bitte nicht stören" oder „Bin im Meeting". In der Mittagspause bleiben wir nicht in unserem Büro, sondern gehen beispielsweise in den Garten. Das hat mehr symbolischen Charakter, aber so bekommst Du mit, wer was macht. Mir hat das geholfen (siehe Abb. 2.3).

Für die allermeisten Menschen ist solch eine virtuelle Welt Neuland. Werden damit nicht viele überfordert sein?

Nargiza Shamsieva: Der Avatar ist einfach zu bedienen. Gather ist für jede Altersgruppe nutzbar. Alle können schnell auf ein Level kommen. Alle Menschen sind dort gleich. Auch ältere Personen sind im Grunde dann einfach nur ein Avatar – das vereinfacht die Zusammenarbeit. Als wir im Januar 2022 damit begannen, Gather in unsere Arbeits-

Abb. 2.3 So lief das in den Anfängen ab: Remote Work in der virtuellen Akademie 2022. (Bild: Confidos Akademie)

routine zu integrieren, kannten meine Kolleginnen und Kollegen virtuelle Welten nicht. Ich habe sie dann dazu animiert, ihr eigenes Büro zu gestalten. So ging es los. Ja, es brauchte eine kurze Eingewöhnungszeit – aber dann sind alle auf den Geschmack gekommen. Durch die neuen Möglichkeiten entstand Vertrauen – und alle hatten mehr Homeoffice-Tage. Wir konnten unseren Arbeitgeber davon überzeugen, dass wir öfter von zu Hause aus arbeiten können. Weil Du das Gefühl hast, auch online erreichbar zu sein.

Entstand nicht das Gefühl, dass man beobachtet wird?

Nargiza Shamsieva: In gewisser Hinsicht ist das schon so. Du fühlst Dich auf der einen Seite beobachtet. Auf der anderen Seite ist das im echten Büroleben doch auch so, oder? Ich glaube, Gather bildet einfach das Büroleben ab.

Welche hauptsächlichen Herausforderungen bestehen für Unternehmen, wenn sie das Arbeiten in virtuellen Welten in ihren Tagesablauf integrieren wollen?

Nargiza Shamsieva: Der wichtigste Schritt ist, technische Probleme zu beseitigen. Haben die Beschäftigten Bild und Ton? Ist das Headset angeschlossen und das Mikrofon an? Erkennen alle, wie sie die Welt betreten und verlassen? Es braucht dafür nur etwas Routine. Für größere Veranstaltungen, die man in Gather abhält, sollte daher Vorlaufzeit einkalkuliert werden, um allen Beteiligten 10 bis 15 min Zeit einzuräumen.

Für wen ist Gather geeignet und für wen nicht?

Nargiza Shamsieva: In der klassischen Büroarbeit oder im Projektmanagement eignet sich diese Welt sehr gut: Überall dort, wo viele Menschen involviert sind. Es ist für Teams sinnvoll, die in unterschiedlichen Zeitzonen arbeiten – jederzeit kannst Du Dich einfach wieder einloggen und kehrst an Deine Arbeitsstätte zurück. Das schafft ein vertrautes Umfeld, in dem Du Dich schnell wiederfindest. Ein Raum kann geschaffen werden, in dem sich einfach viele Menschen gleichzeitig aufhalten und austauschen können. Für Produktionsstätten, für Werkstattmitarbeiter zum Beispiel, macht das dagegen einfach keinen Sinn.

Wo sehen Sie den größten Nachholbedarf in der genutzten virtuellen Welt?

Nargiza Shamsieva: In der Verknüpfung mit anderen Tools. Mittlerweile kann ich über Google-Kalender einen Termin einstellen und einen Link setzen, mit dessen Hilfe Menschen direkt in den jeweiligen Besprechungsraum gelangen. Dieser wiederum kann passwortgeschützt werden. Das ist ein wichtiges Feld, um Meetingräume klar abzuschirmen. Projektmanagementtools dürfen noch besser kombiniert werden. Ich persönlich bin zwar kein Fan davon, aber auch die Zeiterfassung spielt da eine Rolle. Und: Die Aufteilung und Trennung der Rechte muss klarer geregelt werden. Aktuell kann in Gather etwa nur eine Trennung zwischen Gast und Mitarbeiter erfolgen. Während Gäste nur begrenzte Rechte haben, können als Mitarbeitende eingestellte Personen vieles gestalten, gleichzeitig aber auch zerschießen.

Sie haben ganze Gather-Welten für die Confidos Akademie gebaut. Wie blicken Sie als Gestalterin dieser Räume auf den Themenkomplex?
Nargiza Shamsieva: Es ist eine offene Plattform, die man für sein Team frei gestalten kann. Du kannst krasse Welten bauen und Dich kreativ ausleben. Welten können für Kunden optisch und inhaltlich angepasst werden. Manche mögen die 8-Pixel-Form, die spielerisch daherkommt, manche bevorzugen eine realistischere Darstellung. Es wird zu Deinem persönlichen Projekt, weil Du jedes Detail selbst gestaltest.

Zusammenfassung

- Ein verbessertes Arbeitsklima: Beschäftigte bekommen das Gefühl, wieder in einem Büro zusammenzusitzen und fühlen sich verbunden. Das Gemeinschaftsfeeling wird gestärkt, der Wohlfühlfaktor steigt. Menschen fühlen sich im Homeoffice weniger alleine und besitzen trotzdem ihre Freiheiten.
- Die Kommunikation wird gefördert. Der kurze Dienstweg geht via Pfeiltaste schneller als ein eingestellter Termin via Outlook. Dadurch kann der Flurfunk reaktiviert werden, der oft so wichtige „Plausch nebenbei" wieder stattfinden.
- Unternehmen können ihre eigenen virtuellen Welten kreieren lassen, Wiedererkennungswerte schaffen und so ein eigenes Branding fördern. ◀

2.3.2 Die Effizienz steigern und Kosten sparen

Letztlich geht es für Unternehmen vor allem darum, im Remote Work möglichst effektiv und effizient zu arbeiten. Kurze Dienstwege durch technische Verbindung von überall können Abhilfe schaffen. Durch schnellere Abstimmungen wird mehr in weniger Zeit geklärt.

Durch das gemeinsame Bewegen in einer Welt sinkt die Hemmschwelle zur Kontaktaufnahme – einige Schritte, gesteuert durch die Pfeiltasten an der Tastatur, und die Kollegin kann wegen dem eingereichten Dokument sofort angesprochen werden, anstatt ihr wie bisher üblich eine Mail zu schreiben oder ein Teams-Meeting anzuberaumen. Das erspart massig Zeit. Jeder weiß: Kommunikation ohne Umwege fördert die Effizienz. Prozesse können so beschleunigt werden – trotz Remote Work.

Wenn eine Mitarbeiterin im besprochenen Meeting fehlt oder den Termin nicht mitbekommen hat, kann sie mit dem Avatar zügig abgeholt und in die Besprechung miteinbezogen werden – anders als in einer Zoom-Konferenz, in der Link verschicken, Kenncode mitteilen und weitere technische Fallstricke warten. Kurzum: In virtuellen Welten besteht die Chance, notwendige Gespräche schneller zu führen.

Effizient kann es für Unternehmen werden, gute Beschäftigte zu finden und zu halten – um die Qualität zu sichern und zukunftsfähig aufgestellt zu sein. Immer mehr junge Mitarbeiter legen großen Wert darauf, flexibel und mobil arbeiten zu können – Unternehmen, die einen positiven Bezug zur Heimarbeit haben, diese effektiv nutzen können und neuen Mitarbeitenden so einen Weg aufzeigen, mithilfe von virtuellen Welten flexibel zu arbeiten, haben Vorteile auf ihrer Seite.

Junge Beschäftigte können anders angesprochen werden – für sie zählt der Umgang mit virtuellen Welten häufig zur Normalität. Die digitale Kompetenz kann genutzt werden. Wenn Mitarbeitende positiv von der Entwicklung und Arbeitsweise des Unternehmens berichten, erregt das Aufmerksamkeit und kann zum Multiplikator werden, der das Bild eines innovativen Arbeitgebers zeichnet.

Wer einen gangbaren Weg für das Homeoffice gefunden hat, gewährt seiner Belegschaft zudem die Möglichkeit, nach den eigenen Bedürfnissen zu arbeiten und die jeweiligen Stärken der Nachteule oder des Frühaufstehers zu nutzen. Kurzum: Für die Entscheider von heute geht es darum, sich der Generation von morgen anzunähern, sie zu verstehen und mitzunehmen.

2.3.2.1 Interview mit Thomas Kupka

„Wir zeigen uns auf dem Markt innovativ"
Effizienter zu arbeiten, bedeutet für Unternehmen auch, Zeit und Kosten zu sparen. Der Augenoptiker und Hörakustiker Neusehland ist ein Filialunternehmen mit über 40 Standorten in Deutschland. Prokurist Thomas Kupka zählt zu den fortschrittlichen Führungskräften des deutschen Mittelstandes und wählte schon im Herbst 2021 als einer der Ersten den Weg ins Metaverse.

Der Personalleiter erklärt im Gespräch, wie Neusehland in der Personalabteilung durch das Nutzen virtueller Welten Fahrtzeiten und Kosten einspart und damit zugleich als nachhaltiger und umweltfreundlicher Arbeitgeber wahrgenommen wird.

Herr Kupka, weshalb nutzt Neusehland das Metaverse?

Thomas Kupka: Es bietet uns viele Möglichkeiten. Wir können die wirkliche Welt nachbilden, Gruppenarbeiten online durchführen und vor allen Dingen eben Ressourcen sparen. Von unserer Firmenzentrale aus beträgt die Entfernung zu den Niederlassungen im Schnitt meist mindestens eine Stunde Autofahrt. Wenn wir Schulungen oder Gesprächsrunden in der virtuellen Welt durchführen, sparen wir für Hunderte von Beschäftigten mehrere Stunden Fahrtzeit. Die gehen uns nicht als Anwesenheitszeit verloren. Fahrtkosten können eingespart werden. Und der Umwelt tun wir auch etwas Gutes, wenn wir das Auto zu Hause stehen lassen. Ich arbeite also nicht nur für die Natur ressourcenschonend, sondern spare auch konkret Zeit und Geld. Zudem reiße ich die Beschäftigten nicht aus ihrem Arbeitsalltag heraus.

Wie nutzen Sie virtuelle Welten für Ihr Unternehmen konkret?

Thomas Kupka: Wir führen unsere Schulungen über Gather durch. Zudem haben wir eine komplette Welt für unsere Hörakustik bauen lassen (siehe Abb. 2.4). Dort treffen sich unsere Auszubildenden. Wir bieten dort Nachhilfe für sie an. In dieser Welt finden auch Austausch- und Gesprächsrunden statt.

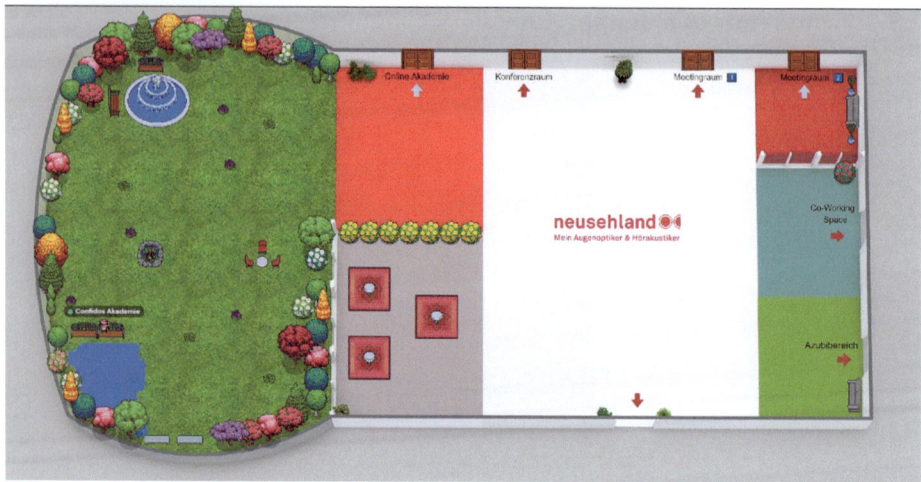

Abb. 2.4 Neusehland-Welt in Gather Town mit Zugang zur Online-Akademie, Konferenz- und Meetingraum, Co-Working-Space und Azubiwelt. (Bild: Confidos Akademie)

Welche Haltung und welche Schritte sind für die Implementierung virtueller Welten in den Arbeitsalltag notwendig?

Thomas Kupka: Unser Problem im Mittelstand ist häufig, dass wir kein Geld in die Hand nehmen. Dabei wird vergessen, dass eine Investition langfristig massig Geld einsparen kann. Weil sie positive und effektive Veränderungen mit sich bringt. Wir haben eine Person eingestellt, die sich nur um das Thema Online-Schulungen und das Metaverse in unserem Unternehmen kümmert. Du brauchst jemanden, der dafür brennt und diese Entwicklung im Unternehmen vorantreibt. Wenn sich die Personalleiterin darum kümmern soll, dass virtuelle Welten integriert werden, bleibt das auf der Strecke. Wenn ich etwas aufbauen will, muss ich dafür personelle Ressourcen schaffen.

Welche Rolle spielt es für Sie, so als moderner Arbeitgeber wahrgenommen zu werden?

Thomas Kupka: Natürlich ist es ein wichtiger Aspekt in Zeiten des Fachkräftemangels, sich nachhaltig zu präsentieren. Das spricht die Menschen an. Die Anwendung im Metaverse macht den Beschäftigten unserer Erfahrung nach Spaß. Sich mit einem Avatar zu bewegen, hat etwas Spielerisches. Ein Meeting kann so aufgelockert werden. Die Menschen empfinden die einfach zu bedienende Gather-Welt als angenehm. So haben wir ein Argument mehr und zeigen uns auf dem Markt innovativ. Das Metaverse sorgt dafür, dass wir als attraktiver Arbeitgeber wahrgenommen werden. Denn Beschäftigte werden zu Multiplikatoren. So spielen viele Bausteine mit rein: Das Nutzen virtueller Welten ist nicht nur inhaltlicher Natur bedingt, sondern spielt auch für die Außenwirkung eine Rolle.

Wird sich das Arbeitsleben also immer mehr in die digitale Welt verlagern?

Thomas Kupka: Die Welt verändert sich und bewegt sich zunehmend Richtung online. Das ist so. Darüber kann man denken, was man möchte. Mit unseren Führungskräften führe ich einmal jährlich ein Gespräch. Vor der Pandemie fand dieses Gespräch immer live vor Ort statt. Mittlerweile bieten wir an, dass sich die Führungskräfte aussuchen können, ob wir uns online im Videochat oder vor Ort unterhalten. Und die Hälfte wählt nun das Online-Gespräch und bleibt zuhause. Zweifelsfrei wollen wir uns aber auch in Zukunft real begegnen. Wenn Sie auf einer Schulung vor Ort sind, haben Sie unter anderem das gemeinsame Mittagessen. Das verbindet. Und das können Sie im Metaverse auch nicht nachbauen.

Wo sehen Sie Hürden und Grenzen?

Thomas Kupka: Genau hier: Alle Emotionen können Sie in vollem Umfang digital nicht rüberbringen. Man sieht nun mal auch selten den ganzen Körper. Ein gewisser Teil des sozialen Miteinanders bleibt im direkten Kontakt einzigartig. Und das ist ja auch gut so. Wir beschäftigen weiterhin spezielle Trainer, die auch in unsere Niederlassungen fahren. Wir müssen das Metaverse nicht für alles verwenden – es ist einfach eine Alternative. Wo wir diese einsetzen, müssen wir abwägen. Es gibt Bereiche, da helfen virtuelle Welten aus unserer Sicht enorm. Und es gibt Bereiche, da macht es einfach keinen Sinn.

> **Zum Weiterlesen**
> *Wie Neusehland die virtuellen Welten und Blended Learning konkret anwendet, lesen Sie im dritten Kapitel und dem Praxisbeispiel „Wenn Blended Learning auf eine virtuelle Welt trifft".*

> **Zusammenfassung**
> - Effektivität und Effizienz steigen durch direkten Austausch in einer gemeinsamen virtuellen Welt, die es ermöglicht, ohne Umwege Wichtiges klarzustellen.
> - Kosten für das Unternehmen können durch weniger zurückgelegte Fahrt- und verbrauchte Arbeitszeit eingespart, Ressourcen durch Homeoffice umweltfreundlich geschont werden.
> - Wer neue, attraktive und flexible Arbeitsmodelle bietet, kann dem Fachkräftemangel entgegenwirken und stellt sich so langfristig dem wohl größten Problem proaktiv entgegen: mäßiger Qualität in den eigenen Reihen. ◄

2.3.3 Kreatives Arbeiten

Kreativität wird im heutigen Arbeitszeitalter mehr denn je vorausgesetzt – und droht mit zunehmender Zeit ohne direkte Begegnung im Homeoffice doch auf der Strecke zu bleiben. Wie virtuelle Welten dabei helfen können und das Kind im Beschäftigten wieder spielerisch geweckt werden kann, erläutern in diesem Kapitel eine Spieleentwicklerin und ein Digitalisierungsfachmann.

Beide Experten betonen dabei: Menschen ins Tun zu bringen und während der Erfahrung Neues lernen zu lassen, ist der Schlüssel. Die Erlaubnis, in virtuellen Räumen Fehler machen zu dürfen und diese Erfahrung wieder neu zu lernen, spielt eine entscheidende Rolle: für mehr Kreativität im virtuellen Raum und für das Unternehmen im Generellen.

Darüber hinaus können komplexe Sachverhalte einfacher veranschaulicht werden: Um Beschäftigten etwa klarzumachen, an welchen Stellen Logistik herausfordernd wird und die Lieferkette durchgehend funktionieren muss, eignen sich digitale Spiele sehr gut. Lernen und Arbeiten kann so neu definiert werden.

2.3.3.1 Interview Rica Bünning

„Wir können gemeinsame Erfahrungen ermöglichen"
Vom Brettspiel zur virtuellen Welt mit Avatar: Rica Bünning kennt als langjährige Spieleentwicklerin die klassischen Methoden ebenso wie die modernen. Die Selbstständige produziert und verkauft Spiele, Papierwaren und Hörbucher und kreiert zugleich kreative virtuelle Welten für interaktive Teamevents.

„Mach da mal ein Spiel draus" – mit diesen Worten erhält die studierte Produktdesignerin häufig Aufträge. Rica Bünning hat sich im Jahr 2010 mit dem Unternehmen „Monsterkönig" selbstständig gemacht. Die Gestalterin verbindet in ihrer Arbeit stets spielerische Komponenten mit Pädagogik: Sie brachte Kindern im Zirkus und Teamseilgarten bei, wie sie ihre eigenen Stärken finden und besser miteinander kommunizieren. Sie konzipierte ein Mathebuch mit Rätseln und hilft Teams, enger zusammenzurücken. Auch bei ihr sorgte die Pandemie mit den plötzlichen Kontaktbeschränkungen für neue Horizonte.

Frau Bünning, worauf kommt es beim Entwickeln von Spielen und dem Vermitteln von Inhalten an?

Rica Bünning: Es kommt darauf an, dass Du Dich inhaltlich und gestalterisch auf das Wesentliche beschränkst. Für mich ist das Wesentliche, was zwischen den Menschen passiert. In 2D-Welten können wir wunderbare Spiele kreieren, die die Menschen vor Aufgaben stellen und zusammenbringen. Darüber lernen sie sich auf eine interaktive Weise kennen, die sie als spannende Erinnerung lange mit sich tragen.

Durch die Pandemie standen Sie vor der Herausforderung, die regelmäßigen internen Weiterbildungen für das Team des Teamseilgartens in die digitale Welt zu verlagern. Wie geht so was?

Rica Bünning: Das ging gut und der Spaß- und Lernfaktor war sogar hoch! Wir können nicht nur Videos einbauen, wir können eben passende Welten mit den verschiedensten Interaktionsmöglichkeiten kreieren. Kurzerhand habe ich ein reales Seminarhaus nachgebaut (siehe Abb. 2.5). So haben sich die Teilnehmer dann mit ihrem Avatar in der Küche oder am Lagerhaus getroffen. Es war schön zu sehen, dass Menschen die reale Welt virtuell abgebildet annehmen können. Das gibt Orientierung. Menschen kommen dabei anders zusammen. Ich habe es erlebt, dass manche plötzlich Verstecken mit ihren Avataren spielen. So etwas habe ich in Zoom nicht. Ich muss niemanden in einen Breakout-Raum schicken, ich kann die Menschen selbst umherlaufen und sich ausprobieren lassen.

Worauf achten Sie besonders, wenn Sie Menschen online zusammenkommen lassen?

Rica Bünning: Darauf, dass sie ins Tun kommen. Das mache ich zum Beispiel, indem ich sie etwas bauen lasse oder sie vor eine andere gemeinsame Aufgabe stelle. So kommen sie in einer Aktion zusammen, anstatt sich im klassischen Stuhlkreis vorzustellen. Da hört man nach der dritten Person eh meistens nicht mehr zu. Wenn ich die Moni aber beim gemeinsamen Floß-Bau kennenlerne, sehe ich: ‚Die scheint analytisch heranzugehen. Und der Heinz erzählt mir direkt von seinen Kindern…' Wir können in Welten wie Gather oder Workadventure direkte Erfahrungen ermöglichen. Sobald Du etwas selbst erfährst, bleibt es ganz anders hängen.

Abb. 2.5 Teamspiele lassen sich in virtuellen Welten niedrigschwellig konzipieren. (Bild: Rica Bünning)

So baut die Spieleentwicklerin Welten, in denen spezielle Themen auf leichte und andere Art und Weise erfahren werden können: Wer sich der Geschichte von Reformationstag und Halloween nähern will, kann sich die Zeit beispielsweise erst mit kurzen Erklärvideos im Warteraum mit seinem Avatar vertreiben, ehe es im Teamevent in eine gebaute Welt geht, in der die Zettelhexe im Wald gefunden werden muss.

Gemeinsam müssen die Mitglieder agieren, sich austauschen und Aufgaben in einer bunten Welt lösen – im Team, obwohl jede und jeder zuhause vor dem Rechner sitzt. Im Nachgang gibt es eine Reflexionsrunde mit Alltagstransfer: Wie wurde miteinander kommuniziert? Was ist in der Zusammenarbeit aufgefallen? Bünning: „Das ist ein anderer Ansatz, um Wissen zu vermitteln und Erfahrung zu ermöglichen, als etwa einen Vortrag zu buchen."

2.3.3.2 Interview Massimiliano Klawonn

Bildung eine neue Bedeutung geben: Das ist die Motivation von Massimiliano Klawonn, strategischer Coach von Digitelli, das Unternehmen hilft, digitaler zu werden. Reale Herausforderungen sollen virtuell erlebbar gemacht werden: weg vom „Bulimie-Lernen", hin zur „direkten Erfahrung". Massimiliano Klawonn fragt: „Wie lernt ein Kind? Es probiert aus und adaptiert. Wir Erwachsenen haben das verlernt, weil wir darauf konditioniert sind, keine Fehler zu machen. Mit virtuellen Welten bringen wir die Menschen dazu, in einem geschützten Raum Fehler zu machen. Stell Dir vor, Du hast einen Raum, in dem Fehler machen Spaß macht. Dann kann Lernen leicht und intrinsisch werden."

Der Digitalisierungsexperte ist der festen Überzeugung: „Wir sollten im Metaverse nicht nur Friede, Freude, Eierkuchen schaffen. Wir sollten die Realität reinbringen und Veränderung anstreben." Digitelli arbeitet unter anderem mit Workdaventure (wird in Kap. 6 vorgestellt) und Gather zusammen – und lässt dort etwa Lieferketten spielerisch darstellen.

Wenn der Prozess der Lieferkette virtuell veranschaulicht wird
Klawonn: „Ein Objekt kann von A nach B transportiert werden. Die Logistik muss beachtet werden. Wir können eine Welt bauen, in der diese Komplexität dargestellt wird. Wir können digital vom eigenen Rechner aus erlebbar machen, welche logistischen Herausforderungen für den Arbeitgeber bestehen. Wir können Faktoren einbauen, die die Lieferkette stören, sodass der Prozess neu betrachtet werden muss. Wir können Produkte einfügen oder Räume verschließen und so ein kreatives, individuelles Rätsel erschaffen."

Wenn Digitelli Teamevents kreiert oder Führungskräfte zusammenkommen lässt, wird darauf geachtet, dass eine gewisse Zeitspanne digital nicht überschritten wird. „Mehr als vier Stunden inklusive Pausen überfordern den Menschen kognitiv. Wir setzen unsere Aktionen meist für zwei Stunden an", erklärt Klawonn, der selbst einen Sohn im Teenager-Alter hat und viele Entwicklungen Richtung digitaler Zukunft zwiegespalten erlebt.

„Generationen, die heranwachsen, definieren sich teilweise über die virtuelle Welt. Sie geben Geld darin aus. Wenn ich mich in der virtuellen Welt bewege und dort dann einen Ferrari fahre, ist das ein Statuszeichen. Wir dürfen nicht immer nur von uns auf andere schließen, sondern müssen die jüngeren Generationen verstehen lernen. Ich denke, dass man sich in diesen Welten verlieren kann und wir das Analoge, Physische brauchen. Aber unser Umfeld verändert sich. Das war in den letzten Jahrzehnten bereits so: von der Kassette über die DVD zu Amazon Prime. Wir merken es in dem Moment oft bloß nicht. Ähnlich verhält es sich mit der zunehmenden bargeldlosen Bezahlung. So wird es sich auch mit dem Lernen und Arbeiten verhalten. Besser, wir gestalten diese Entwicklung aktiv mit und erkennen die Vorteile darin: spielerisches Lernen für das Langzeitgedächtnis."

Zusammenfassung

- Indem Menschen in virtuellen Räumen lernen, wieder Fehler machen zu dürfen, kann ein neuer Raum für Kreativität entstehen. Neues wird ausprobiert – und so auch entdeckt.
- Durch spielerische Tools und zu kreierende Aufgaben können Menschen auch virtuell in einem Team zusammengebracht werden und sich so anders begegnen. In der direkten Erfahrung und im Spiel lernt man sich oft am besten kennen.
- Komplexe Sachverhalte können einfach verständlich heruntergebrochen werden und in individuell gestalteten Räumlichkeiten veranschaulicht werden. ◄

2.3.4 Nachhaltiges Lernen: Von der Präsenz bis zum Metaverse

Wissen vermitteln, Schulungen professionell umsetzen, gemeinsames Lernen bewusst fördern: In der modernen Arbeitswelt sind Unternehmen und Organisationen zunehmend auf effektive Lernformen angewiesen, um ihre Mitarbeitenden zu schulen und weiterzubilden. Kurze Lernstrecken über sogenannte „Nuggets" zu vermitteln, erscheint vielen angenehmer als stundenlanges Pauken am Stück: Die Künstliche Intelligenz kann dabei durch vorgefertigte Abläufe zunehmend helfen, den Lernenden in gewissen Intervallen immer wieder an neue, kurze Einheiten zu erinnern und ihn mit Inhalt zu füttern.

In diesem Kapitel wählen wir einen konkreten Vergleich zwischen Präsenzlernen, der hybriden Variante als Mischform, dem reinen Fokus auf Online-Inhalte und virtuellen Lernräumen. Erst langsam tasten sich viele Weiterbildner, Trainer und Coaches an das Metaverse und virtuelle Welten heran (Schlerit et al., 2023), doch steigt derzeit das Interesse stark an.

2.3 Das „Bürogefühl" wieder aufleben lassen

Abb. 2.6 Der Klassiker: Persönlicher Austausch mit Führungskraft im Office. (Bild: Adobe Stock)

2.3.4.1 Die gängigsten Formen der Wissensvermittlung

1. Präsenztraining mit direktem persönlichem Austausch

Das Präsenztraining ist eine bewährte Lernform, bei der Trainerinnen und Trainer ihr Wissen unmittelbar an die Teilnehmenden weitergeben (siehe Abb. 2.6). Diese Form des Lernens ermöglicht es, Fragen und Unsicherheiten ohne Umschweife zu klären. Außerdem können Teilnehmende unmittelbar auf Feedback und Empfehlungen reagieren und ihre Fähigkeiten direkt vor Ort verbessern. Der größte Nachteil von Präsenztrainings ist ihre räumliche und zeitliche Begrenztheit. Teilnehmerinnen und Teilnehmer müssen zu einem bestimmten Ort und Zeitpunkt physisch anwesend sein, was oft mit beträchtlichen Kosten und logistischem Aufwand verbunden ist.

Methoden in Präsenz am Beispiel einer Führungskräfteentwicklung:

1. **Fallstudien** können verwendet werden, um den Teilnehmern verschiedene Führungsprobleme zu präsentieren, die sie dann gemeinsam analysieren und Lösungen entwickeln. Die Fallstudien können aus der Praxis stammen oder auch fiktive Szenarien sein.
2. **Rollenspiele** können praktische Erfahrungen im Umgang mit schwierigen Führungssituationen vermitteln. Dabei können die Teilnehmer verschiedene Rollen einnehmen, z. B. die eines Mitarbeiters, eines Kunden oder eines Vorgesetzten.
3. **Feedbackgespräche** können dazu verwendet werden, den Teilnehmern zu helfen, ihre Führungsqualitäten zu verbessern. Dabei können sie in simulierten Gesprächen

Feedback geben und erhalten, um ihre Kommunikations- und Feedbackfähigkeiten zu verbessern.
4. **Diskussionsrunden** können für Anregungen genutzt werden, über verschiedene Führungsthemen zu diskutieren und Standpunkte zu hören. Dabei kann die eigene Erfahrung und Perspektive eingebracht und von den Erfahrungen anderer Führungskräfte gelernt werden.
5. **Präsentationen** können dazu dienen, Führungskonzepte und -methoden zu vermitteln. Dabei können selbst Präsentationen gehalten oder Präsentationen von Experten angehört und diskutiert werden.
6. **Brainstorming-Sitzungen** können dazu verwendet werden, um den Teilnehmern dabei zu helfen, kreative Ideen und Lösungen für Führungsprobleme zu entwickeln. Dabei können sie in Gruppen arbeiten und verschiedene Ideen und Ansätze diskutieren.
7. **Gruppenarbeit** kann Zusammenarbeit und Teamwork fördern. In Kleingruppen kann an verschiedensten Projekten gearbeitet werden.

Dies sind nur einige Beispiele für Methoden, die in einem Präsenzworkshop für Führungskräfte eingesetzt werden können.

2.3.4.2 Online-Lernen: Flexibel und skalierbar

Das Online-Lernen ist eine weitere Lernform, die aufgrund ihrer Flexibilität und Skalierbarkeit mittlerweile zum Standard in der heutigen Wissensvermittlung gehört (Erpenbeck et al., 2015). Teilnehmende können von überall aus auf Lerninhalte zugreifen und sich in ihrem eigenen Tempo weiterbilden (siehe Abb. 2.7). Auch ist das Online-Lernen oft kostengünstiger als ein Präsenztraining und hybrides Lernen. Ein Nachteil des Online-Lernens ist, dass der persönliche Austausch und das direkte Feedback nur begrenzt möglich sind. Es kann ebenfalls schwierig sein, die Motivation und das Engagement der Teilnehmerinnen und Teilnehmer aufrechtzuerhalten, da es keine 1:1-Interaktion gibt.

Um das Online-Lernen zu verdeutlichen, haben wir ein Praxisbeispiel erstellt: Das Thema des Online-Workshops lautet „Agiles Projektmanagement für Führungskräfte", das Medium der Wahl ist hier Zoom, der Workshop ist auf drei Stunden und eine Teilnehmerzahl von 10 bis 15 Personen ausgelegt.

1. Begrüßung und Einführung (15 min)
    – Vorstellungsrunde über Zoom mit einem kurzen Warm-up-Spiel, um das Eis zu brechen und das Kennenlernen zu erleichtern.
    – Kurze Einführung in das Thema und die Ziele des Workshops.
2. Theoretischer Input (45 min)
    – Präsentation von agilen Methoden im Projektmanagement, z. B. Scrum, Kanban, Lean Management.
    – Einbindung von Online-Tools wie Mentimeter oder Umfragen, um das Feedback und die Fragen der Teilnehmer zu erfassen.

2.3 Das „Bürogefühl" wieder aufleben lassen

Abb. 2.7 Online-Lernen mit Videochat: Flexibel, aber oft ohne direktes persönliches Feedback. (Bild: Adobe Stock)

3. Gruppenarbeit (60 min)
   - Einteilung der Teilnehmer in kleine Gruppen (3–4 Personen).
   - Jede Gruppe erhält eine konkrete Problemstellung, die sie mithilfe von agilen Methoden lösen soll.
   - Durchführung von Breakout-Sessions, in denen die Gruppen ungestört arbeiten können.
   - Einbindung von Online-Tools wie Whiteboards oder Google Docs, um die Zusammenarbeit zu erleichtern.
4. Präsentation und Feedback (45 min)
   - Vorstellung der Ergebnisse aus den Gruppenarbeiten.
   - Diskussion und Feedback zu den vorgestellten Lösungen.
   - Einbindung von Online-Tools wie Abstimmungen oder Umfragen, um das Feedback der Teilnehmer zu erfassen.
5. Zusammenfassung und Ausblick (15 min)
   - Zusammenfassung der wichtigsten Erkenntnisse und Handlungsempfehlungen.
   - Ausblick auf weitere Workshops oder Möglichkeiten zur Vertiefung des Themas.

Für einen Online-Kurs wie diesen benötigt man eine gute Planung und Organisation im Vorfeld. Die Einbindung von Online-Tools wie Breakout-Sessions, Whiteboards und Abfragetools wie Mentimeter erleichtert die Zusammenarbeit und fördert das Engagement der Teilnehmenden.

2.3.4.3 Lernen in virtuellen Räumen mit sozialer Interaktion

Einer der Hauptvorteile des Lernens im virtuellen Raum ist die Flexibilität. Beschäftigte können jederzeit und von jedem Ort aus auf die Schulungsressourcen zugreifen, was zu einem höheren Maß an Effizienz und Produktivität führen kann.

Räumlichkeiten können von ihrer Funktionalität so geschaffen werden, dass sie der Realität nahekommen und den Methodenkoffer eines Trainers im Vergleich zu herkömmlichen Videokonferenzsystemen deutlich erweitern. So können sich Kursteilnehmer nicht nur während des Seminars oder der Schulung im virtuellen Raum aufhalten, sondern sich auch unabhängig vom Termin zum gemeinsamen Austausch treffen (siehe Abb. 2.8). Die Motivation, Wissen anzuwenden oder die Lernschleife fortzuführen, wird durch die potenzielle Begleitung von Kollegen so gefördert.

Wiederkehrende oder spontane Begegnungen in der virtuellen Welt sind möglich. Aufgabenstellungen können klar abgesteckt werden, Einzeltreffen mit dem Coach können ebenso einfach umgesetzt werden wie Gruppenarbeiten in verschiedenen Räumen. Zwar gibt es in Zoom die Möglichkeit eines Breakout-Raums, mit der Bewegungsfreiheit virtueller Welten kann das aber nicht mithalten. Anderen Kursteilnehmern direkt und eins zu eins mit dem Avatar jederzeit zu begegnen, eröffnet einen neuen Raum – auf vielen Ebenen.

Ein weiterer Vorteil des Lernens im virtuellen Raum ist, dass es gegenüber traditionellen Schulungsmethoden oft interaktiver wirkt. Durch die Verwendung von 3D-Modellen, Simulationen und anderen interaktiven Elementen können Beschäftigte ein tieferes Verständnis für komplexe Themen entwickeln. Darüber hinaus ermöglicht das Lernen im

Abb. 2.8 Beispiel: Virtueller Trainer-Workshop in Gather. (Bild: Confidos Akademie)

virtuellen Raum eine personalisierte Schulung, bei der Mitarbeiter den Inhalt in ihrem eigenen Tempo und auf ihre individuellen Bedürfnisse abgestimmt durchgehen können.

Es gibt jedoch einige Nachteile. Ein häufiges Problem ist die Ablenkung durch andere virtuelle Aktivitäten, die nicht mit dem Schulungsinhalt in Zusammenhang stehen. Es kann schwierig sein, sicherzustellen, dass die Teilnehmenden wirklich aktiv an der Schulung teilnehmen und nicht einfach nur passiv zusehen.

Ein weiterer möglicher Nachteil ist, dass es für manche Beschäftigten ungewohnt oder sogar unangenehm sein kann. Einige Menschen bevorzugen den persönlichen Kontakt und die Interaktion mit anderen und fühlen sich in einer virtuellen Umgebung isoliert oder alleingelassen.

Ein Beispiel für einen Führungskräfteworkshop, der in einem virtuellen Raum mit eigenem Avatar realisiert wird:

Zunächst werden die Teilnehmer des Workshops mit ihren Avataren in einem virtuellen Konferenzraum begrüßt. Nach kurzer Einführung und Vorstellungsrunde können die Teilnehmenden in Kleingruppen aufgeteilt werden, um an verschiedenen Themen zu arbeiten.

Eine Methode, die für den Workshop verwendet werden kann, ist das Arbeiten mit Kollaborationstools wie Miro, einem Online-Whiteboard für Zusammenarbeit in Echtzeit. Mit Miro können die Teilnehmenden gemeinsam an Dokumenten arbeiten und sich direkt Feedback geben. Eine zusätzliche Methode ist die Verwendung von Videos, um Präsentationen oder Referate zu halten und zu diskutieren.

Ein weiteres wichtiges Element des Workshops ist die Option, Gruppenarbeiten, virtuelle Rollenspiele sowie Aufstellungen im virtuellen Seminarraum durchzuführen. Führungskräfte können etwa in Gruppen Aufgaben lösen und ihre Ergebnisse in einer virtuellen Galerie präsentieren. Virtuelle Rollenspiele können natürlich dazu genutzt werden, um schwierige Situationen und Konflikte zu simulieren und zu trainieren, wie man am besten damit umgeht.

Eine Aufstellung im virtuellen Raum kann helfen, die Hierarchie innerhalb eines Teams oder Unternehmens zu visualisieren. Die Führungskräfte könnten ihre Avatare entsprechend ihrer Position im Unternehmen oder Team aufstellen und so ein besseres Verständnis für die Dynamik innerhalb der Gruppe bekommen.

2.3.4.4 Blended Learning kombiniert Präsenz und digitales Lernen

Hybrides Lernen vereint die Vorteile von Präsenztraining und Online-Lernen und hat sich in Form des Blended Learnings seit einigen Jahren etabliert (Erpenbeck et al., 2015). Bei dieser Lernform können Beteiligte sowohl vor Ort als auch online an einem Training teilnehmen (siehe Abb. 2.9). Dies ermöglicht eine größere Flexibilität und kann zu einer Zeit- und Kostenersparnis führen. Gleichzeitig können hier direktes Feedback und persönlicher Austausch stattfinden. Ein Nachteil von hybriden Lernformen ist, dass sie oft eine gute technische Ausstattung und ein gewisses technisches Verständnis erfordern. Sicherlich ist es schwieriger, eine gemeinsame Lernumgebung zu schaffen, wenn einige Teilnehmerinnen und Teilnehmer vor Ort und andere online sind.

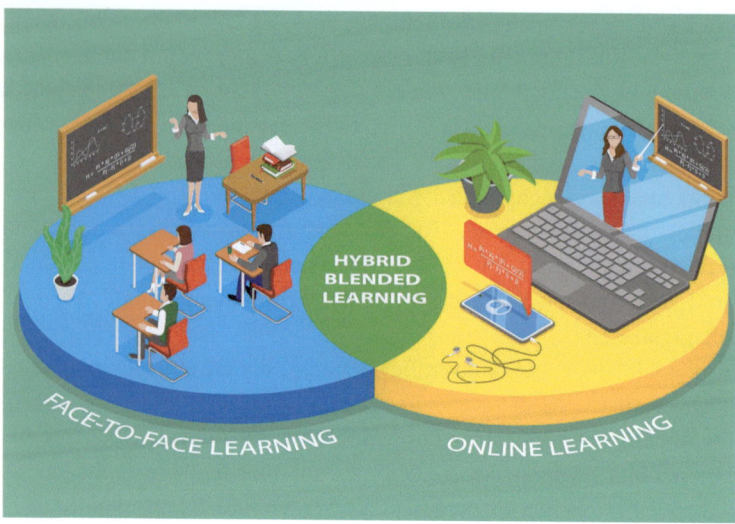

Abb. 2.9 Verbindet zwei Welten miteinander: Blended Learning. (Grafik: Adobe Stock)

Zur besseren Veranschaulichung stellen wir die Umsetzung eines mehrwöchigen Führungskräfteworkshops im Blended-Learning-Format exemplarisch vor. Der Kurs läuft dabei in folgenden Phasen ab:

I. Einführung und Zielsetzung Live-Online oder im virtuellen Raum (ca. 60 min)
   – Vorstellung der Trainer und Teilnehmer
   – Erläuterung des Workshopziels und der Erwartungen an die Teilnehmer
   – Erklärung des Blended-Learning-Formats und der Arbeitsweise im Workshop
II. Online-Phase 1 (ca. 2 h)
   – E-Learning mit Input-Präsentationen, z. B. zu Führungstheorien, Führungsstilen, Mitarbeitermotivation etc.
   – Gruppenarbeiten in virtuellen Räumen mit virtuellen Whiteboards oder Breakout-Räumen, zur Vertiefung des Inputs und zur Anwendung auf konkrete Praxisbeispiele
   – Feedback und Diskussion im Plenum
III. Präsenzphase (1–2 Tage)
   – Vertiefung und Anwendung der Online-Phase im Präsenzworkshop
   – Praktische Übungen, z. B. Rollenspiele oder Fallstudien, zur Anwendung der Führungstheorien und -praktiken in realistischen Situationen
   – Reflexion und Feedback im Plenum
IV. Online-Phase 2 (ca. 1–2 Wochen später)
   – Vertiefung und Anwendung der Präsenzphase im virtuellen Raum

- Austausch in Online-Tools, z. B. in einem virtuellen Forum oder Chat, zur Reflektion der Erfahrungen und zur Diskussion von weiteren Fragestellungen
- Optional: Individuelle Coachingsessions per Videochat oder virtuellem Raum zur Vertiefung und Anwendung des Gelernten in der Praxis

V. Abschluss (ca. 60 min)
- Zusammenfassung und Reflexion des Workshops im virtuellen Raum
- Ausblick auf die Umsetzung in der Praxis
- Feedback- und Abschlussrunde

Klar ist: Jede der vier vorgestellten Lernformen hat ihre Vor- und Nachteile. Es kommt dabei auf die jeweiligen Inhalte sowie die damit verbundenen Lernziele an. Nicht zuletzt spielen die Zielgruppe sowie die räumliche Nähe oder Distanz der Teilnehmenden eine entscheidende Rolle. Durch die noch relativ neuen Anwendungsmöglichkeiten, die sich durch Lernen im Metaverse mit oder ohne VR-/AR-Technologie ergeben, werden zukünftig insbesondere hybride, aber auch rein virtuelle Lernformen an Bedeutung gewinnen, wie schon jetzt die Praxisbeispiele im nächsten Kapitel zeigen.

Haben sich während der Corona-Pandemie Millionen von Usern binnen weniger Wochen an die Nutzung von Videokonferenztools wie Zoom oder Teams gewöhnt, wird zukünftig das Navigieren mit eigenem Avatar und/oder einer VR- bzw. AR-Brille im virtuellen Lernraum oder Office genauso zu den gängigen Office-Anwendungen gehören wie der Videochat mit der bereits fest integrierten Webcam am PC. Dies setzt jedoch voraus, dass die Anwender nicht mit der Technologie alleinegelassen, sondern herangeführt werden und diese sinnvoll und in Abhängigkeit der jeweiligen Situation angewendet werden können.

Zum Weiterlesen
Was die Psychologie aus heutiger Sicht über virtuelle Welten und das Lernen im Metaverse weiß, lesen Sie im Kap. 4.

2.3.4.5 Vor- und Nachteile der verschiedenen Lernformate im Überblick

Die gezeigten Beispiele machen eines deutlich: Jede Art des Lernens hat Stärken (s. Tab. 2.1) und Schwächen (s. Tab. 2.2). Deshalb geht es nicht darum, das eine Format durch das andere zu ersetzen. Der richtige Weg ist, genau zu überlegen, welches Format für die eigenen Rahmenbedingungen am besten passt. Wir haben die Vor- und Nachteile der jeweiligen Lernformate noch einmal tabellarisch aufgeführt, um einen schnellen Überblick zu bieten. Diese Übersicht kann als eine Art Checkliste dienen: Überlegen Sie, ob und wie stark die aufgeführten Vor- und Nachteile für Ihr Unternehmen oder Ihre Weiterbildungs-Aufgabe zutrifft. Das kann Ihnen die Entscheidung leichter machen, ob Sie eher Präsenzseminare, Online-Learning oder einen Mix aus beiden realisieren sollten.

Tab. 2.1 Übersicht der Stärken der verschiedenen Lernformate. (Quelle: Eigene Darstellung)

Präsenz	Online oder virtuell	Hybrid (Blended Learning)
Interaktion der Teilnehmenden untereinander Soziale Komponente und Gruppendynamik: Flexibilität im Trainingsverlauf Fokus auf die Trainingsinhalte (geschützter Raum/weniger Ablenkung): Direktes & individuelles Feedback	Zeitliche und örtliche Flexibilität Kosteneffizienz von Reisekosten Bessere Skalierbarkeit Aufzeichnung und Wiederholung Umweltfreundlichkeit (keine/kaum Reisetätigkeiten) Weniger Hemmungen bei schüchternen Menschen	Flexibilität bei Lernzeit und -ort Individualisierung (Lerninhalte, Lerntempo etc.) Effektivität und Lerntransfer durch stätige Beschäftigung über einen längeren Zeitpunkt Kosteneffizienz Interaktive Lernmethoden Kontinuierliches Lernen Unterschiedliche Lernstile werden berücksichtigt

Tab. 2.2 Übersicht der Schwächen der verschiedenen Lernformate. (Quelle: Eigene Darstellung)

Präsenz	Online oder virtuell	Hybrid (Blended Learning)
Kosten für Anreise, Übernachtung und Tagungsräume (etc.) Zeitliche Ressourcen und Ausfallzeiten am Arbeitsplatz Unterschiedliche Lernstile Probleme der Erreichbarkeit bei großer räumlicher Distanz	Teilweise mangelnde soziale Interaktion (betrifft insbesondere reine Videokonferenzsysteme ohne virtuellen Interaktionsraum) Technische Probleme und instabile Internetverbindung: Lernbarrieren durch geringe Technikaffinität der Lernenden Mehr Selbstmotivation notwendig Fehlende Praxiserfahrung/Praxiseinbindung Gefahr der Ablenkung	Technische Probleme und instabile Internetverbindung Mangelnde soziale Interaktion in Selbstlernphasen Lernbarrieren durch geringe Technikaffinität der Lernenden Zeitintensität (Termine über längeren Zeitraum) Geringer Rücklauf bei der Evaluation

2.3.4.6 Wenn sich 650 Kongress-Teilnehmende virtuell treffen…

Auch Kongresse und Tagungen können im virtuellen Format Vorteile mit sich bringen. Das Netzwerk fällt durch die freie Bewegung mit dem Avatar deutlich leichter. Verschiedenste Räume, aufgeteilt in Herkunftsregionen oder Abteilungen, erleichtern den Überblick. Die virtuellen Welten stehen hierbei am Anfang ihrer Entwicklung. Klar scheint aber bereits: Unternehmen können Partnern ein anderes Setting bieten als mit einem klassischen Webinar – Stichwort Employer Branding.

Vertriebstagungen können durch das Einbinden von Videos oder das Aufzeigen neuer Features untermauert werden. Nicht zuletzt kann der Kostenfaktor und das Einsparen

2.3 Das „Bürogefühl" wieder aufleben lassen

von Fahrtwegen und Hotelübernachtungen eine große Rolle spielen, wenn es darum geht, Tagungen gelungen über die Bühne zu bringen.

Konferenzen lassen sich in virtuellen Räumen nachbilden, Podiumsdiskussionen nachempfinden mit der Option, das Plenum direkt einzubinden. Mit einem Mikrofon kann zu allen Beteiligten ebenso gesprochen werden wie zu einzelnen ausgewählten Personen.

Wie das funktioniert, zeigen unter anderem die Macher von Space Makers mit Sitz in Prag und einer Niederlassung in Frankfurt am Main. Das Team versteht sich als Architekt virtueller Erlebnisräume für außergewöhnlich gute Online-Events, innovative Remote-Arbeitsumgebungen und interaktive Formate. Zu den Besonderheiten zählen vor allem die Gestaltung fotorealistischer Spaces und digitaler Zwillinge von Originalgebäuden. In einem Gespräch hat uns das Space-Makers-Team seine Arbeit erklärt.

Alle Designs werden in 3D-Formaten erstellt und für die Gather-Plattform in besonderer Weise exportiert. Die überwiegend internationalen Kunden legen besonderen Wert auf einen Markenauftritt, der der Corporate Identity entspricht: virtuelle Umgebungen im eigenen Design, hoher Wiedererkennungswert, schnelleres Zurechtfinden im Metaverse.

Ein klassischer Use Case stellt in diesem Fall eine Jobmesse für moderne Varianten des Internets dar. Space Makers konzipierte dieses Event auf der Gather-Plattform, an dem über 650 Personen teilnahmen.

Im Fokus stand dabei nach Aussage von Space Makers vor allem der Wunsch nach einer dynamischen Vernetzung und dem interaktiven Austausch der verschiedenen Teilnehmenden-Gruppen aus der ganzen Welt. Die Online-Jobmesse dauerte zwei Tage und bot neben der Möglichkeit zum Networking und Vorstellungsgesprächen fachlichen Input über Keynotes und Vorträge.

Eine der wichtigsten Anforderungen sei gewesen, optisch einen herausragenden virtuellen Veranstaltungsort für technisch Fortgeschrittene zu schaffen, der eine neue Stufe erreicht, insbesondere im Vergleich zu einer traditionellen Zoom- oder Teams-Konferenz (siehe Abb. 2.10).

Space Makers greift bei der Gestaltung auf ein eigenes Designteam zurück, das die Anforderungen der einzelnen Partnerunternehmen berücksichtigt. Zum Erfolg der Veranstaltung trug die dauerhafte Live-Betreuung durch drei mehrsprachige Tech-Support-Mitarbeitende bei. Mittels Erweiterungen über die API-Schnittstelle konnten zudem anonymisierte Bewegungsdaten erfasst und dem Kunden umfangreiche Kennzahlen und eine Heatmap der meistfrequentierten Eventbereiche als Analyse nach dem Event bereitgestellt werden.

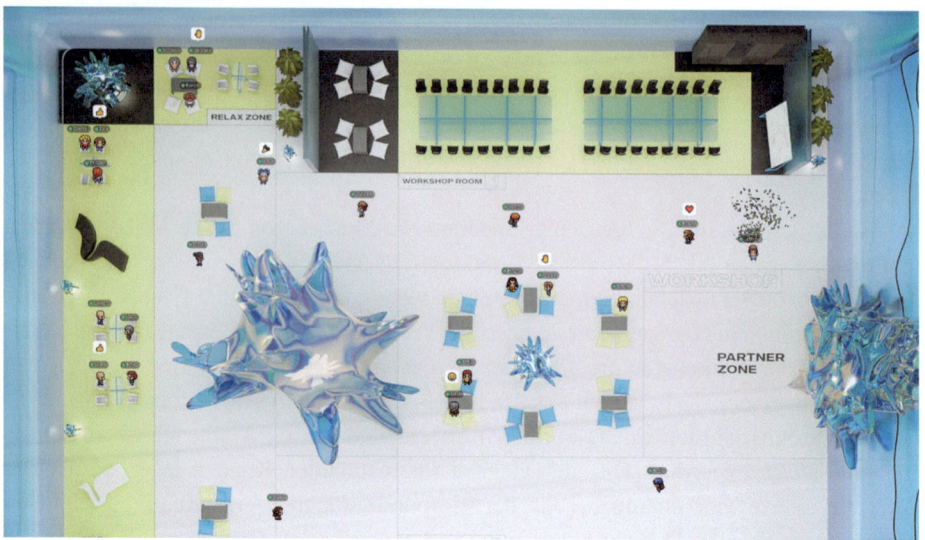

Abb. 2.10 Praxisbeispiel Space Makers: Wie Events und Kongresse in virtuellen Welten realisiert werden. (Bild: Spac Makers)

2.3.4.7 Interview Kilian Schmelmer

„Wir können Lernen neu denken"
Kilian Schmelmer, 30 Jahre alt, Metaverse-Experte und Personalentwickler, kreiert mit seinem Unternehmen Komponent.Works virtuelle Lernwelten für Unternehmen. So schuf und etablierte er unter anderem eine Lernwelt, die vom Wissenschafts- und Technologieunternehmen Merck KGaA genutzt wird.

Schmelmer sagt: „Wir haben jetzt die Chance, Lernen neu zu denken und das Lernen dem Lernenden zurückzugeben: durch eigene Erfahrungen und intuitives Beschäftigen mit dem Thema, ohne vorgegebene Dogmen. Dafür eignen sich virtuelle Welten sehr gut. Wenn wir einfach einen Klassenraum nachbilden und den Lehrer virtuell vor die Klasse stellen wollen, können wir es auch gleich sein lassen. Wir müssen die Chance nutzen, Lernen wieder individueller zu gestalten."

Im Interview nennt er konkrete Beispiele von Lernwelten, erklärt, welche Chancen sie bieten, aber auch welche Gefahren lauern.

Herr Schmelmer, welche Vorzüge können virtuelle Welten beim Lernen im Vergleich zum bisher klassischen Weg in Präsenz bieten?

Kilian Schmelmer: Jeder Mensch lernt anders und auf seine eigene Art und Weise. Wenn Sie ein Seminar für Projektmanagement fünf Tage vor Ort live besuchen, bekommen Sie sehr viel Input in kurzer Zeit. Die Frage ist, wie viel Sie davon wirklich behalten. Vielleicht zehn Prozent? Virtuelle Lernwelten bieten die Chance des Mikro-Learnings: Jeden Tag ein kleines Ziel verlässlich abarbeiten. Das können nur zehn Minuten am Tag sein. Der Benutzer wählt sich in ein System ein, beispielsweise in eines, in dem ohnehin Remote Work stattfindet, und bekommt nach gewisser Zeit vom Chat-Bot die Nachricht: Lernzeit! Dann kommt der Vorschlag: ‚Sprich mit einem Kollegen und lass Dir etwas zeigen, was Du noch nicht kennst.' Indem der Benutzer Schritt für Schritt an das Thema rangeht und Anreize erhält, kann eine andere Ebene der Annäherung geschaffen werden.

Das ist also eine schlichte Anregung eines Chat-Bots. Welche konkreten Möglichkeiten besitze ich als Benutzer, in virtuellen Welten zu lernen?

Kilian Schmelmer: Lernen ist dann am stärksten, wenn wir etwas selbst erfahren können. In der virtuellen Realität kannst Du sorgenfrei und fehlerfrei ausprobieren. Du kannst, um ein Beispiel zu nennen, etwa chemische Experimente nachbilden. Wenn ein gewisser Knopf gedrückt wird, wird die ganze virtuelle Welt gesprengt. Sie explodiert dann wortwörtlich. Das ist eine Erfahrung. Tatsächlich aber passiert natürlich nichts. So braucht man keine Angst zu haben, Fehler zu machen, kann aber gleichzeitig trotzdem lernen. Zudem können diese Erfahrungen im Austausch mit anderen Personen gemacht werden. Was wir für eine virtuelle Lernwelt wirklich brauchen, ist eine einfache Art und Weise, Vorstellungen zu programmieren und umzusetzen. Wie eben im Beispiel: Wenn der User diesen Knopf drückt, passiert dieses oder jenes. So können Unternehmen, Professoren oder Lehrer an uns herantreten und sagen: ‚Wir hätten gerne diese Idee umgesetzt.' Wir schauen dann, wie wir das programmieren können. Klar ist, dass dabei verschiedenste Tools in Welten wie jenen von etwa Workadventure oder Gather eingebaut werden (siehe Abb. 2.11). Erst durch diese Integration wird das Erlebnis mächtig.

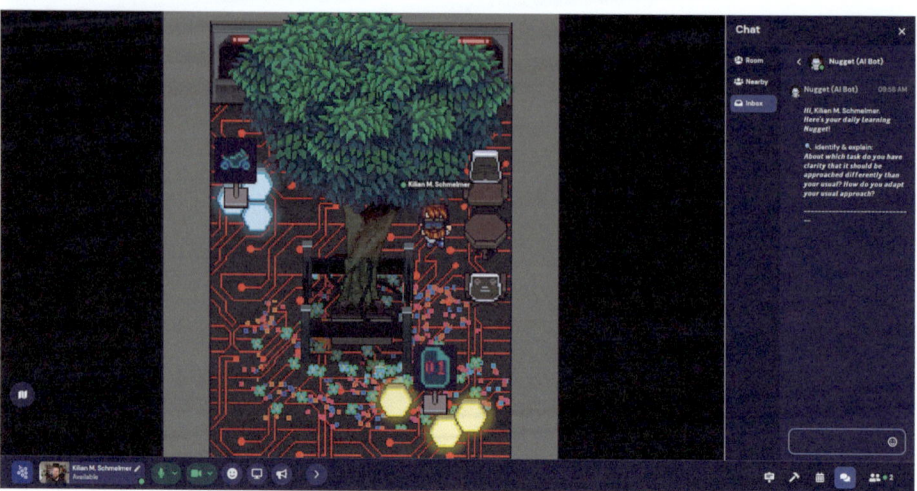

Abb. 2.11 Welten nach den Bedürfnissen der Kunden zu programmieren, ist der Job von Kilian Schmelmer. (Quelle: Kilian Schmelmer)

Können Sie ein konkretes Beispiel einer selbst entwickelten virtuellen Lernwelt nennen?

Kilian Schmelmer: Ja. Awesome Intelligence wurde beispielsweise ausgezeichnet dafür, dass es den Spielern die Möglichkeit gibt, Problemstellungen selbst zu erkennen und zu lösen. Der Spieler bewegt sich mit seinem Avatar in einem Treppenhaus mit verschiedenen Leveln und bekommt Werkzeuge an die Hand, um Lösungen zu erarbeiten. Beispiel: In einem Lagerhaus müssen Tools wie Excel, Dropbox oder Slack geordnet werden und so eine Übersicht geschaffen werden, wie diese Tools für welche Notwendigkeiten genutzt werden können. Dieses Verfahren kann genauso gut an jeden anderen Inhalt angepasst werden. In dieser Welt gibt es keine Lernkontrolle. Viele Unternehmen aber wollen, dass der Lernerfolg messbar ist. Für jedes erreichte Level können Teilnehmende ein Zertifikat erhalten.

Werden Trainer oder Lehrer sich solche Welten in Zukunft auch selbst bauen können?

Kilian Schmelmer: Darin wird die Zukunft bestehen. Es gibt bereits Angebote wie Unity, mit denen Lernspiele programmiert werden können. Solche Prozesse werden mit der wachsenden Künstlichen Intelligenz einfacher – wenn ich etwa einen Lern-Kurs zur Photosynthese kreieren möchte, kann das die Künstliche Intelligenz umsetzen.

Welche Rolle nimmt die Künstliche Intelligenz in der digitalen Entwicklung ein?

Kilian Schmelmer: Eine sehr große. Eine Möglichkeit besteht darin, dass Problemstellungen an die Künstliche Intelligenz weitergegeben werden – der Mensch hat dann nur noch eine passive Rolle. Das können mathematische Formeln, inhaltliche Fragestellungen, Projektmanagement-Themen sein. Die Antwort können wir als Hypothese verwenden, um sie zu überprüfen. Entweder es stimmt oder wir haben bei der Überprüfung einiges gelernt. Die KI nimmt dem Menschen sozusagen künftig das Googeln ab. Dadurch entstehen natürlich aber auch Gefahren.

Welche Gefahren?

Kilian Schmelmer: Salopp könnte man die These aufstellen: Wenn alles smarter wird, werden wir dümmer. Die jüngere Generation ist damit aufgewachsen, dass alles funktioniert. Meine persönlichen Erfahrungen zeigen: Wenn am Computer etwas nicht mehr läuft, gehen junge Menschen nicht den Weg über die Systemeinstellungen und schauen, wo der Fehler liegt. Der Problemlösungsweg ist langsamer, weil wir uns daran gewöhnt haben, dass schon alles läuft. Der große Vorteil dieser Entwicklung ist die Zugänglichkeit. Heutzutage können wir über das Handy viele Probleme direkt lösen. Der Zugang zu Wissen ist über das Gerät in der Hosentasche meist sofort verfügbar.

Dann stellt sich die Frage, welche Informationen von wem ins Netz gestellt werden

Kilian Schmelmer: Richtig. Die Künstliche Intelligenz wird das ethisch kaum hinterfragen. Schon heute werden Wikipedia-Einträge von Ghostwritern im Sinne der Politiker geschmückt. Wenn wir einzelnen Unternehmen wie Meta von Mark Zuckerberg in der Ausgestaltung des Metaverse erlauben, die zentrale Schnittstelle zu werden, geben wir ganz viel Macht ab. Mit gestreuten Fehlinformationen kann viel Schaden angerichtet werden. Meta will das Internet beherrschen. Schon jetzt aber gibt es berechtigte Kritik daran, dass auf Facebook wenige Kontrollinstanzen vorherrschen, die wilde Diskussionen einschränken. Im Gegenteil: Moderationsteams werden tendenziell eher entlassen. Wenn schließlich die Künstliche Intelligenz Moderationen kontrollieren soll, wird es gefährlich – wer sagt dieser, was es zu kontrollieren gilt? Dürfen wir dann vielleicht nicht mehr über blaue Pullover reden? Das bleibt ein schmaler Grat. Wir profitieren von der fortschrittlichen Entwicklungsarbeit eines Unternehmens wie Meta, müssen aber gleichzeitig extrem aufpassen, auf was wir uns einlassen.

Zusammenfassung

- Durch vorgefertigte Kurse im E-Learning-Bereich, individuell gestaltete Räume oder mit Hilfe von Chat-Bots und Künstlicher Intelligenz können kurze Lerneinheiten kreiert werden, die es erleichtern, „Häppchen für Häppchen" aufzunehmen.
- Menschen können sich in virtuellen Räumen zeit- und ortsunabhängig verabreden und sich so gegenseitig zum Lernen und Weitermachen motivieren.
- Die Flexibilität durch das potenzielle Einbeziehen von digitalen Räumen und Lernstrecken wird erhöht und kann passgenau mit Präsenzzeiten auf die jeweiligen Bedürfnisse abgestimmt werden. ◄

2.3.5 Virtuelles Verkaufen

Der Vertrieb und das Metaverse – ein heiß diskutiertes Thema, das in seiner Ausführung in den Kinderschuhen steckt. Viele Fragen warten noch auf eine zufriedenstellende Antwort: Wie können Unternehmen in virtuellen Welten effektiv Werbung machen? Wie finde ich meine Kunden? Bewegen sie sich überhaupt schon im Metaverse? Und wie ziehe ich den Kunden dann zu meinem Produkt?

Ein Weg: Unternehmen bauen ihre eigenen Welten, in denen potenzielle Käufer in einer nachgebauten Szenerie virtuell auf Shoppingtour gehen können. In sogenannten Showrooms soll dem Kunden das Gefühl vermittelt werden, er laufe gerade durch einen realen Laden. Dort können Produkte angeklickt und so die Illusion eines echten Einkaufserlebnisses geschaffen werden.

Ein Produkt kann, im passenden Umfeld, digital zudem zuweilen attraktiver präsentiert werden. Virtuelle Verkaufsberater oder sogenannte Chat-Bots dienen als Anlaufstelle für Fragen. Ein Feld, das durch die virtuelle Realität in ständiger Entwicklung ist und sich in den kommenden Jahren mit großer Wahrscheinlichkeit ausweiten wird.

Maximilian Flaig, Redakteur von „Werben & Verkaufen", Deutschlands größter Zeitschrift für Marketingentscheider, sieht einen großen Vorteil in der virtuellen Welt, wie er uns in einem Gespräch mitteilte: „Für Unternehmen kann das Metaverse vor allem auch aus Marketinggründen interessant sein. Die Menschen verbringen jetzt schon viel Zeit auf den sozialen Kanälen im Netz – diese Zeit könnte sich in einem virtuellen Raum, in dem man sich bewegen kann, erhöhen. Das kann wiederum für eine bessere Produktplatzierung und Markenbotschaften genutzt werden. Unternehmen wie BMW oder H&M haben einen virtuellen Showroom kreiert, in dem sie ihre Produkte wie beispielsweise Klamotten präsentieren." (siehe Abb. 2.12)

Der Weg von Händlern, eigene Online-Welten zu kreieren, ist bis dato allerdings verhältnismäßig aufwendig. 3D-Darstellungen sind datenintensiv und bei Einbeziehung des Internets mit einem hohen Bedarf an Speicherkapazität verbunden.

Manche Marken haben sich in die großen Computerspiele eingenistet und sind unter anderem auf Decentraland, Sandbox, Mindcraft oder FortNite mit eigenen Ständen präsent. In der breiten Masse der Bevölkerung ist das Metaverse in der Nutzung aber noch nicht angekommen, sodass ein passgenaues Ansprechen einer gewissen Kundengruppe über virtuelle Welten bislang selten erfolgversprechend war. Das Metaverse müsste noch mehr in der Gesellschaft ankommen, damit Unternehmen den großen Nutzen einer Verkaufsstrategie für virtuelle Welten greifbar machen können.

2.3 Das „Bürogefühl" wieder aufleben lassen

Abb. 2.12 Im April 2022 öffnete der virtuelle Showroom von H&M Germany. (Bild: H&M)

2.3.5.1 Interview Dirk Lueth

„Wir hinken in Europa hinterher"

Dirk Lueth ist einer derjenigen, denen es gelungen ist, eine Verbindung zwischen Marken und Kunden im Metaverse herzustellen. Der Mitgründer der größten virtuellen Immobilienwelt Upland sieht vor allem im gemeinsamen Kreieren von Produkten zwischen Kunde und Mitarbeiter eine Chance. Außerdem ist er Co-Autor eines lesenswerten Einführungsbuches zum Metaverse (Hackl et al., 2022).

Lueths Upland ist eine App, die virtuelles Land zum Verkauf anbietet. Menschen zahlen einen realen Preis für ein virtuelles Stück in São Paulo oder San Francisco. Was zunächst schlicht als Spiel, angelehnt an Monopoly, ins Leben gerufen wurde, entwickelte sich seit der Gründung im Silicon Valley 2018 stetig weiter.

Mittlerweile können die vielfältigsten digitalen Produkte von Firmen in Upland erworben werden, ein Tor der Fußball-Weltmeisterschaft ebenso gekauft werden wie ein Rennauto in der virtuellen Welt. So werden Marken eingebunden und auf andere Art und Weise an die Nutzer gebracht – die Vorlage für virtuelles Verkaufen.

Herr Lueth, wie entstand die Idee des virtuellen Stücks Land, mit dem Sie mittlerweile weltweit unterwegs sind?

Dirk Lueth: Vor knapp fünf Jahren saß ich mit Freunden am Tisch. Wir hatten alle unsere Smartphones dabei, haben über virtuelle Welten gesprochen und Monopoly gespielt. Und da kamen wir auf die Idee: Warum das Ganze nicht miteinander verbinden? Warum nicht Monopoly in der virtuellen Welt spielen können? Bei Upland kann man sich sein virtuelles Stück auf diesem Planeten kaufen, man kann Autos erwerben und Rennen mit ihnen fahren.

Was macht Upland so besonders und zur größten virtuellen Immobilienwelt?

Dirk Lueth: Bei Upland kann alles mit dem Handy bedient werden. Wir gehen dorthin, wo die Leute schon sind. Am Handy sind die Menschen aktiv. Dann laufen sie in unserer Upland-Welt ein bisschen herum. VR und AR werden kommen – aber zu Beginn hatten wir ja gar nicht das Budget dafür. Virtual Reality überfordert viele auch noch. Nicht nur in der Wahrnehmung, sondern auch Unternehmen bei der Frage: Wie soll sich so etwas bauen? Wie soll das gehen? Je älter die Menschen sind, desto eher tritt die Motion Sickness auf. Deshalb halten wir es einfach.

Welche große Chance bieten virtuelle Welten für Unternehmen, die ihre Produkte an den Einzelkunden verkaufen wollen?

Dirk Lueth: Virtuelle Welten bieten die große Chance, Beschäftigte und Kunden in der Gestaltung mitbestimmen zu lassen. Das eröffnet ganz neue Möglichkeiten. Wenn der Kunde sich in die Gestaltung des neuen Produkts über die virtuelle Plattform kreativ einbringen kann, dann verschwimmen die Grenzen zwischen Kunde und Mitarbeiter – und Produkte werden gemeinsam kreiert. Es geht darum, eine Community aufzubauen – dafür bietet die virtuelle Welt eine große Chance. Dazu braucht es Mut und die Bereitschaft, weiterzugehen. Es braucht den Willen, sich mit dem Thema auseinanderzusetzen und sich als Unternehmen für das Metaverse zu öffnen. Wir hinken da in Europa massiv hinterher. In Amerika und Asien ist eine ganz andere Dynamik in diesem Thema. Klar ist: Durch das Metaverse können Unternehmen de facto komplett neue Umsatzzahlen generieren, Marktforschung betreiben und global agieren.

2.3.5.2 Remote Selling

Zunehmend wird nicht nur von Remote Work, sondern auch von Remote Selling gesprochen. Ähnlich wie Firmen abwägen müssen, wie sie mit ihren Beschäftigten kommunizieren, muss ein Weg des Austausches mit dem Kunden gefunden werden. Bislang lief dieser online zumeist über Zoom oder Teams ab.

Erfahrungsberichte aus den letzten Jahren zeigen, dass Vertriebler diesen Weg weitaus weniger schätzen als den direkten, persönlichen Kontakt, in dem zwischenmenschliche Beziehungen schneller aufgebaut werden können. Hier könnten virtuelle Welten Abhilfe schaffen. Über den spielerischen Charakter können Menschen leichter ins Gespräch finden, der Zweck des Meetings ist nicht ausschließlich auf das Verkaufen ausgerichtet. Das Potenzial für informelle Kommunikation steigt.

Durch das Einbinden technischer Tools, einem Videokanal am virtuellen Schrank oder einer PowerPoint-Präsentation am Konferenztisch, entsteht mehr Freiraum. Der Kunde kann sich allein mit einem Produkt bzw. der Dienstleistung beschäftigen. Der Kontakt wird zwang- und formloser. Räume können gewechselt werden, weitere Personen schnell mit einbezogen werden, in dem sich die Avatare zum zweiten Verkaufsexperten bewegen, der die fehlende Information für den Verkaufsabschluss liefern kann. So können die Nachteile – sofern ein unmittelbarer Kundenkontakt nicht möglich ist – durch virtuelle Welten abgefedert werden.

> **Zusammenfassung**
>
> - Unternehmen können mit virtuellen Showrooms ein neues Geschäftsfeld entdecken, Kunden von zuhause aus abholen und ihnen ein realistisches Einkaufserlebnis ermöglichen – ein Modell, das ausbaufähig ist und ständiger technischer Entwicklung unterliegt.
> - Produkte können durch die Interaktion in virtuellen Räumen von Kunden direkt mitgestaltet werden – eine neue Form des Austausches zwischen Käufer und Verkäufer entsteht.
> - Neue, spielerische Begegnungsstätten erleichtern die informelle Kommunikation zwischen Verkäufer und Kunde. Während der Kontakt in Zoom oder Teams oft in einem Korsett gehalten ist, kann in virtuellen Räumen mehr Lockerheit und Begeisterung gefördert werden. ◀

2.4 Wo virtuelle Welten zum Einsatz kommen können

Aus den bisher präsentierten Überlegungen wird deutlich: Hier geht es um Kommunikation. Ein Synonym für Kommunikation in Unternehmen ist das schöne Wort „Meeting", das sich längst in der deutschen Sprache eingegliedert hat. Deswegen werden Kommunikations-Anwendungen wie Teams oder Zoom oft als „Meeting-Tools" bezeichnet.

In diesem Kapitel gibt es Beispiele, wie die verschiedensten Arten von Meetings in eine virtuelle Umgebung verlagert werden können, egal ob Seminare, Verkaufsgespräche oder Team-Events. Aber eignen sich wirklich alle Meetings für eine virtuelle Welt? Sind nicht manchmal die herkömmlichen Tools wie Zoom und Teams die bessere Wahl? Oder sollte man bestimmte Meetings nur wirklich im persönlichen Auge-zu-Auge-Gespräch führen?

Wir haben eine einfache Klassifikation der Meeting-Arten im beruflichen Kontext erstellt (siehe Abb. 2.13). Dabei achten wir auf zwei Dimensionen: die Anzahl der beteiligten Personen (vom Einzelgespräch bis zur Massenveranstaltung) und den Grad der Informalität. Formal sind Meetings, die bestimmte Regeln einhalten müssen, d. h. die Teilnehmer können nicht einfach machen, was sie wollen.

Formelle Meetings haben einen Zweck und müssen Output schaffen – vom Bewerbungsgespräch bis zur Aktionärsversammlung. Informelle Meetings sind das Gegenteil – zwanglos, nicht verpflichtend, oft nicht einmal geplant: der Plausch an der Kaffeemaschine, der Smalltalk am Rande eines formellen Meetings, die kleine Geburtstagsfeier kurz vor Feierabend.

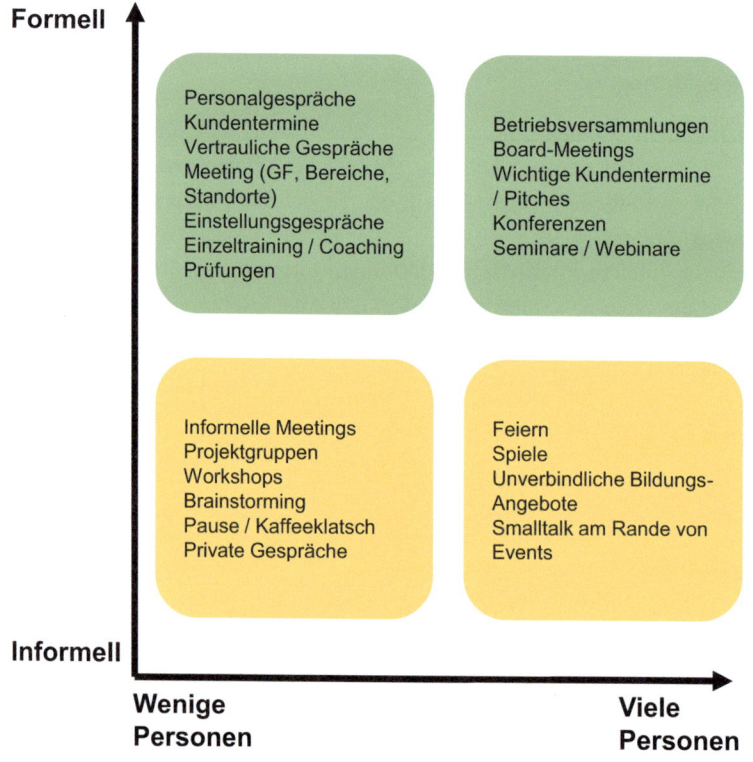

Abb. 2.13 Arten von Meetings. (Quelle: eigene Darstellung)

Formelle Meetings mit wenigen Personen finden heute meist mit Konferenztools wie Teams oder Zoom statt und funktionieren damit sehr gut. Die Tools unterstützen die formalen Aspekte (Einladung, Kalendereintrag, Aufzeichnung zur Dokumentation etc.). Davon unabhängig gibt es viele Meinungen, dass manche formalen Meetings (etwa Personalgespräche oder wichtige Kundentermine) besser in Präsenz stattfinden sollten, um den Teilnehmern Wertschätzung und die Wichtigkeit des Termins zu demonstrieren.

Das gilt erst recht für große Veranstaltungen mit vielen Personen (also z. B. zehn oder mehr). Die Wahrscheinlichkeit, dass solche Meetings künftig im zunehmenden Maße online stattfinden, nimmt zu. Hier liefern die Konferenztools meist gute Dienste, zumal sie sich ebenfalls auf weniger interaktive Veranstaltungen mit sehr vielen Teilnehmern anpassen lassen (z. B. Webinare, bei denen die Teilnehmer nicht mitreden können).

Prinzipiell lassen sich solche formalen Meetings in virtuellen Welten umsetzen. Voraussetzung ist, dass alle Teilnehmenden sich in der Welt zurechtfinden und bestimmte Regeln (Vertraulichkeit etc.) eingehalten werden. Doch ist der Mehrwert zu den Konferenztools meist nicht besonders hoch.

Die Schwäche der Konferenztools sind alle informellen Meetings – egal ob sie mit vielen (z. B. Betriebsfeiern) oder wenigen stattfinden. Hier ist der Mehrwert einer virtuellen Welt groß. Wenn man remote-arbeitende Beschäftigte nicht von den informellen und zwischenmenschlichen Kommunikationswegen abschneiden will, bietet sich das Verlagern von informellen Meetings in eine virtuelle Umgebung mit den bereits erwähnten Vorteilen an.

2.5 Was virtuelle Welten kosten

Was kostet der Spaß? Vermutlich ist Ihnen diese Frage bei der Lektüre des Buches bis hierhin schon mindestens einmal in den Sinn gekommen. Eine pauschale Antwort darauf lässt sich vor allem aufgrund ständiger technologischer Entwicklung nicht geben. Zum Zeitpunkt der Herausgabe des Buches können wir sagen, dass die Implementierung in einer Einstiegsvariante von niedrigschwelligen Plattformen in Ihr Unternehmen, wie etwa von Gather, mit Kosten in einem niedrigen vierstelligen Bereich verbunden sind. Wenn diese Welten komplexer gestaltet werden sollen, landet man im niedrigen fünfstelligen Bereich inkl. Admin-Schulung sowie laufenden monatliche Kosten für die User.

Bei der Implementierung von VR-Lösungen mit Brille sind die Einstiegskosten bereits deutlich höher zu kalkulieren. Einzelne VR-Brillen variieren im Preissegment vom niedrigen dreistelligen bis mittleren vierstelligen Bereich. Die Möglichkeiten werden in den nächsten Jahren vielfältiger, die Preise vermutlich geringer. Stand jetzt aber stellen komplexere VR-Lösungen im Unternehmen mit der Ausstattung von eigenen Brillen einen nicht unerheblichen Kostenfaktor dar – schnell landen Unternehmen im fünfstelligen oder sogar sechsstelligen Bereich.

2.6 Ein paar kurze Anmerkungen zu Datenschutz und Datensicherheit

Jeder, der sich mit Remote Work, Homeoffice oder Metaverse beschäftigt, stößt früher oder später auf die Themen Datenschutz und Datensicherheit. Deren Wichtigkeit kann man gar nicht unterschätzen. In vielen Fällen sind Fragen des Datenschutzes „Showstopper" – wenn keine befriedigenden Antworten gefunden werden können, scheitert ein Projekt oder es wird erst gar nicht gestartet.

Um das Thema in seiner vollen Bandbreite und mit der notwendigen Tiefe zu behandeln, wäre ein eigenes Fachbuch mit dem notwendigen juristischen Hintergrund notwendig.

Trotz der immensen Bedeutung wird Datenschutz und -sicherheit in diesem Buch eher am Rande behandelt. Das hat mehrere Gründe. Das Themenfeld ist so wichtig, dass es einen sehr großen Raum eingenommen hätte. Dafür erfordert es aber eine juristische Expertise, die wir Autoren nicht haben. Hier wäre ein juristisch versierten Co-Autor wünschenswert gewesen. Außerdem ist der Gegenstand dieses Buches gerade in einer so dynamischen Entwicklung, dass es bisher wenig sichere oder abschließende Einschätzungen gibt. Stattdessen ist vieles im Fluss, es gibt unterschiedliche juristische Meinungen und Urteile, das Recht scheint der technischen Entwicklung oft hinterherzuhinken. Während wir diese Zeilen schreiben, wird zum Beispiel in einigen Ländern ernsthaft darüber diskutiert, KI-Tools wie ChatGPT ganz oder zeitweise zu verbieten. Jeden Tag gibt es neue Meldungen in den Fachmedien. Alles, was wir zu den rechtlichen Aspekten hätten schreiben können, wäre nur vorläufig – wahrscheinlich sogar längst veraltet, bevor nur eine Seite gedruckt wäre.

Eine Meinungsäußerung wollen wir uns trotzdem erlauben: In Deutschland werden Datenschutz und Bedenken zur Datensicherheit oft als ein Vorwand genommen, sich mit einer Innovation nicht zu beschäftigen. Wie gesagt, die Relevanz von datenrechtlichen Problemen möchten wir nicht infrage stellen, doch oft sind sie lösbar, wenn es einen gemeinsamen Willen gibt, sich ihrer anzunehmen. Das zeigen die Praxisbeispiele, die wir im Laufe dieses Buches anführen werden. Allerdings hat jedes Unternehmen andere Anforderungen an Datenschutz und Cyber-Sicherheit.

Deshalb empfehlen wir, dass Sie sich mit Ihren Expertinnen und Experten – sowohl für IT wie für Recht – abstimmen oder aktuelle Quellen zu Rate ziehen, die Ihnen jederzeit die neusten Informationen liefern können. Eine Liste von Fachbüchern, Websites und Experten haben wir in Kap. 6 für Sie aufgelistet.

Im Folgenden gehen wir auf die häufigsten Fragen ein, die uns aufgrund der eigenen Erfahrungen sowie im Rahmen der Gespräche und Recherchen zu diesem Buch begegnet sind. Sie stellen jedoch keine rechtsverbindliche Auskunft dar.

Typische Probleme, die im Zusammenhang mit Projekten rund um Remote Work und virtuelle Welten auftreten, gibt es viele:

2.6 Ein paar kurze Anmerkungen zu Datenschutz und Datensicherheit

- Liegen die Server der Anbieter digitaler Tools in der EU oder zumindest in Europa? Oder wird auf Hardware zugegriffen, die in den USA oder anderen Teilen der Welt steht? Letztere fallen unter andere gesetzliche Bestimmungen. Für viele Großkonzerne, Behörden oder andere öffentliche Institutionen kann dies zu Problemen führen, die eine Einführung in der Praxis verhindern.
- Wie sicher sind die Daten gegenüber Hackern, Cyber-Angriffen und Cyber-Kriminalität? Das geht von einem gefälschten Avatar, der in einem virtuellen Büro „spioniert" bis hin zu Datenklau und Erpressung. Hier sollten generell alle Unternehmen achtsam sein und die richtigen Schutzmechanismen nutzen.
- Die Einbindung von Kollaborationstools von Drittanbietern in die eigene Systemumwelt ist unter Umständen für Unternehmen eine heikle Angelegenheit, die eine sorgfältige technische und vertragliche Prüfung erfordert. Datenschutzvereinbarungen wie bei anderen Software-Systemen (von SAP oder Zeiterfassungs-Software) sind gegebenenfalls für den permanenten Einsatz virtueller Welten notwendig.
- Ganz unabhängig von den eben aufgeführten Punkten gilt ebenso im Kleinen der Schutz der Privatsphäre. Wenn Beschäftigte in einer virtuellen Welt zusammenarbeiten sollen, muss dort – genauso wie im „realen" Büro – darauf geachtet werden, dass Persönlichkeitsrechte des Einzelnen, wie Mitbestimmungsrechte von Betriebs- und Personalräten, berücksichtigt werden. Eine virtuelle Welt ist kein rechtsfreier Raum. Arbeitgeber wie Arbeitnehmer sollten sich dort so verhalten, wie sie es im „wirklichen Leben" machen. Nur ein Beispiel: Wenn ein Beschäftigter das Unternehmen verlässt, sollte man ihm oder ihr nicht nur den Büroschlüssel abnehmen, sondern auch die Zugriffsmöglichkeiten auf Avatare, Dateien, virtuelle Räume etc. Die Plattformen wie Gather erlauben mittlerweile in vielen Bereichen eine Wahrung der Privatsphäre – so lassen sich virtuelle Büros abschließen, sodass niemand sie betreten kann, oder ganze Bereiche sind nur mit einem Passwort zugänglich.
- Jeder, der sich im Internet bewegt, hinterlässt digitale Spuren. In vielen Kollaborationstools und virtuellen Welten können diese verfolgt und analysiert werden – sinnvollerweise aber anonymisiert und so, dass keine Rückschlüsse auf individuelle Personen möglich sind. Hier muss abgestimmt werden, ob solche Daten erhoben und analysiert werden und wer welche Zugriffsrechte darauf hat. Datenschutzerklärungen und Betriebsvereinbarungen können notwendig sein. Eine frühzeitige Einbindung der Arbeitnehmervertretungen ist sicherlich von Vorteil, wenn es nicht an späterer Stelle böse Überraschungen geben soll.

Bei allen diesen Punkten sollte man aber immer die Verhältnismäßigkeit im Blick behalten. Wenn ein internationaler Großkonzern eine Remote-Work-Plattform auswählt, der über eine große Menge Hundert sehr sicherheitsrelevanter Daten verfügt, sollte er höhere Ansprüche an Datensicherheit haben als ein kleines Unternehmen, das ein einmaliges Kommunikationstraining für acht Mitarbeiter in einer virtuellen Welt organisiert.

> **Zusammenfassung**
>
> - Virtuelle Welten werden schon erfolgreich in der Praxis eingesetzt, um Remote Work und Hybrid Work zu verbessern.
> - Bei der Vermittlung von Wissen haben alle Formate – Präsenz, reines Online-Lernen und Lernen in virtuellen Welten – bestimmte Vor- und Nachteile. Virtuelle Lernräume können einige der Schwächen von Online-Learning ausgleichen.
> - Es gibt eine Vielzahl an beruflichen Meetings. Einige davon funktionieren gut mit herkömmlichen Konferenztools, andere erfordern eher ein direktes Präsenztreffen. Doch gibt es zahlreiche Anwendungsfelder für virtuelle Welten – informelle Meetings, Pausengespräche, Feiern, Workshops und alle Arten von Weiterbildungs-Veranstaltungen.
> - Bestehende Plattformen (wie Gather oder andere) erlauben es, probeweise und mit wenig Kosten und Aufwand virtuelle Arbeits- und Lernwelten auszuprobieren.
> - Aspekte des Datenschutzes und der Datensicherheit sind – je nach Unternehmen – für den Einsatz von virtuellen Welten kritisch. Da die Entwicklungen sehr dynamisch sind, solle man versuchen, sich immer auf dem Laufenden zu halten und mit den Experten für Datenschutz und Cyber-Sicherheit im Gespräch bleiben. ◄

Literatur

Cai, K. (2022). Forget Meta's Sleek Virtual Reality. Maybe The Metaverse Is Fun, Friendly, 8-Bit - And Already Here. Forbes.com 2022. https://www.forbes.com/sites/kenrickcai/2022/02/02/the-future-is-low-res. Zugegriffen: 16. Apr. 2023.

Erpenbeck, J., Sauter, S., & Sauter, W. (2015). *E-Learning und Blended Learning – Selbstgesteuerte Lernprozesse zum Wissensaufbau und zur Qualifizierung*. Springer Gabler.

Hackl, C., Lueth, D., & Di Bartolo, T. (2022). Navigating the Metaverse – A guide to limitless possibilities in a web 3.0 world. Wiley. Hoboken.

Schlerit, P., Lang, S., & Hütter, F. (2023). Das Metaverse revisite, training aktuell, April 2023, 32 – 37.

Weitere Quellen

Teile dieses Kapitels basieren auf Gesprächen und Interviews, die mit Unterstützung von Sven Nordmann (freier Journalist) von Herbst 2022 bis April 2023 geführt und mit dem Autorenteam abgestimmt wurden.

Was können wir aus der Praxis lernen? 3

> **Zusammenfassung**
>
> In diesem Kapitel stellen wir Ihnen erprobte Praxisbeispiele vor, die die Bandbreite des Metaverse für Arbeiten und Lernen aufzeigen. Sie lernen Unternehmen kennen, die ihren Büroalltag komplett in virtuelle Welten verlegt haben, die Fortbildungen auf moderne Art und Weise abhalten und mit VR-Brillen arbeiten. Wir zeigen, wie der WWF mithilfe einer virtuellen Welt zusätzliche Spenden generiert, welches Tool von Alexander Zverev und Jürgen Klopp genutzt wird und wie Kundenservice mit Fehlerbehebung ablaufen kann, ohne einen Techniker zu Ihnen nach Hause zu schicken. Neun Praxisbeispiele, die die Vielfalt des Metaverse 2023 aufzeigen.

3.1 Confidos Akademie: Schritt für Schritt zum Büroalltag in der virtuellen Welt

Die zertifizierte Weiterbildungsakademie Confidos mit Sitz im mittelhessischen Gießen geht auf die Herausforderungen der veränderten Lern- und Arbeitswelt ein und hat ihren Schwerpunkt vom Präsenztraining auf Blended-Learning-Formate verlegt. Seit Anfang 2022 arbeitet die Confidos Akademie hybrid sowohl in Gather als auch im Gießener Europaviertel ansässigen Backoffice. In der spielerischen Welt mit 3D-Light-Charakter hat die Akademie wertvolle Erfahrungen gesammelt, die Unternehmen dabei helfen können, das Büroleben virtuell nachzubilden. Hier zeigen wir Schritt für Schritt den Weg von ersten Annäherungen bis hin zur selbstverständlichen Implementierung in den Arbeitsalltag. Ein Rückblick von Buchautor Holger Fischer.

3.1.1 Frühjahr 2021: Der erste Kontakt mit Gather

Über das soziale Netzwerk LinkedIn wurden wir im Frühjahr 2021 erstmals aufmerksam auf neue Möglichkeiten in der virtuellen Zusammenarbeit. Es war mitten in der Pandemie, in einer Zeit, in der die soziale Interaktion größtenteils fehlte und mehr Trennung denn Verbindung herrschte. Nach vielen Monaten geprägt von Einschränkungen, Ausgangssperren und Kontaktverboten konnte die Zoom-Begegnung keine richtige Begeisterung mehr hervorrufen.

Als ich erstmals mit Gather aktiv in Kontakt kam, habe ich sofort erkannt: Mit diesem Tool können wir eine Lücke schließen. Diese Nähe hat uns im Arbeiten von zu Hause aus gefehlt. Für uns war schnell klar: Diese Plattform bietet einen deutlichen Mehrwert. Die Vorteile, die sich für die Umsetzung von Trainings und das Arbeiten aus dem Homeoffice heraus ergeben, liegen auf der Hand: mehr Bewegungsfreiheit, spielerische Elemente, Nähe trotz räumlicher Entfernung.

Wir befanden uns im Frühjahr 2021 in der Hochzeit von Corona bereits auf der Entwicklung hin zum zeitgemäßen und bedarfsorientierten Angebot – die Pandemie verschärfte die Notwendigkeit, Remote Work neu zu denken und für alle Parteien zufriedenstellender zu gestalten.

Ich habe dann erste Kontakte mit dem deutschsprachigen Gather-Partner Meetingland geknüpft, der sich darauf konzentriert, digitale Events zu einem Erlebnis zu machen. Ein erstes Verständnis für die an Pokémon erinnernde Welt wurde so geschaffen, eine erste kleine eigene Welt erstellt.

In der Folge haben wir im wahrsten Sinne des Wortes Pionierarbeit betrieben. Es kostete zu Beginn Zeit, sich mit dem amerikanischen Anbieter auseinanderzusetzen, das System dahinter zu verstehen und erste eigene Welten zu bauen. Zu Beginn haben wir mit Werkstudenten gearbeitet, später dann wurde für unsere damalige Projektmanagerin über ein Jahr lang eine halbe Stelle freigeschaufelt, damit sie sich einarbeiten und die Grundlagen für das Arbeiten in der virtuellen Welt legen konnte.

Wenn Unternehmen ernsthaft an einer Implementierung von virtuellen Welten in den eigenen Arbeitsalltag interessiert sind, dann brauchen sie Personen, die eine gewisse Begeisterung dafür mitbringen. Andernfalls verlieren sich Ideen. Es erfordert eine stringente Linie und klare Ansprechpersonen. Darüber hinaus war uns als Weiterbildungsakademie schnell klar, dass wir User Cases benötigen. Diesen schufen wir im Herbst 2021.

3.1.2 Herbst 2021: Der erste User Case

Rückblick: Corona hat Deutschland fest im Griff und beschränkt durch die Erlasse viele Präsenztreffen. Unser Kennenlernen neuer virtueller Begegnungsstätten kommt genau zur rechten Zeit für den Augenoptiker und Hörakustiker Neusehland, der seinen Auszubildenden-Tag im Jahr 2020 pandemiebedingt absagen musste. Im Jahr 2021 stand das

3.1 Confidos Akademie: Schritt für Schritt zum Büroalltag in der virtuellen Welt

Führungsteam vor der Frage: erneute Absage oder neue Version? „Wir haben bis zuletzt die Inzidenz beobachtet", erklärt Thomas Kupka, Prokurist. „In der Regel machen wir aus dem Azubi-Tag ein Familienevent. Wir hatten überlegt, es im Freien auszutragen. Erneut ausfallen sollte dieser schöne Willkommenstag für die 30 neuen Azubis nicht."

Quasi passend wurde Kupka auf das neue Angebot unserer Akademie aufmerksam: „Das ist etwas revolutionär Neues", sagte der Personalleiter damals. „Das können wir für unseren Willkommenstag nutzen", dachte er sich. Didaktik und Methodik hinter dem Videokonferenzinstrument ist in den letzten Monaten zu unserem Know-how geworden. Wir gestalteten die Räume nach den Vorstellungen des Unternehmens und waren am Veranstaltungstag selbst mit dabei. Eine Begleitung, gerade zu Beginn, erweist sich als deutlich sinnvoller und effizienter für die Unternehmen.

Alle Auszubildenden erhielten Zugang und einen Avatar, mit dem sie sich zwischen „Raum Gießen", „Raum Korbach", dem „Auditorium" und der „Lounge" frei bewegen konnten (siehe Abb. 3.1). Die intuitive Steuerung erleichterte den Austausch mit Videobildschirmen, Kupka sprach über das Mikrofon an alle Anwesenden. „Das war wirklich super gemacht", erklärte der neue Auszubildende Theo K., der schwärmte: „Es hat sich wie ein kleines Videospiel angefühlt. Das war sehr modern und hat es leichter gemacht, sich auszutauschen."

Eine rundum gelungene neue Variante des Azubi-Tages, wie Teilnehmende und Organisatoren unisono betonten – die Akademie hatte ihren ersten gelungenen User Case. Dafür braucht es gerade in Entwicklungszeiten und den Anfängen eine Vertrauensbasis,

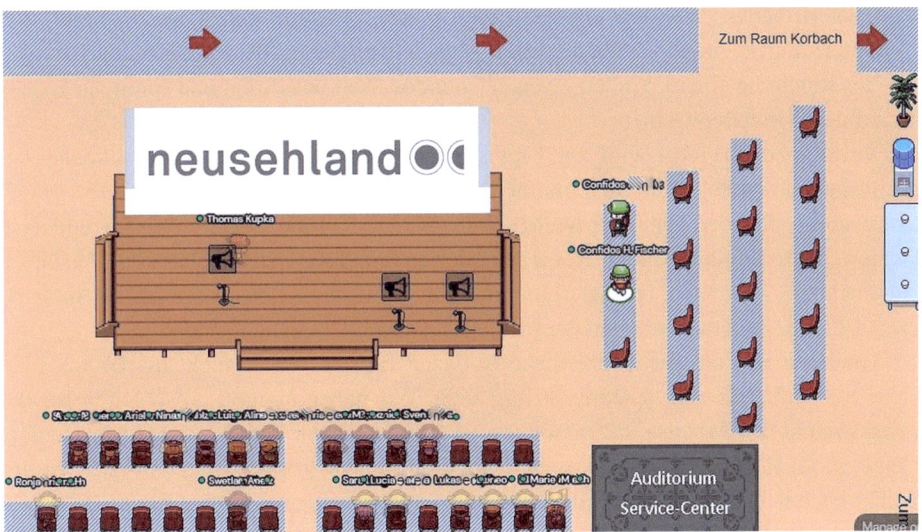

Abb. 3.1 Statt Präsenz in Gather: Der virtuelle Azubi Welcome Day von Neusehland 2021. (Bild: Confidos Akademie)

auf der eine flexible Haltung ohne jeweils detailgenaue vertragliche Ausgestaltung möglich ist.

Wir als Confidos Akademie verstehen uns als Pionier für Innovation. Da darf auch mal etwas scheitern. Und im Nachgang betrachtet sage ich: Die Rahmenbedingungen in Deutschland sind für Digitalisierungsprozesse nicht optimal. Gerade, wenn wir vom Bildungsbereich sprechen, müssen wir feststellen: Wir haben bereits jetzt hinsichtlich der Digitalisierung in Deutschland große Defizite und müssen aufpassen, dass wir bei den Themen Virtuelle Technologien und Künstliche Intelligenz im globalen Vergleich nicht weiter den Anschluss verlieren. Dabei bremsen uns zumeist zwei Einstellungen aus. Erstens der Anspruch, den Datenschutz haargenau auszugestalten, was bei aller Wichtigkeit oft zu unüberwindlichen bürokratischen Hürden führt. Und zweitens eine grundsätzlich ablehnende, übervorsichtige Haltung in Teilen der Politik, aber auch Wirtschaft und Gesellschaft insgesamt. Beides erschwert die Entwicklung in diesem Land zunehmend. All das steht einer schnelleren Markteinführung im Weg. Wir arbeiten trotzdem weiter daran, digitale Entwicklungen unter Einhaltung der bestehenden Datenschutzbestimmungen in die Unternehmen zu tragen und so unseren Beitrag dazu zu leisten, dieses Land zukunftsfähig aufzustellen.

3.1.3 Anfang 2022: Arbeiten in einer neuen Umgebung

Seit Januar 2022 nutzen wir die virtuelle Plattform schließlich zum Arbeiten und Lernen in Remote Work. Die damalige Projektmanagerin Nargiza Shamsieva wird damit beauftragt, ein virtuelles Office mit eigenen Arbeitsplätzen, Besprechungsraum, Seminar- und Konferenzraum, Lobby und Wartebereich zu erstellen (siehe Abb. 3.2). Eine Person wird für die Gestaltung einer komplett eigenen Confidos-Welt beauftragt und somit zur Expertin auf dem virtuellen Gebiet.

Die Projektmanagerin wird zur begeisterten Vorreiterin, lobt das büroähnliche Zusammengehörigkeitsgefühl und nimmt ihre Kolleginnen und Kollegen an die Hand, damit diese sich der neuen virtuellen Welt annähern. Eine eigene Website und eine Demowelt für Kunden werden frei zugänglich geschaffen. Genau solch eine Person im Unternehmen, die andere begeistert und mitreißt, braucht es. Sonst verpufft der Aufwand zwangsläufig. Zudem ist ein gewisses technisches Know-how unabdingbar.

Gerade zu Beginn war der zeitliche Aufwand für uns groß – nicht immer war klar, ob er im Verhältnis zum späteren Ertrag steht. Wir haben einige Lernschleifen bei der Integration in den Arbeitsalltag gedreht. Jetzt aber haben wir die Grundlagen geschaffen. Heute ist der Zeitaufwand lange nicht mehr so groß. Und kostenmäßig bewegen wir uns immer noch in einem anderen Rahmen als bei Experimenten mit Virtual Reality.

War es ein Risiko? Ja. Man steckt viel Herzblut in die Integration solcher Tools. Hat es sich gelohnt? Ich denke schon. Klar ist aber, dass sich die gesellschaftlichen Rahmenbedingungen ändern müssen. Die Märkte kommen in Bewegung, aber in Deutschland

3.1 Confidos Akademie: Schritt für Schritt zum Büroalltag in der virtuellen Welt   79

Abb. 3.2 Im Jahr 2022: Bunte 2D-Vielfalt zum Verweilen, Konferieren und Austauschen. (Bild: Confidos Akademie)

sind wir zu träge und bürokratisch. Es benötigt einen gestalterischen Rahmen, der berechtigte Anforderungen an den Datenschutz regelt und gleichzeitig offen für Innovation ist. Durch zu langes Abwarten in der Entwicklung virtueller Welten verpassen wir große Möglichkeiten – die Effizienz dieser Systeme zu nutzen, Remote Work mit Nähe zu verbinden, die Produktivität in Unternehmen bedeutsam zu steigern und die Künstliche Intelligenz gewinnbringend für uns zu nutzen.

Um in diesem Feld nicht abgehängt zu werden und sich die Spielregeln diktieren lassen zu müssen, sollten wir aktiv werden und selbst entscheiden können: Was ist für Deutschland das Beste?

Ich bin überzeugt davon, dass es in Zukunft einer Mischung bedarf, selbst bei Dienstleistungsunternehmen. Eine Mischung aus Präsenz und Remote Work. Die Beschäftigten erwarten zunehmend Flexibilität bei gleichzeitiger Nähe. Wer das als Unternehmen bieten kann, hat Wettbewerbsvorteile. Dazu zählt eben der sinnvolle Einsatz von Künstlicher Intelligenz unter Berücksichtigung zentraler ethischer Fragen (siehe auch Kap. 5). 1985 wollte man den Taschenrechner in Schulen verbieten – jetzt stehen viele der Künstlichen Intelligenz in ähnlichem Maße kritisch gegenüber. Wir sollten uns zumindest mit den Themen auseinandersetzen und ihnen eine Chance geben, bevor wir uns einem potenziell großen Zukunftstrend im Vorhinein verschließen.

3.1.4 Frühjahr 2022: Erste kreative Gestaltungen

Das Confidos-Team findet sich Anfang 2022 zunehmend in Gather zurecht und erlaubt sich, Neues auszuprobieren. Ein gemeinsames Teamspiel in Form eines erstellten Labyrinthes wird geschaffen (siehe Abb. 3.3). Neben den ohnehin integrierten Möglichkeiten, etwa Tetris oder Billard über direkt nutzbare Tools zu spielen, entsteht so eine besondere Variante, virtuelle Welten spielerisch zu nutzen.

Gestaltungen wie diese können dafür genutzt werden, Teamevents entstehen zu lassen und Beschäftigte so vom Homeoffice aus spielerisch zusammenzubringen. In einem solchen Spiel können relevante, unternehmensspezifische Fragen eingebaut und gestellt werden. Das Team, das die Lösungen schneller parat hat und sich so den Weg zum Ziel vorarbeitet, gewinnt. Ansätze wie diese gibt es in den virtuellen Welten zuhauf.

3.1.5 Mitte 2022: Vertrautheit und Gewöhnung setzen ein

Die virtuelle Welt wird zum selbstverständlichen Zentrum der Zusammenarbeit. Alle Mitarbeitenden haben ihr eigenes Büro, in dem sie sich einrichten und in das sie sich zurückziehen können. Mit dem Avatar laufen die Kollegen dann mit den Pfeiltasten

Abb. 3.3 Eigene Entwicklung: Ein Labyrinth in der virtuellen Welt als Abwechslung für Teamaktionen. (Bild: Confidos Akademie)

steuernd kurzerhand „rüber" und suchen das schnelle Gespräch. Das Arbeiten in Gather wird zum festen Bestandteil und ebenso selbstverständlich wie das Nutzen von Microsoft-Office-365-Programmen, ob am Rechner im Büro oder von zu Hause aus. Es ist zur DNA von Confidos geworden. Eine Zusammenfassung der Erfahrungen durch kontinuierliches Arbeiten in virtuellen Welten:

- **Stärkung der sozialen Bindung:** Durch das Mehr an Nähe wächst das Zusammengehörigkeitsgefühl, auch wenn die Beschäftigten weiterhin nur virtuell beieinander sind. Auf dem Übersichtsbildschirm mit Vogelperspektive ist zu erkennen, wer sich gerade wo befindet und somit „mit mir arbeitet". Immer im Hinterkopf das Wissen: Einige wenige Pfeiltasten und ich kann mit meiner Lieblingskollegin ein Schwätzchen halten oder mit dem Kollegen die nächste Aufgabe besprechen. Spontaner Austausch wird gefördert, alle haben trotz Homeoffice das Gefühl, in einem Büro zusammenzuwirken.
- **Entwicklung von verbindlichen Regeln und Ritualen:** Um die Zusammenarbeit in der virtuellen Welt für alle einfacher und einheitlicher zu gestalten, werden bestimmte Grundsätze festgelegt. Wer mit einer anderen Person sprechen möchte, nutzt die Klingel-Funktion: Nähert man sich mit seinem Avatar dem vorher festgelegten Büro-Bereich, ergibt sich die Möglichkeit des Anklingelns. Die andere Person wird informiert, dass ein Gespräch gewünscht wird. Um das gemeinsame Arbeiten so verbindlich wie möglich zu gestalten, gibt es weitere Regeln: Vor dem Arbeitsbeginn gibt es die Verpflichtung, sich in Gather einzuloggen und sich somit als präsent zu zeigen. Veränderte Statusmeldungen wie z. B.: „Bin in der Mittagspause" oder „Bis 14.30 Uhr im Gespräch mit…" vereinfachen die Übersicht für alle. Die Mittagspause wird virtuell oft an anderer Stelle verbracht. Während der Beschäftigte real also in die Küche geht, um sich sein Mittagessen zu kochen, manövriert er seinen Avatar vom Büro in den Garten, um sichtbar zu machen, dass gerade Mittagspause herrscht. So gewinnen alle Mitarbeitenden einen konkreteren Überblick über die aktuelle Tätigkeit der involvierten Personen. Das gemeinsame Arbeiten in der 3D-Light-Version wird selbstverständlich.
- **Externe Personen werden mit eingebunden:** Die Zusammenarbeit der Akademie mit dem Trainerteam wird von den bisherigen Wegen wie Zoom oder Teams abgezogen. Workshops und Gruppenarbeiten liefern schnellere Ergebnisse. Trainer erhalten die Möglichkeit, neue Lernmethoden in der Welt zu testen und sich darüber auszutauschen. Kundentermine werden fortan in der virtuellen Welt abgehalten, um eine einheitliche Linie zu gewährleisten und zudem das Interesse beim Gegenüber für neue Möglichkeiten zu wecken. Wir begrüßen Partner in der neuen Lern- und Arbeitswelt und führen sie verlässlich ein. Interessenten erhalten einen kostenlosen Link für eine Demo-Welt. Netzwerkveranstaltungen verschiedenster Art werden in Gather abgehalten, so etwa eine Lehrveranstaltung der Technischen Hochschule Mittelhessen (StudiumPlus) oder die Auftaktveranstaltung der Digitalen Weiterbildungsverbünde Mittelhessen.

Klar ist: Wir können uns ein Arbeiten ohne Gather kaum noch vorstellen. Das wäre aus jetziger Sicht betrachtet ein völliger Rückschritt. Wir haben unsere vertrauensvollen Ansprechpartner und Strukturen geschaffen, die es für alle Beteiligten erleichtern.

3.1.6 Ende 2022: Ein Resümee der Herausforderungen

Zugegeben: Das Arbeiten in einer komplett neuen Welt bringt zwangsläufig Hürden und Herausforderungen mit sich. In einem sich ständig entwickelnden Metier muss man flexibel bleiben und reagiert auf den Umstieg vom reinen Eventcharakter hin zum Fokus auf Remote Work: Wie kann die Welt bestmöglich genutzt werden? Welche Schritte sind für Unternehmen essenziell? Welche Tools können gewinnbringend integriert werden? Wir beschäftigen uns zunehmend damit, zum Experten für Unternehmen zu werden, die Remote Work und Lernen in virtuellen Welten attraktiver und moderner gestalten wollen.

Das hat zunächst Ressourcen gebunden, ohne verlässlich einen direkten Ertrag in Form von Aufträgen zu gewinnen. Eine kontinuierliche Wissenserweiterung ist notwendig: Welche Lernformen können angewendet werden? Wie kann das Beste aus den Möglichkeiten herausgezogen werden? Wie funktioniert das Zusammenspiel beim Arbeiten in der Office-365-Umgebung? Die Akademie sammelt zudem wichtige Erfahrungen, wie neue Beschäftigte digital eingearbeitet werden können.

Wir stellen zudem im Team fest, dass die Regeln der Zusammenarbeit nicht immer eingehalten werden: Wenn vergessen wird, sich aus- oder einzuloggen, kann das für Verwirrung sorgen. Statusmeldungen haben nur dann eine verlässliche Bedeutung, wenn sie ernst genommen, aktualisiert und gepflegt werden. Wer seinen Videobildschirm trotz Avatar ausstellt, bleibt nicht greifbar. Letztlich zeigt sich: Auch virtuelle Welten sind nur so gut, wie sie genutzt werden! Wichtig dabei: eine offene Kommunikation und eine wertschätzende Feedback-Kultur. So kann das neue Tool peu a peu zur Selbstverständlichkeit für alle Beteiligten werden – und seine ganze Kraft entfalten.

3.1.7 Anfang 2023: Der Relaunch

Zu Beginn des Jahres 2023 vollzieht die Akademie einen Relaunch in einem modernen Design. Das Ziel: Eine modernere Büroumgebung schaffen, einen realistischeren Eindruck kreieren, mehr Bewegungsfreiraum für die Avatare ermöglichen.

Zu Beginn war Gather auf der 8-Bit-Version unterwegs – verpixelt und verspielt erinnerte es an SuperMario oder Pokémon am früheren GameBoy. Einige Kunden wünschten sich mit zunehmender Dauer ein modernes, realitätsgetreueres Design. Dem sind wir nachgekommen und haben neue Möglichkeiten genutzt, um ein gewisses 3D-Gefühl entstehen zu lassen. Dieses kommt dem echten Büroleben noch näher. Die neue Optik aus dem Jahr 2023 wirkt stylischer und kommt bei allen Beteiligten gut an (siehe Abb. 3.4).

3.1 Confidos Akademie: Schritt für Schritt zum Büroalltag in der virtuellen Welt 83

Abb. 3.4 Frischer, aufgeräumter, moderner: Die Gather-Welt der Akademie 2023 mit Zugang zu verschiedenen anderen Areas wie z. B. Konferenz- und Seminarraum sowie Lobby als Empfangsbereich. (Bild: Confidos Akademie)

Projektkoordinatorin Jane Heisig nutzt die Plattform ebenfalls seit Beginn an und schult mittlerweile auch Kunden im Adminbereich. „Den größten Vorteil sehe ich in der Zusammenarbeit mit dem Team. Meiner Meinung nach bauen wir durch die Zusammenarbeit in der virtuellen Welt Distanz zwischen Teammitgliedern deutlich ab. Somit ist man nicht an einen physischen Standort gebunden, um zusammen an Projekten zu arbeiten, sondern trifft sich einfach mit seinem Avatar und der Video-Chat-Funktion. Dadurch, dass ich jederzeit mit meinem Avatar zu meinen Kolleginnen und Kollegen laufen kann, fühlt man sich dazugehörig und nicht wie früher so abgeschottet vom Team. Somit ist für mich der größte Nachteil von Homeoffice – nämlich, dass man ‚alleine' ist – überwunden."

Hilfreich sei es für die Arbeit „mit unserem freiberuflichen Trainerteam, die ihre Büros nicht bei uns im Gebäude haben. Sie kommen zu Abstimmungen in unserer virtuellen Akademie vorbei, klingeln uns kurz an und schauen, wer Zeit hat (siehe Abb. 3.5). Das funktioniert ohne vorherige Terminabstimmungen."

Abb. 3.5 Kurze Besprechung oder Abstimmungen in den neu gestalteten Büros erleichtern die Kommunikation zwischen den hybrid arbeitenden Teammitgliedern. (Bild: Confidos Akademie)

Jane Heisig: „Ein weiter Vorteil ist, dass man sieht, was meine Kolleginnen und Kollegen machen. Wann ist wer mit wem im Gespräch oder in der Mittagspause und wann kann ich jemanden erreichen? Wenn alle Teammitglieder gewisse Regeln – ähnlich wie im Büroalltag – einhalten (z. B. den Status aktuell halten), hilft dies ungemein bei der eigenen Planung von Abstimmungen und verbessert die Zusammenarbeit. Gather ermöglicht unserem Team über verschiedene Standorte hinweg schneller miteinander zu kommunizieren und effektiver zusammenzuarbeiten. Somit steigert die virtuelle Welt unsere Produktivität."

Das vielschichtige Büro erhält nicht nur einen neuen Anstrich, es entwickelt sich in seiner gesamten Konzeption weiter. Zusätzliche Lernräume werden geschaffen, Gruppenarbeitsräume und sogar ein Platz für Achtsamkeit mit besonderer grafischer Gestaltung. Eine komplett neue Gaming Area entsteht, in der Besucher sich auf verschiedenste Art und Weise spielerisch betätigen können und sogar eine Arena betreten können, in der sie mit dem Kart um die Wette fahren.

3.1 Confidos Akademie: Schritt für Schritt zum Büroalltag in der virtuellen Welt

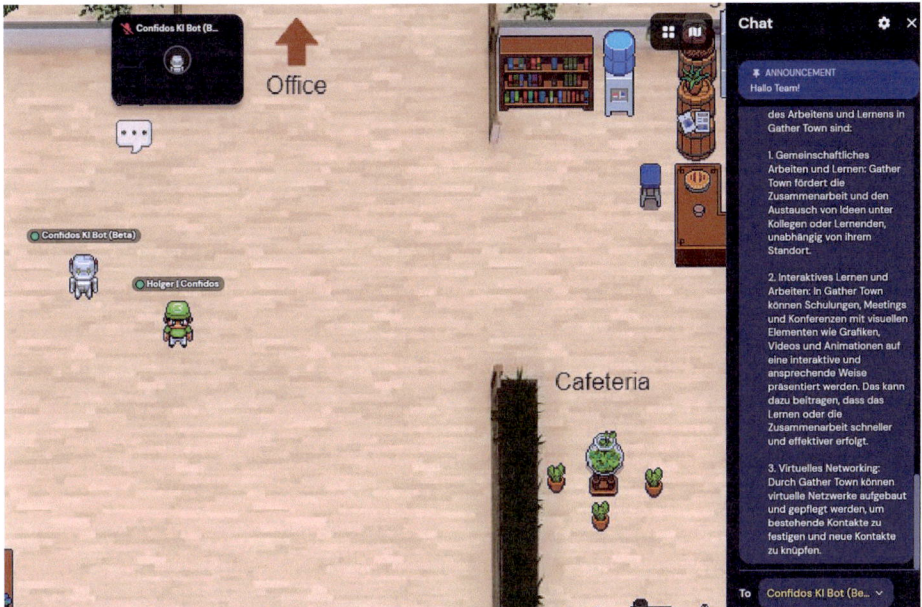

Abb. 3.6 Seit 2023 verlässlicher Begleiter und nützlicher KI-Assistent in der Confidos-Welt: der ChatBot. (Bild: Confidos Akademie)

Wir nähern uns zudem der Künstlichen Intelligenz und der Implementierung eines Chat-Bots als Beta-Version dank der Unterstützung von Komponent.Works. Dieser Chat-Bot wurde seit März 2023 in einer Beta-Version zur Unterstützung in die virtuelle Akademie integriert. Immerzu fragen wir uns, wie wir neue Features und aktuelle Entwicklungen für uns nutzen können. Dabei stößt man unweigerlich immer mehr auf das Thema Künstliche Intelligenz.

Der Chat-Bot ist an ChatGPT angebunden und kann direkt über die Chat-Funktion angesprochen werden (siehe Abb. 3.6). Zukünftig soll dieser mehr über unsere Akademie lernen und unsere ID immer besser kennenlernen. Aktuell erhalten User einmal täglich aktiv einen Lern-Nugget mit einem persönlichen Tipp. Diese Hinweise können zum Beispiel auf Fragen abzielen wie: „Wie bereite ich mich auf eine Präsentation vor?" Oder: „Wie gelingt wertschätzende Kommunikation?" Dabei experimentieren wir ständig und greifen auf unser Partner-Netzwerk zurück.

> **Frage an den KI-Bot**
> Was sind die drei wichtigsten Vorteile, in Gather.Town zu arbeiten und zu lernen?

> **Antwort vom KI-Bot**
> Thinking… Blip, Blup, Blop…
>
> Just a little longer…
> Die drei wichtigsten Vorteile des Arbeitens und Lernens in Gather.Town sind:
>
> 1. Gemeinschaftliches Arbeiten und Lernen: Gather.Town fördert die Zusammenarbeit und den Austausch von Ideen unter Kollegen oder Lernenden, unabhängig von ihrem Standort.
> 2. Interaktives Lernen und Arbeiten: In Gather.Town können Schulungen, Meetings und Konferenzen mit visuellen Elementen wie Grafiken, Videos und Animationen auf eine interaktive und ansprechende Weise präsentiert werden. Das kann dazu beitragen, dass das Lernen oder die Zusammenarbeit schneller und effektiver erfolgt.
> 3. Virtuelles Networking: Durch Gather können virtuelle Netzwerke aufgebaut und gepflegt werden, um bestehende Kontakte zu festigen und neue Kontakte zu knüpfen.

Für uns bleibt der persönliche Austausch in der Unternehmenskultur ein wichtiger Bestandteil. In einer hybriden Lern- und Arbeitswelt wird der persönliche, reale Austausch ein wichtiger Faktor bleiben. Virtuelle 3D-Light-Welten jedoch bieten aufgrund der niedrigschwelligen Implementierung und des spielerischen Ansatzes einen echten Mehrwert in der Zusammenarbeit. Für Kunden werden wir die hybriden Lernformate erweitern. Daneben werden KI-gestützte Tools, je nach Bedarf, als Hilfsmittel eingebunden.

Komplexere sowie immersivere VR-Lösungen werden für spezielle Lernsettings (z. B. Teamtrainings, Verkaufssimulationen etc.) als zusätzliches sinnvolles und ergänzendes Angebot zu den bestehenden Methoden der Akademie gesehen. Im Kontext von Remote Work erscheinen diese aus unserer Sicht (noch) nicht alltagstauglich.

3.2 Ihre Checkliste für den Einstieg in einfache virtuelle Welten

Jede Firma ist anders. Unternehmen und Organisationen unterscheiden sich, inwieweit Remote Work und Hybrid Work für sie relevant sind und wie stark der mögliche Bedarf für neue Wege der Zusammenarbeit ist. Wann lohnt es sich für ein Unternehmen, virtuelle Welten in die Arbeitsprozesse einzugliedern? Oder gibt es erst noch andere Baustellen, um die man sich kümmern muss, bevor man den Einsatz von Plattformen wie Gather, WorkAdventure & Co angehen sollte? In einem umfassenden Audit und mithilfe

3.2 Ihre Checkliste für den Einstieg in einfache virtuelle Welten

von erfahrenen Beraterinnen oder Beratern können solche Fragen geprüft werden. Als eine erste Annäherung kann der hier vorgestellte Selbsttest dienen. Gleichzeitig ist er eine Checkliste, welche Punkte erfüllt sein müssen, damit der Einstieg in virtuelle Arbeits- und Lernwelten gelingt.

Der Selbsttest besteht aus drei Blöcken mit Fragen, die Sie und Ihre Beschäftigten möglichst offen und ehrlich beantworten sollten. Die ermittelten Punkte können addiert werden und geben einen ersten groben Eindruck, ob virtuelle Welten für für Sie ein geeignetes Mittel sind und wie erfolgreich deren Implementierung sein dürfte. Denn es gibt durchaus Faktoren, die den Erfolg beeinträchtigen können. Diese müssten dann erst ausgeräumt werden. Natürlich ist auch der Schluss möglich, dass es besser ist, auf einen Einsatz virtueller Welten zu verzichten.

- Als ersten Schritt beschreiben Sie den Bedarf in Ihrem Unternehmen. Fragen Sie Ihre Mitarbeiterinnen und Mitarbeiter nach Ihrer Einschätzung und beantworten Sie alle Fragen nach bestem Wissen und Gewissen.
- Im zweiten Schritt überprüfen Sie die technischen Voraussetzungen. Hier ist es sinnvoll, sich mit den zuständigen Expertinnen und Experten in der Organisation abzustimmen, etwa einem IT-Verantwortlichen.
- Schließlich wird erhoben, ob bestimmte wünschenswerte Voraussetzungen gegeben sind, die für einen Erfolg kritisch sein können. Sie entscheiden oft über den Erfolg oder Misserfolg eines Projektes.

Wenn Sie die jeweiligen Punktwerte zusammenzählen, können Sie entsprechend der Punktzahl eine erste Einschätzung vornehmen.

1. Schritt – Beschreiben Sie Ihren Bedarf *1 = trifft eher nicht zu* *3 = trifft eher zu* *0 = keine Aussage möglich*	Bitte Wert eintragen
Es gibt mehrere Beschäftigte, die regelmäßig remote Arbeiten	
Die Kommunikation der Beschäftigte ist wichtig, auch außerhalb regelmäßiger Konferenzen	
Es gibt Veranstaltungen zur Weiter- oder Fortbildung bzw. des Erfahrungs- und Informations-Austausches, bei denen zumindest einige Beschäftigte nur remote teilnehmen können	
Es gibt eine offene oder latente Unzufriedenheit mit den bestehenden Praktiken und eingesetzten Tools	
Es gibt den Bedarf für gemeinsame Meetings, in denen kreative Aufgaben gelöst werden sollen (Brainstorming, Workshops, Design Thinking etc.)	
Es gibt den Wunsch nach einem besseren zwischenmenschlichen Austausch unter den Beschäftigten	
SUMME	

2. Schritt – Technische Voraussetzungen *1 = trifft eher nicht zu* *3 = trifft eher zu* *0 = keine Aussage möglich*	Bitte Wert eintragen
Alle Beschäftigte haben die meiste Zeit Zugriff auf eine stabile Internetverbindung, egal wo sie arbeiten	
Die Verwendung der für die Plattform geeigneten Browser ist uneingeschränkt möglich	
Die Datenschutzstandards der Plattform stimmen mit den eigenen Richtlinien überein	
Die Beschäftigten haben im Homeoffice (Remote Work) eine ausreichende technische Ausrüstung (Laptop, schnelles Internet, Webcam, Mikrofon, Headset etc.)	
Es gibt einen internen technischen Support, der Beschäftigten bei technischen Problemen helfen kann	
Die Beschäftigten haben die Berechtigung, eigene Accounts in der Plattform anzulegen bzw. die Programme auf ihre Computer herunterzuladen	
SUMME	

3. Schritt – Kritische Erfolgsfaktoren *1 = trifft eher nicht zu* *3 = trifft eher zu* *0 = keine Aussage möglich*	Bitte Wert eintragen
Es gibt Klarheit über die ersten Einsatzmöglichkeiten von virtuellen Welten (z. B. Remote Work, Events, Lernen, Onboarding)	
Die verschiedenen Bedürfnisse der Zielgruppen in der Organisation (Vorgesetzte, Mitarbeiter, Remote-Arbeitende, Hybrid-Arbeitende etc.) können klar identifiziert warden	
Es ist leicht, alle Stakeholder (Führung, Fachabteilungen, IT, Betriebsrat etc.) einzubinden	
Es überwiegt ein Klima der Offenheit und Neugier für neue Technologien und Lösungen	
Es ist möglich, Projektverantwortliche mit ausreichend Vorkenntnissen und zeitlichen Ressourcen zu bestimmen	
Es stehen ausreichend finanzielle und/oder zeitliche Ressourcen für System-Implementierung, Gestaltung der Spaces, Schulung des Personals etc. bereit	
Es gibt mögliche externe Partner, die bei dem Projekt unterstützen können	
Es gibt eine Unternehmenskultur, die generell Kommunikation fördert	
Es gibt in der höheren Entscheidungs-Ebene Menschen, die stark motiviert sind, das Projekt nach vorne zu bringen	
SUMME	

Bitte zählen Sie die Summen der drei Schritte zusammen und lesen Sie die Einschätzung, die der Gesamtsumme entspricht.

- **50 bis 70 Punkte: Gute Chancen für den Start in virtuelle Welten**
  Die Rahmenbedingungen sind überwiegend gut und es lohnt sich eine intensive Beschäftigung mit dem Thema. Als erster Schritt sollte ein einfaches, aber konkretes Pilotprojekt definiert werden. Die Gespräche mit allen möglichen internen und externen Beteiligten sollten beginnen.
- **30 bis 49 Punkte: Es gibt Klärungsbedarf vor dem Start**
  Es gibt noch große Unsicherheiten oder Probleme, die erst ausgeräumt werden müssen. Identifizieren Sie die kritischen Punkte und überlegen Sie, ob sie gelöst werden können. Spezifizieren Sie den erwarteten Nutzen und stellen Sie ihn dem nötigen Veränderungs-Aufwand gegenüber. Im Zweifelsfall lassen Sie sich von externen Beratern helfen.
- **0–29 Punkte: Vorsicht – besser noch einmal genau prüfen**
  In Ihrer Organisation gibt es entweder keinen großen Bedarf oder die Rahmenbedingungen sind ungünstig. Unter diesen Bedingungen ist ein Projekterfolg schwierig. Überlegen Sie noch mal, welcher Bedarf wirklich besteht. Im Zweifelsfall sollten Sie auf ein Projekt verzichten.

3.3 Neusehland: Wenn Blended Learning auf eine virtuelle Welt trifft

Wenn sich Führungskräfte, Augenoptiker und Hörakustiker aus ganz Hessen in den jeweils eigenen vier Wänden am Bildschirm sehen, mit einem Avatar umherlaufen und in virtueller Gruppenarbeit am Whiteboard Erkenntnisse zusammentragen, ist das keine ferne Zukunft, sondern gelebte Realität von Neusehland (siehe Abb. 3.7). Das mittelständische Unternehmen mit knapp 500 Beschäftigten ist im Frühjahr 2023 den nächsten Schritt in der Entwicklungsstufe gegangen: Nachdem Blended Learning schon seit Jahren genutzt wurde, hat Neusehland für eine achtwöchige Schulung von Februar bis April nun den virtuellen Raum von Gather miteinbezogen. Mittlerweile setzt das Unternehmen bei seinen Fortbildungen verlässlich auf das Metaverse.

Elementare Voraussetzungen für das Pilotprojekt in Gather: Eine für Weiterbildung und das Metaverse zugeteilte Mitarbeiterin von Neusehland und ein professioneller Partner mit der Confidos Akademie.

Neusehland hat bereits 2021 eine interne Online Akademie mit einer Lernplattform aufgebaut, die auf Blended Learning basiert und jedem der Beschäftigten einen Account bietet. Diese Plattform läuft über blink.it und bietet regelmäßig neue Kurse, etwa Webinare zu neuen Produkten wie Kontaktlinsen oder einer notwendigen veränderten Kundenberatung.

Abb. 3.7 Die Optik gehört bei Neusehland zum Marken-Kern. Ganz ohne VR-Brille taucht das mittelständische Unternehmen der Optikbranche bereits seit 2021 in virtuelle Welten ein. (Bild: Neusehland)

Wer 42 Standorte in Deutschland besitzt und seine Führungskräfte zu Schulungszwecken über mehrere Wochen zusammenbringen möchte, sucht nach effektiven Wegen: Der Augenoptiker und Hörakustiker hat diese Lösung zudem in der virtuellen Welt gefunden. Über acht Wochen betrachtet trafen sich Filialleiter und Beschäftigte von Februar bis April 2023 in einem Pilotprojekt und zwei verschiedenen Blended-Learning-Kursen viermal in der virtuellen Begegnungsstätte und durchliefen dabei gleichzeitig ein E-Learning-Training über blink.it. Beschäftigte werden so abseits von Präsenzveranstaltungen auf eine neuartige Art und Weise zusammengeführt.

3.3.1 Neusehland zählt zu den Pionieren in der Fortbildung im Metaverse

Einen gesünderen Umgang mit belastenden Situationen lernten die Neusehland-Beschäftigten so, indem sie sich selbst über vorbereitete Inhalte in den jeweiligen blink.it-Kursen fortbildeten und sich dann in mehreren Online-Sitzungen von Kamera zu Kamera über das Gelernte mit dem Fachtrainer austauschten, neue Erfahrungen machten und gestärkt in den künftigen Arbeitsalltag gingen. Leicht gemachte Gruppenarbeiten sowie schnell teilbare Schulungsunterlagen zählten dafür zu den größten Vorzügen für die Pioniere in Sachen „Weiterbildung im Metaverse."

Um praxisnah weitere Erfahrungen mit virtuellen Lernräumen in der eigenen Neusehland-Welt (siehe Abb. 3.8) zu sammeln, setzte das Unternehmen zunächst auf zwei ver-

3.3 Neusehland: Wenn Blended Learning auf eine virtuelle Welt trifft

Abb. 3.8 Virtueller Seminarraum der Neusehland-Online-Akademie. (Bild: Neusehland)

schiedene Kurse und Zielgruppen innerhalb des eigenen Hauses. Ursula Fleckner-Jung, freiberufliche Trainerin bei der Confidos Akademie, arbeitete mit Filialleitern daran, zeitgemäß zu führen: „Von der Generation Z bis zu den Babyboomern". Gemeinsam erarbeiteten die Führungskräfte über die eigene Lernplattform des Unternehmens, dem E-Learning und den virtuellen Treffen über Gather, wie vor allem junge Beschäftigte besser verstanden und motiviert werden können.

Im zweiten, parallel laufenden achtwöchigen Blended-Learning-Kurs, der ebenfalls zusammen mit einem Experten der Confidos Akademie umgesetzt wurde, vermittelte Trainer Peter Gerst praktisch anwendbare „Glücks"-Techniken" für den beruflichen Alltag, mit denen Mitarbeitende im Verkauf und in der Beratung sich in stressigen und belastenden Situationen in einen ausgeglichenen und kraftvollen Zustand bringen können.

3.3.2 Selbstlernphasen wechseln sich mit Live-Meetings ab

Selbstlernphasen wechselten sich in den beiden unterschiedlichen Kursen dabei mit virtuellen Meetings und Live-Trainings über die virtuellen Neusehland-Schulungsräume ab. Diese wurden zuvor von den Trainern nach den jeweiligen individuellen Bedarfen inhaltlich angepasst – ein entscheidender Vorteil gegenüber Zoom, da die Trainer den

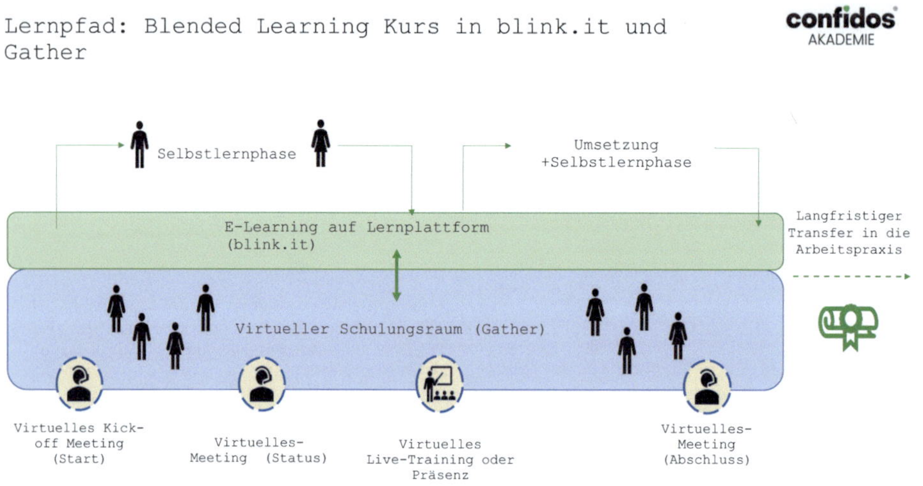

Lernpfad: Blended Learning Kurs in blink.it und Gather

Abb. 3.9 Umsetzung eines Blended-Learning-Kurses der Neusehland-Online-Akademie auf der Lernplattform blink.it sowie im virtuellen Schulungsraum. (Quelle: Confidos Akademie)

virtuellen Raum ähnlich einem Präsenzraum vorbereiten können. Unterstützt wurden sie dabei zusätzlich vom Backoffice-Team der Akademie, die das Projekt als Partner für digitale Weiterbildung begleitete und als Experte den Weg für den Neusehland-Einstieg in das Metaverse ebnete.

Der Optiker und Hörakustiker arbeitete schon seit Jahren auf seiner eigenen Lernplattform, die von blink.it bereitgestellt wird, mit dem Konzept des computergestützten Lernens (Blended Learning; siehe Abb. 3.9). Im Frühherbst 2021 kamen dann erstmals die Neusehland-Azubis mit der virtuellen Welt in Kontakt. Der neuartige Kurs von Februar bis April 2023, der Selbstlernphasen und Treffen verband, stellte so die nächste logische Stufe der Entwicklung dar.

Antreiber dieses modernen Weges ist Personalleiter Thomas Kupka. Schon 2021 ließ er 25 neue Auszubildende beim „Welcome Day" in der neuen Welt zusammenkommen – mehr als ein internetfähiges Endgerät mit Kamera und ein Zugangslink waren dafür nicht nötig. „Unser Betrieb", sagt der Prokurist, „ist in Deutschland unter den ersten Mittelständlern, die den Schritt ins Metaverse gewagt haben." Der Kurs Anfang 2023 stellte dabei schlicht die nächste Entwicklungsstufe dar.

Die Führungskräfte begeben sich in die virtuelle Welt, begegnen sich mit einem individuellen Avatar und tauschen sich beispielsweise mit einem Videobildschirm darüber aus, wie die Generation Z denn motiviert werden könne, in angemessener Kleidung und ohne Hotpants zur Kundenberatung zu kommen.

3.3.3 Die Beschäftigten können sich durchgehend spontan virtuell treffen

Nach einem ersten Online-Treffen werden über die E-Learning-Strecke sogenannte Blinks freigeschaltet, die in PDF's, Videos und Umfragen darauf abzielen, sich gezielter mit der Thematik zu beschäftigen. Während der zweimonatigen Laufzeit gibt es insgesamt vier gemeinsame Treffen im für Neusehland vorgefertigten virtuellen Seminarraum. Dort können sich die Filialleiter bequem von zuhause oder der Filiale aus mit ihrem Avatar frei bewegen, in ausgewählten Gruppen austauschen oder am Whiteboard Erkenntnisse zusammentragen. Anders als bei einem Zoom-Meeting können sich die Teilnehmenden ohne Kursleiter oder einen sogenannten Meeting-Host treffen. Zudem gibt es einen direkten Zugang vom jeweiligen blink.it-Kurs zum virtuellen Seminarraum.

Auch zwischen den geplanten Treffen ist eine Begegnung möglich und erwünscht – die virtuellen Räumlichkeiten für die Teilnehmenden sind stets offen. Diese Möglichkeit des spontanen Zusammenkommens wurde zwischen den festgelegten Treffen genutzt – „als ich das erste Mal mitbekam, dass sich Auszubildende freiwillig in der Gather-Welt verabredet haben, war das für mich ein tolles Zeichen", erklärt Jonas Fachinger, bei Neusehland für die Betreuung der Azubis in der Hörakustik zuständig. „Die gemeinsame Arbeit und das Lernen können so anders aussehen. Die Auszubildenden hätten sich auch einfach anrufen können, aber so sind sie sich digital begegnet. Es geht darum, Bindung entstehen zu lassen."

Die Einfachheit sei dabei „das Geniale", sagt Thomas Kupka. „Virtual Reality mit 3D-Brillen mögen in der Zukunft interessant sein, Stand jetzt aber ist das für die Anwendung im Arbeitsalltag zu kompliziert. Wenn ich daran denke, dass ich jedes Mal eine Brille aufziehen muss, ist das sowohl für unsere Kunden, als auch für unsere Beschäftigten zu anstrengend. Hinzu kommen Kosten für die Anschaffung dieser Brillen. In Gather brauche ich nur meine Pfeiltasten und schon läuft das Ganze. Hinzukommt, dass vielen die Beschaffenheit durch Super Mario oder Pokémon bekannt vorkommt. Die Plattform ist einfach intuitiv nutzbar."

Passend dazu sagt der ins Projekt eingebundene Jonas Fachinger: „Wer einmal mit dem Gameboy gespielt hat, wächst da schnell rein und versteht die Bedienung."

3.3.4 Gruppenarbeiten können flexibler umgesetzt werden

Der positive Eindruck bestätigt sich während der zwei Monate unter den Teilnehmenden, die von einer verlässlicheren Technik als bei Zoom oder Teams berichten, mehr Flexibilität loben und eine Zukunft in der neuen Lern- und Arbeitswelt sehen.

Auch Trainer Peter Gerst, der eine der beiden Neusehland-Gruppen während der zwei Monate inhaltlich anleitet, ist von dem Gather-Setting mit seinen flexiblen Möglichkeiten angetan: „Wenn man die Optionen, die sich einem in dieser Welt bieten, nutzt, ist das für einen Trainer sehr angenehm. Wenn ich Gruppenarbeiten abhalten möchte, geht das über Zoom nur sehr bedingt in Breakout-Räumen. Dann sind plötzlich alle verschwunden und ebenso schnell dann wieder da. Hier können sich die Menschen mit ihrem Avatar in einen Raum begeben, sich aussuchen, mit wem sie zusammenarbeiten wollen und das alles in ihrem Tempo beschreiten (siehe Abb. 3.10). Das macht es für mich sehr viel angenehmer."

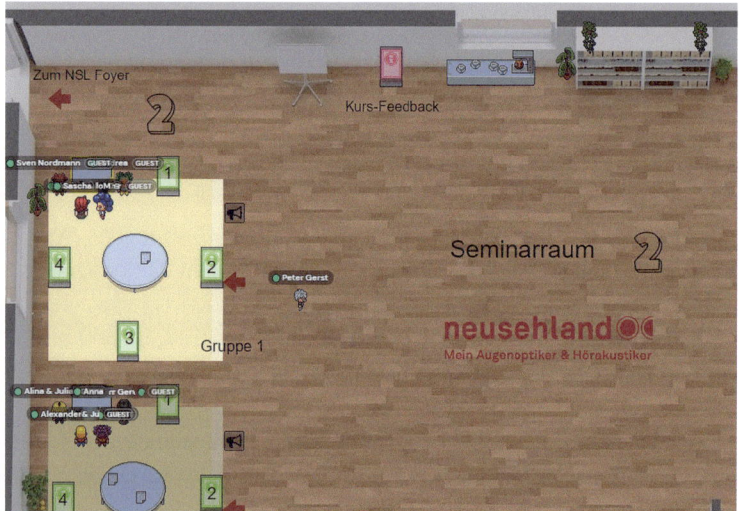

Abb. 3.10 Gemeinsam am Whiteboard unterwegs: Bildausschnitt aus dem Neusehland-Workshop. (Bild: Confidos Akademie)

Der erfahrene Kommunikations- und Mindset-Trainer sagt: „Man hat gemerkt, dass schnell ein ganz anderes soziales Zusammenspiel entsteht als über die bisher bekannten Plattformen. Die Teilnehmenden können sich frei bewegen und damit wie in Präsenztreffen individuell mit einzelnen Mitteilnehmenden oder mir als Trainer ins Gespräch kommen, ohne dass alle anderen mit dabei sind bzw. mithören."

3.3.5 Klar wird: Präsenz wird nicht ersetzt, sondern ergänzt

Gleichzeitig treten bei dem Pilotprojekt Herausforderungen und Erkenntnisse zutage. Der größte Lernfaktor: Präsenz bleibt Präsenz und kann in seiner vollen Wirksamkeit nicht 1:1 ersetzt werden. Das betonen nahezu alle Beteiligten. „Ideal ist es, wenn sich die Teilnehmenden zusätzlich live vor Ort sehen", sagt Personalleiter Kupka im Rückblick auf den zweimonatigen Online-Kurs. „In einem Präsenztreffen lernen sich Menschen schneller kennen, sie trauen sich mehr und öffnen sich oft leichter", sagt Trainer Peter Gerst.

Neusehland, das wird in dem Projekt deutlich, profitiert als Vorreiter im Metaverse – das Unternehmen sammelt in einem sich ständig bewegenden Metier Erfahrungen, gewöhnt sich an den Umgang in virtuellen Welten und lernt aus dem Erlebten. So kann es einen Wissens- und Erfahrungsvorsprung aufbauen, das Angewendete stetig verbessern und seinen Beschäftigten durch wirkungsvolle Zusammenkünfte in virtuellen Welten einen Mehrwert bieten.

Anstatt Mitarbeitende für eine Schulung mehrere Stunden von Nord- oder Südhessen nach Gießen zu beordern, können die Beschäftigten so von ihrem Wohn- bzw. Arbeitsort zusammenkommen. Das spart Zeit und Geld und ist kostengünstiger als eine aufwendige VR-Brille. Um als Arbeitgeber modern und attraktiv wahrgenommen zu werden, dient der Schritt ins Metaverse ebenfalls: „Natürlich ist es ein wichtiger Aspekt in Zeiten des Fachkräftemangels, sich nachhaltig zu präsentieren. Die Anwendung macht den meisten Beschäftigten unserer Erfahrung nach Spaß und natürlich wird man wie bei allen Entwicklungen nie 100 % überzeugen können", erklärt Kupka.

Die Kurz-Zusammenfassung des Projekts: Schulungen über Gather und blink.it stellen einen Vorzug gegenüber Zoom & Co dar und bieten eine echte Alternative – Präsenz können sie nicht ersetzen, sehr wohl aber ergänzen. „Gather ist die Schnittstelle zwischen Zoom und Präsenz", fasst Projektkoordinatorin Jane Heisig von der Confidos Akademie zusammen.

3.3.6 Wie liefen die zwei Blended-Learning-Kurse konkret ab?

An einem Mittwochvormittag um zehn Uhr kommt rund ein Dutzend Führungskräfte von Neusehland in der virtuellen Welt mit Kursleiterin Ulla Flecker-Jung zusammen. Erstes Online-Meeting des zweimonatigen Kurses, der vollständig in einem digitalen und virtuellen Format realisiert wurde: „Zeitgemäß führen für Profis – vom Babyboomer bis Generation Z". Die Kernfrage: Wie können alle Altersklassen abgeholt und mitgenommen werden? Exemplarisch fragt ein Niederlassungsleiter: „Ich möchte sie ja verstehen… Manchmal kommen die jungen Menschen mit gesenktem Kopf herein und sagen nichts. Wie bringe ich sie zum Reden?"

Die Teilnehmenden haben sich dazu vorab über einen Einladungslink, direkt über die Lernplattform blink.it, in den virtuellen Seminarraum von Gather eingeklinkt, ihre Kamera und ihr Mikrofon angeschaltet und sich dann mit ihrem Avatar in einen Gruppenraum bewegt, in dem potenzielle Sessel zur Bequemlichkeit für die digitale Gestalt bereitstehen.

Der Einstieg in jene neue Welt wurde den Teilnehmenden durch eine vorherige Einführung erleichtert – eine im Unternehmen für Weiterbildung und die Neusehland-Online-Akademie zuständige Beschäftigte übernahm diese elementare Aufgabe, um den direkten Einstieg im Trainingskontext zu ermöglichen. Dieser Schritt der bewussten und behutsamen Einarbeitung stellt sich im Nachgang und durch Gespräche mit Teilnehmenden als essenziell heraus.

„In den Augen der jungen Generation sind Sie keine klassischen Chefs, sondern eher Kollegen auf Augenhöhe", schildert Führungskräftetrainerin Ursula Fleckner-Jung. Sie fragt die Teilnehmenden nach und nach, welche Erfahrungen bisher gemacht wurden, welche Wünsche bestehen und wie mehr Verständnis füreinander aufgebracht werden kann.

In den acht Wochen sollen den Führungskräften mehr Lösungswege angeboten werden, wie sie junge Beschäftigte aufnehmen und motivieren können. Dazu finden sie in den Selbstlernphasen über die Lernplattform des Unternehmens etliche Anregungen, die integriert werden und in den jeweiligen Live-Treffen besprochen und vertieft werden.

3.3 Neusehland: Wenn Blended Learning auf eine virtuelle Welt trifft

Abb. 3.11 Der Blended-Learning-Kurs „Zeitgemäß führen" auf blink.it steht den Teilnehmenden über die Neusehland-Online-Akademie mit direktem Zugang zum virtuellen Seminarraum zur Verfügung. (Bild: Neusehland)

Von sich selbst sagt Ursula Fleckner-Jung, eigentlich eher eine „Präsenztrainerin" zu sein, die in einer Kombination mit E-Learning Formaten, also dem Blended Learning, ein nachhaltiges Lernformat sieht. Ein Trainingsdesign nun zusätzlich in einem virtuellen Raum für die Teilnehmenden spannend zu gestalten ist selbst für eine Trainerin eine neue Herausforderung. „Ich musste erst lernen, mich in diesem neuen System zu bewegen. Mein Gehirn versucht zu übersetzen: Wie kann ich die Inhalte hier rüberbringen? Meine Angebote sind oft eher bild- und textlastig."

Im Kursprofil auf blink.it (siehe Abb. 3.11), das während der acht Wochen freigeschaltet ist zur Selbstlernphase, finden sich entsprechend viele anschauliche PDF-Dateien mit Informationsgrafiken und textlichen Erklärungen: Die Generation X, Y und Z etwa wird in ihren Bedürfnissen verglichen, daran schließen sich Fragen an, die den Führungsstil der Teilnehmenden reflektieren. Die Inhalte werden nach und nach freigeschaltet und dienen den Filialleitern als Orientierungspunkt und Lernstütze während der Kurszeit.

3.3.7 Zwei verschiedene Kurse: Gleicher Ablauf, unterschiedlicher Inhalt

Im zweiten, parallel laufenden Kurs für eine andere Gruppe von Neusehland-Beschäftigten versucht Trainer Peter Gerst den Augenoptikern näherzubringen, wie sie resilienter

Abb. 3.12 Augenoptiker und Hörakustiker treffen sich im virtuellen Sitzungsraum. (Bild: Confidos Akademie)

im Arbeitsalltag werden und lernen, das Positive in den Vordergrund zu rücken. Der Kursablauf ist der Gleiche, Selbstlernphasen über dieselbe Lernplattform bilden die Grundlage. Informationen werden im direkten 1:1-Austausch vertieft.

Im längsten der vier Online-Treffen, dem Live-Training an einem Dienstag von 9 bis 16 Uhr, finden sich die Absolventen von Peter Gersts Kurs wie gewohnt im Meetingraum der Gather-Welt von Neusehland zusammen (siehe Abb. 3.12). „Wirkungsvolle Glücks-Techniken für den beruflichen Alltag", lernen die Teilnehmenden und besprechen zunächst ihre bisherigen Learnings von Kamera zu Kamera, mit dem Avatar auf der Couch sitzend.

„Ich darf mich immer wieder an die positiven Dinge erinnern", weiß eine Niederlassungsleiterin und ein Kollege ergänzt: „Ich bin der Herr über meine eigenen Gefühle!" Die Anregung, sich zwischen den offiziellen Meetings online zum Brainstormen zu treffen, haben einige wahrgenommen. Ein elementarer Vorteil:

Der Raum zur Begegnung ist wie bereits erwähnt stets geöffnet und zugänglich. Die Teilnehmenden können sich verabreden und im virtuellen Kursraum jederzeit gemeinsam üben.

Trainer Peter Gerst schwärmt: „Das eröffnet neue Möglichkeiten und hilft bei der Lernmotivation, die alleine oft schwerer durchzuhalten ist." Er bindet die Neusehländer bei diesem Live-Training ein, teilt den Bildschirm, zeigt PowerPoint-Präsentationen und regt zum Nachdenken an.

3.3.8 Am virtuellen Whiteboard tragen die Beschäftigten Erkenntnisse zusammen

Eine seiner Kernaussagen: „Es kommt nicht so sehr darauf an, was uns im Leben passiert, sondern darauf, welche Bedeutung wir dem Ganzen geben." In der Folge sollen die Teilnehmenden zusammentragen, was in Zeiten einer krankheitsbedingten Unterbesetzung für einen persönlich nervend, belastend und stressig ist und was man in solchen Zeiten neben diesen negativen Aspekten für sich selbst zugleich als positiv erleben kann.

Dazu finden sie sich in Kleingruppen zusammen. Dort begehen sie mit ihrem Avatar einen anderen, geschützten Raum, sehen sich mit der Kamera weiterhin und nutzen nun ein eigenes Whiteboard, um die Erkenntnisse aufzuschreiben. So findet Lernen nicht nur über die eigene Lernplattform mit jeweils neuen Inhalten anders statt, sondern eben durch ein gemeinsames, virtuelles Erarbeiten von Erkenntnissen.

In einer Kleingruppe mit vier Teilnehmenden tut sich eine Frau schwer, mit ihrem Avatar die passende Position zu finden, die drei anderen haben keine Probleme – in die Nähe des Whiteboards laufen, warten, bis es gelb aufleuchtet, das X auf der Tastatur drücken und schon zeigt sich eine weiße zu beschriftende Fläche, die von allen angefasst und bearbeitet werden kann: die gemeinsame Arbeitsfläche. So entsteht eine gezielte Gruppenarbeit, in der sich die Personen frei bewegen und Erkenntnisse gemeinsam aufschreiben können.

Am Nachmittag des Live-Trainings zeigt sich dann: Ein ganzer Schulungstag online kostet Kraft. „Das war letztlich doch zu lange. Irgendwann wird es anstrengend, den ganzen Tag auf den Bildschirm zu schauen", erkennt Kupka. „Wir tendieren dazu, reine Online-Meetings auf einen halben Tag zu straffen und ergänzend dazu Präsenzzeiten einzubauen. Aber genau dafür braucht es solche Pilotprojekte, um direkt in der Praxis die Erfahrungen mit einem gänzlich neuen Medium zu sammeln."

3.3.9 „In Gather läuft das alles organischer und natürlicher ab"

Der Kurs endet nach acht Wochen mit einem Abschluss-Meeting in Gather – und stellt sich für alle Beteiligten als eine Erfahrung heraus, die neue Perspektiven eröffnet hat. „Ja, es ist auch mit einem gewissen Zeitaufwand verbunden", sagt Jonas Fachinger. „Vor allem, wenn man die komplette Bandbreite, die Gather bietet, nutzen möchte. Da kann ich viel Zeit investieren, wenn ich Whiteboards für die Online-Meetings entsprechend vorbereiten will. Dafür bräuchte es eine Person im Unternehmen, die ausschließlich dafür zuständig ist. Ich kann es aber einfach so nutzen – und dafür ist es richtig cool. Dann ist es ein schickeres Zoom."

Fachinger zieht den Vergleich zu den bisher häufig genutzten Kanälen wie Teams oder Zoom: „Dort kann ich zwar auch 15 min vorher auf den Einladungslink klicken, warte dann aber, bis irgendwann das Fenster aufploppt und der Host mich hereinlässt. Oft ist man da nervös: Sitzt die Kamera jetzt richtig? Passt alles? In Gather läuft das alles organischer und natürlicher ab. Ich kann vorab in den Raum eintreten, mich bewegen und sehe vielleicht, dass dort hinten schon ein Azubi anwesend ist. Zu dem kann ich hinlaufen, mich mit ihm unterhalten und so zu zweit auf den Start des Events warten."

3.3.10 Was sagen die Teilnehmenden dazu?

Einige O-Töne der Teilnehmenden
Sascha Herber, Filialleiter Nidderau: „Das ist eine feine Sache. Die Anleitung vor Trainingsbeginn war definitiv notwendig und hätte vielleicht sogar zweimal oder länger stattfinden dürfen. Wenn man etwas Zeit bekommt, sich hier einzufinden, kommt man aber sehr gut damit zurecht. Die Grundidee ist ziemlich cool."

„Ich mache gerade einen Englischkurs über Teams – dort gibt es gelegentlich Verbindungsprobleme. Bei Gather lief alles stabil. Ich kann hier gezielt separieren und mir aussuchen, mit wem ich in einer Gruppe zusammenarbeiten will, ganz ohne Mausklicks. Deshalb finde ich diese Plattform besser als Zoom oder Teams, weil Du mehr interagieren kannst."

„Die Präsenz ist trotzdem nicht zu ersetzen. Da hast Du die Nähe, da begegnest Du Dir persönlich. Das hat eine andere Qualität. Da stehst Du auch mal nach einem Meeting oder in der Pause zusammen. Das passiert hier noch nicht so häufig, wobei ich mir vorstellen kann, dass sich das entwickelt."

Carolin Stephan, Augenoptikmeisterin: „Ich war zunächst wirklich skeptisch, was diese neue Technik angeht. Als wir uns vorab treffen sollten, um uns an die neue virtuelle Welt zu gewöhnen, dachte ich mir: Was ein Aufriss! Nach einigen Erfahrungen sehe ich es jetzt sehr positiv. Man ist so flexibel! Du kannst Dich bewegen, wie Du willst und musst kein Computer-Experte sein. Du steuerst einfach nur ein Männchen."

Corinna Reul, Niederlassungsleiterin Fulda: „Ich hatte vor dem ersten Online-Treffen etwas Angst. Ich bin eine Digital-Allergikerin. Ich habe schon viele Videokonferenzen erlebt: Da fliegt mal jemand raus, dann kommt eine Person wieder rein, der Host ist abgestürzt…trotzdem fand ich es nie schlecht. Hier in Gather ist das alles kurzweiliger. Du siehst Dich in echt und die Technik war mega konstant. Ich habe jeden immer verstanden. Bei Zoom war das für mich oft eher eine Lotterie."

„Die Steuerung ist so einfach. Mal eben kurz zu sprechen und mit dem Avatar zu zweit ein paar Meter weg zu gehen, das ist hier möglich. In der klassischen Videokonferenz geht das einfach nicht. Da sorgt es gleich für Aufsehen, wenn mal zwei Personen nach der offiziellen Sitzung noch zusammenbleiben. Das wirkt hier durch die Figuren natürlicher. Ich finde dieses Konzept total spannend und kann mir gut vorstellen, dass es vor allem für jüngere Menschen und die Auszubildenden hilfreich ist."

3.3.11 Der Weg ins moderne Lernen wird begleitet

Schon vor der Pandemie arbeitete Neusehland so mit dem computergestützten Lerndesign. Die Neuigkeit im zweimonatigen Kurs von Februar bis April 2023 bestand nun darin, dass die Online-Treffen in der virtuellen Welt stattfanden. Hierzu bediente sich Neusehland externer Hilfe.

Projektkoordinatorin Jane Heisig von Confidos erklärt, welche organisatorische Vorarbeit für einen reibungslosen Kursablauf vonnöten war: „Auf der Lernplattform von Neusehland finden sich Erklärvideos, die den Teilnehmenden zusätzlich helfen sollen, sich in der neuen Welt zurechtzufinden. Die müssen zur Verfügung gestellt werden. Die digitalen Seminarräume müssen vorbereitet und individuell gestaltet werden. Mit den Trainern müssen Absprachen getroffen werden, ähnlich wie bei einer Präsenzveranstaltung auch."

Wie sollen die Räume angeordnet werden? Welche Gruppenarbeiten sind in welcher Form angedacht? Welche Inhalte sollen rübergebracht werden? Heisig: „Wir sind mit den Trainern die Kurstage durchgegangen, um ihnen dabei zu helfen, ihre Inhalte möglichst passgenau rüberbringen zu können. Dabei bieten sich eben viele Vorteile."

Die VR-Expertin von Neusehland wiederum begeht mit ihren Beschäftigten vor Kursbeginn die virtuelle Welt, um sie einzuführen. Auf der Lernplattform werden die separaten Schulungsunterlagen peu a peu freigeschaltet. Dort findet sich über einen Link ein direkter Zugang zur Gather-Welt, in der sich die Teilnehmenden regelmäßig treffen können und an dem die Veranstaltungen stattfinden.

Für Jane Heisig ist klar: „Wenn ein Unternehmen seine Schulungen in Gather durchführen will, ist zumindest bei der Implementierung ein begleitender Partner von Vorteil. Natürlich können Firmen den Weg komplett selbst gehen. Dazu bedarf es aber einiger personeller und finanzieller Ressourcen sowie insbesondere fachlichen Know-hows. Ob das dann ressourcenschonender ist, als sich einen Partner an die Seite zu holen, bezweifle ich."

3.3.12 Wie soll es weitergehen?

Das mittelständische Unternehmen hat die Schulungsarbeit in der virtuellen Welt fest integriert. „Es steht fest, dass wir Gather zukünftig in all unseren Schulungen anstelle der bisherigen Videokonferenzsysteme einsetzen", erklärt Prokurist Kupka. „Wir bilden unsere Trainer auf dieser Plattform aus. Meiner Meinung nach sollten mehr

Abb. 3.13 Virtueller Raum für die Azubis: Neusehland setzt auch bei der Ausbildung auf virtuelle Begegnungsmöglichkeiten. (Bild: Neusehland)

Unternehmen diesen Schritt gehen. Es ist einfach bedienbar, bietet mehr Flexibilität und ist der nächste logische Schritt."

Die Auszubildenden aus der Hörakustik nutzen bereits aktiv vorgefertigte virtuelle Schulungsräume (siehe Abb. 3.13.), die Auszubildenden aus der Augenoptik können die Plattform betreten und sich dort bewegen. Jonas Fachinger, der diesen Part als Zuständiger für die Auszubildenden aktiv begleitet, zieht bis dato ein positives Fazit und sagt: „Ich gehe davon aus, dass wir künftig alle Sitzungen so abhalten werden und es eine Einheitlichkeit geben wird." Für Prokurist Kupka ist es offensichtlich: „Wenn sie das im Unternehmen integrieren wollen, brauchen sie jemanden, der sich damit auskennt. Menschen im eigenen Haus, die das antreiben."

Der Mittelständler verfügt über diese Personen, etwa mit Jonas Fachinger oder seiner VR-Expertin. Das Ziel für die Zukunft dabei: Das Weiterbildungskontingent Schritt für Schritt ausbauen und digitalisieren. Junge Menschen sollen künftig noch mehr über den spielerischen Charakter und den Faktor der Gamification dazu animiert werden, Lerneinheiten durchzugehen. Denkbar: Ein Ranking zu erstellen, das die meisten absolvierten Schulungen aufzeigt.

Das Unternehmen ist die ersten Schritte gegangen und richtet sich auf eine Zukunft in Präsenz und im Metaverse aus – Neusehland versucht, das Beste aus beiden Welten zu kombinieren. Dass sie dabei einerseits einen Wissens- und Erfahrungsvorsprung gegenüber vielen erlangt haben, wird ebenso deutlich wie der Umstand, dass in der effektiven Umsetzung noch viel Potenzial liegt. Das veranschaulicht die abschließende Aussage von Jonas Fachinger, der sagt: „Gefühlt haben wir bislang erst wenige Prozente von 100 % der Möglichkeiten ausgeschöpft."

3.4 Pflege-VR: Patienten virtuell pflegen und auf Weltreise schicken

Das Beratungs-, Vertriebs- und Entwicklungsunternehmen StellDirVor ermöglicht dank VR-Brille das Arbeiten mit dem virtuellen Patienten, um Sicherheit für den Pflegealltag zu gewinnen. Wichtig seien technische Aufklärungsarbeit und die entsprechende Betreuung vor Ort.

Pflegekräfte treffen sich von unterschiedlichen Standpunkten aus mit einer VR-Brille auf dem Kopf in einem virtuellen Patientenzimmer und üben Wundversorgung, Neugeborenenversorgung oder den Umgang mit Dementen (siehe Abb. 3.14): Das bietet StellDirVor. Das Beratungs- und Vertriebsunternehmen für immersive Technologien fokussiert sich im Gesundheitswesen auf Wissens- und Prozessmanagement. „Wir ermöglichen es, orts- und zeitunabhängig Situationen zu durchlaufen, die den Beschäftigten Sicherheit im Pflegealltag schenken", sagt Mitgründerin Sonja Bunzeit.

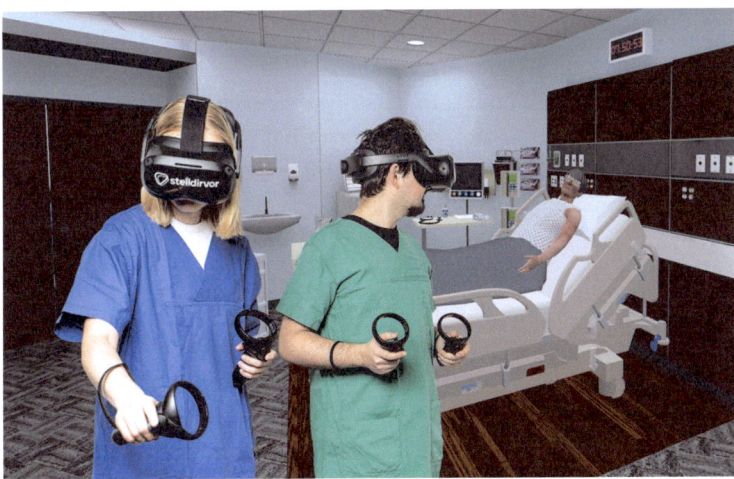

Abb. 3.14 Brille auf und ab ins virtuelle Patientenzimmer: Üben ohne Risiko. (Bild: Boris Dahm für StellDirVor GmbH)

Sie weiß: „In den letzten drei Jahren hat die Nachfrage zugenommen. Wir bekommen zunehmend konkrete Anfragen für unser VR-Training." Interessiert sich eine Einrichtung für die Anwendung von virtueller Realität im Gesundheitswesen, wird zunächst Aufklärungsarbeit betrieben: „Ein Grundverständnis für die Technologie ist wichtig", sagt Sonja Bunzeit. „Danach ist den Unternehmen klar, ob sie einen Alltagsassistenten, ein Simulationstraining oder eine Prozessberatung brauchen."

Fragen, die es zu klären gilt: Welche Hardware wird benötigt? Gibt es eine IT-Abteilung? „Auch eine VR-Brille muss gewartet und mit Updates versehen werden." 95 % der Kunden nutzen mobile Headsets ohne Kabel – ein fester VR-Schulungsraum also sei nicht vonnöten, lediglich eine Internetverbindung.

Frank Feick, an den Bamberger Akademien für Gesundheitsberufe Bereichsleiter für vertiefende Kompetenzen, erklärte uns in einem Gespräch, wie er als Kunde die Zusammenarbeit mit StellDirVor beurteilt: „Wir nutzen immersive Technologien in vielen Bereichen. VR-Trainings unterstützen unser Weiterbildungsangebot, um beispielsweise das Gelernte praktisch anzuwenden und Handlungskompetenzen für den Pflegealltag aufzubauen. Wir sehen hier eine optimale Ergänzung zu realen Trainings. Uns ist wichtig, dass neue Technologien zielführend und nachhaltig eingesetzt werden. Lernbegleiter benötigen für den Umgang mit immersiven Technologien daher neues Wissen und Kompetenzen. Hierzu entwickeln wir aktuell gemeinsam mit StellDirVor ein Qualifizierungsangebot für xR-Skills-Trainer".

Die beliebteste Variante in der Buchung sei das Gruppentraining, in dem mehrere Beschäftigte von verschiedenen Orten aus in ein virtuelles Patientenzimmer eintauchen und Situationen nachspielen können, die noch eine gewisse Unsicherheit hervorrufen: die Wiederbelebung etwa. Mit der Brille auf dem Kopf können sich die Pflegerinnen und Pfleger dann im virtuellen Raum bewegen, Gegenstände hochheben und bewegen (siehe Abb. 3.15). Der Tropf kann abgehängt, die Dosierung eingegeben werden. Bunzeit: „Es ist eine intuitive Bedienung, die jeder nach einer Minute begreift."

Vorgefertigte Räume seien bereits im niedrigen vierstelligen Bereich zu haben – melden Unternehmen den Wunsch an, ihren eigenen individuell gestalteten Raum anlegen zu lassen, bewege man sich finanziell schnell im zehnfachen Bereich, erklärt Bunzeit. „Wir empfehlen, erstmal mit bestehenden Inhalten zu arbeiten. Ob der raumechte Papierkorb dann im virtuellen Zimmer steht oder nicht, spielt bei der Anwendung meist keine Rolle."

Der große Vorteil der Anwendung neben der örtlichen und zeitlichen Flexibilität: „Ich brauche nur eine Brille und einen Laptop und kann die Situation so oft durchspielen, wie es für die Person erforderlich ist. Durch dieses Trainingsszenario kann Sicherheit für den Alltag aufgebaut werden."

StellDirVor bietet auch immersive Anwendungen für Patienten und Angehörige an: etwa zur Rehabilitation oder der Unterhaltung. Kennenlernen von Einrichtungen mit 360-Grad-Videos, Ausflüge an ferne Orte oder kognitive Spiele können mit der Brille

Abb. 3.15 Übungssituationen können mit neuester Technik beliebig oft durchgespielt werden. (Bild: Boris Dahm für StellDirVor GmbH)

umgesetzt werden. Senioren können so die Brille aufsetzen und virtuell in eine andere Welt eintreten: „Noch einmal ans Meer…" – dieser Wunsch kann so zumindest in Teilen erfüllt werden. Patienten kann eine echte Abwechslung im Heim-Alltag geboten, neue Räume zur Diskussion mit den Senioren geschaffen werden.

Mit der verwendeten Technik ist die Nachbildung von Schulungen und weiteren Trainingssituationen ebenso möglich. Elementar sei es, dass ein Trainer bzw. eine Andockstelle im Unternehmen vorhanden sei, die bei Unklarheiten eingreifen könne: „Das, was mit Social Media ein bisschen schief gegangen ist, sollte bei dieser Technik nun besser laufen. Alle Beteiligten sollten verstehen, womit sie es zu tun haben. Wir müssen klare Aufklärungsarbeit betreiben", sagt Bunzeit. „Das ist die größte Herausforderung: Den Nutzen verständlich machen."

3.5 ThinkStartVR: Sie bringen Unternehmen die Brille bei

Michael Stock führte bereits Unternehmen wie Bahn, Bosch oder Lidl in die Virtual Reality ein und zählt mit seinem nebenberuflich gegründeten Unternehmen zu jenen Menschen, die Firmen einen einfachen Einstieg in die virtuelle Realität ermöglichen. Vor vier Jahren gründete sich „ThinkStartVR" und begleitet Entscheider bei den ersten Schritten hin zum Arbeiten in VR. Mittlerweile ist die Weiterbildung als Metaverse-Trainer TÜV-zertifiziert.

„Viele können sich unter Virtual Reality noch nichts vorstellen", sagt Stock. „Wir zeigen: Was ist das überhaupt? Der Anfangs-Invest ist eher zeitlicher Natur. Wir gehen erste sanfte Schritte, entwickeln Nutzungsszenarien und erste kleinere Projekte in den Firmen." Immer dabei: eine VR-Brille, die den Unternehmen für das Ausprobieren zugeschickt wird.

„Für mich gehört das zur logischen Weiterentwicklung des Internets. Wir haben hier keine Bildschirm-Barriere, sondern können hinter den Bildschirm blicken", sagt der Technikfan. „VR spricht eine Vielzahl von Sinnen an, die in 2D nicht genutzt werden. Es hilft, sich stärker zu vernetzen und Erinnerungen intensiver zu behalten."

3.5.1 „Wann ist es eine sinnvolle Alternative?"

Michael Stock meint: „VR wird Präsenzformate nie ersetzen können. Die Frage ist eher: Wann ist es eine sinnvolle Alternative? Im Lernkontext etwa ist es aus meiner Sicht das fehlende Bindeglied zwischen Präsenz und digitaler Welt." Stocks Unternehmen mit Sitz im hessischen Münzenberg führte bereits mehrere hundert VR-Trainings auch in Großkonzernen durch.

Nachdem Kontakt aufgenommen und eine moderne Brille zum Unternehmen versandt wurde, findet das erste Online-Treffen „klassisch" via Videocall statt. „Das ist ein Sicherheitsanker, der als Raum immer geöffnet bleibt. Zu Beginn erzählen wir ein wenig über die Technik, die Möglichkeiten und den Stand der Entwicklung."

Wer etwa eine handelsübliche VR-Brille zugesendet bekommt, kann sich nach der Einführung – eine Internetverbindung vorausgesetzt – in eine virtuelle Welt begeben und dort umherlaufen. Konkreter Nutzen für die gemeinsame Arbeit: im Onboarding, im Lernen oder in der Schulung von Führungskräften. Wer eine Brille trägt und eine andere, bunte Welt betritt, versteht, wovon gesprochen wird (siehe Abb. 3.16). Oft zeigt sich: VR ist schwer erklärt und einfach erfahren. Gerade deshalb sagt Stock: „Ich kann erst sagen, dass es nichts für mich ist, wenn ich es auf Herz und Nieren geprüft habe." Und gerade deshalb ist die eigene Erfahrung so wichtig.

3.5 ThinkStartVR: Sie bringen Unternehmen die Brille bei

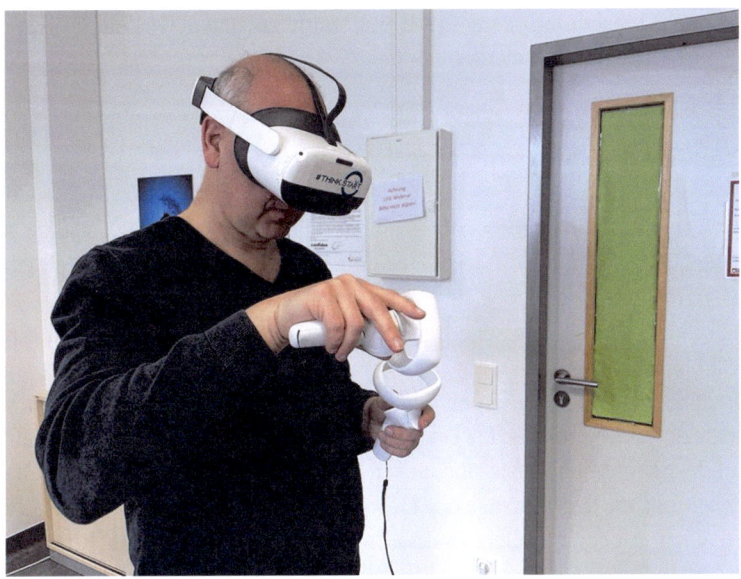

Abb. 3.16 Selbstversuch mit VR-Brille: Buchautor Holger Fischer. (Bild: Confidos Akademie)

Nachdem erste Kontakte mit der neuen virtuellen Welt hergestellt wurden, geht es im zweiten Schritt darum, konkret zu überlegen: Welche Nutzungsszenarien könnten im Metaverse Sinn ergeben? „Bei uns gibt es keine Lernformate von der Stange. Wir wollen aus dem Entscheider Multiplikatoren schaffen, damit viele Personen eine VR-Erfahrung gemacht haben und darüber sinnieren, wie das gewinnbringend für die Prozesse genutzt werden kann."

Johann-Philip Tepper, Teilnehmer eines VR-Workshops von ThinkStartVR, berichtet: „Kollegen das Thema VR und die daraus resultierenden Möglichkeiten verständlich zu erklären, geht nur über das Erleben. Gerade bei größeren Gruppen, mit unterschiedlichen Erfahrungswerten und Hintergründen, ist dies eine enorme Herausforderung."

ThinkStartVR brachte hier die notwendige Expertise mit und konnte bei unseren Bereichsmeetings allen Teilnehmern einen ausgezeichneten Einstieg in das Thema geben – spezielle Wünsche zu arbeitsbezogenen Themen konnten direkt mit einbezogen werden. In jedem Fall gingen wir mit einem idealen ersten Einblick und vielen Ideen aus der Veranstaltung."

Klassische Anwendungsgebiete sind dabei unter anderem Beratungsgespräche, Verkaufs- oder Führungskräftegespräche, die simuliert werden. „So können Menschen in einem geschützten Raum in eine Rolle schlüpfen. Das gleiche Szenario kann immer wieder dargestellt werden." Ähnlich einem Computer-Spiel könnten Beschäftigte so allesamt das gleiche Level durchlaufen.

„Es ist skalierbar. Zudem können wir auf sehr realistische Umgebungen zurückgreifen, in denen ich abgeschirmt bin und konzentriert arbeiten kann." Auch eine dreidimensionale Gestaltung samt 3D-Druck zählt zu jenen wirkungsvollen Möglichkeiten, die durch VR Realität werden können.

3.5.2 360-Grad-Videos vom Meetingraum

Ein in der virtuellen Welt bereits häufig eingesetztes Tool nennt sich zudem Miro. Das Online-Whiteboard soll die weltweite Zusammenarbeit erleichtern, ganz gleich, wo sich die Beschäftigten aufhalten. Über 100 Integrationen können eingebunden werden, Mindmaps, Diagramme oder strategische Planungen virtuell und für alle sichtbar kreiert werden (siehe Abb. 3.17).

Im dritten Schritt der Begleitung hin zum modernen Unternehmen mit VR-Bezug werden erste Projekte umgesetzt. „Dort hören unsere Möglichkeiten meist auf und wir greifen auf Hardware-Hersteller und unser Netzwerk zurück", erklärt Michael Stock. Angesprochen auf die Kosten sagt der Geschäftsführer von Think.StartVR: „Das Lernszenario, das ich in der virtuellen Realität mit Brille habe, bleibt. Im Einzelfall kann es durch die Anschaffung der Technik teurer als eine Präsenzveranstaltung werden – langfristig ist es kostengünstiger, wenn ich auf die gleichen Instrumente immer wieder zurückgreifen kann."

Abb. 3.17 Unter Anleitung von Michael Stock: Buchautor Holger Fischer erkundet das Metaversum. (Foto: Michael Stock)

Eine häufig gestellte Frage: Kann ich meinen Meetingraum in der virtuellen Welt 1:1 abbilden? „Die einfachste Lösung ist, ein 360-Grad-Video vom Raum zu drehen und den Raum dann als realistisches Standbild darzustellen. Die kostspielige Variante ist, den Raum komplett zu programmieren, sodass ich in ihm virtuell interagieren, beispielsweise Tische verschieben kann. Hier reden wir von einem vier- bis fünfstelligen Invest."

Häufige Nutzungsfaktoren neben klassischen Meetings oder Workshops spielen sich in der Sicherheitstechnik, im Brandschutz oder in der Pflegeschulung ab: Überall dort, wo Abläufe automatisiert werden, die real schwer in Dauerschleife abgebildet werden können. Stock: „Ich kann nun mal nicht so eben in ein Umschaltwerk fahren und dort herumspielen. Diese Lerneffekte lassen sich in einem geschützten Raum in der virtuellen Realität deutlich einfacher und sicherer erzielen."

Um das Metaverse mit seinen Möglichkeiten in Deutschland voranzutreiben, sei Offenheit notwendig, Mut und Neugierde. „Wenn sich jeder einmal fragt, wie mir diese Instrumente helfen können, dann kommen wir weiter." Stock plädiert dafür, VR als Chance, denn als Gefahr zu betrachten. „Das ist ähnlich wie mit Tesla. Dort gab es zu Beginn Modelle, die noch keine Reichweite hatten. Genau so haben wir aktuell VR-Brillen, die noch nicht richtig sitzen oder schwer auf dem Kopf liegen. Wenn ich aber von Beginn an sage: ‚Das ist nix!' werden sich die Möglichkeiten kaum entwickeln können."

3.6 teamazing: Wie neue Beschäftigte in der 2D-Welt eingearbeitet werden

Wie können neue Mitarbeitende trotz räumlicher Entfernung ohne Qualitätsverlust eingearbeitet werden? teamazing, ein schnell expandierendes Unternehmen, das Teams besser zusammenarbeiten lassen will, geht neue Wege: Onboarding mit Gather. Wir zeigen, welche Vorteile die digitale Integration bietet.

Teams zusammenführen und effektiver miteinander arbeiten lassen: Dafür steht die teamazing GmbH mit Sitz in Graz und Standorten in Wien und München. Das von Paul Stanzenberger ins Leben gerufene und geführte Unternehmen beschäftigt mittlerweile über 30 Angestellte. Ziel des Unternehmens ist es, unterhaltsame Teambuilding-Maßnahmen zu kreieren und Beschäftigte miteinander zu verbinden. Dabei richtet sich der Blick zunehmend auf Online-Aktionen.

„In den vergangenen zwei Jahren konnten wir Umsatz sowie Mitarbeiteranzahl zweimal nahezu verdoppeln", erklärt Stanzenberger. „Obwohl die Nachfrage nach Präsenzveranstaltungen, nach dem Fall sämtlicher Corona-Maßnahmen, wieder stark zugenommen hat, verzeichnen wir ein großes Wachstum mit unseren digitalen Produkten." Großer Pluspunkt dabei: die internationale Ausrichtung.

3.6.1 „Den größten Schwerpunkt legen wir auf Online-Teambuilding"

Bereits 2021 generierte das Unternehmen 65 % des Umsatzes mit digitalen Produkten – 54 % des Gesamtumsatzes gingen an Unternehmen außerhalb des österreichischen Heimatmarktes. „Das weltweite Umsatzpotenzial verspricht uns ein enormes Wachstum für die kommenden Jahre. Den größten Schwerpunkt legen wir auf Online-Teambuilding." teamazing arbeitet geschlossen in der virtuellen Welt von Gather, nutzt verschiedenste Tools zum Informationsaustausch und verwendet E-Mails nur noch zur Kommunikation nach außen (siehe Abb. 3.18). Über die 3D-Light-Plattform bietet teamazing auch Onboarding-Konzepte an – und erleichtert Unternehmen so die spielerische Integration neuer Beschäftigter über den Online-Kanal.

Gründer und Geschäftsführer Stanzenberger erläutert, warum dabei Gather verwendet wird: „Mit seiner immersiven Umgebung, dem hohen Maß an Individualisierung und der Fähigkeit, Engagement und Interaktion zu steigern, hilft es uns, die Zusammenarbeit und Kommunikation zu verbessern und unvergessliche virtuelle Erfahrungen zu schaffen, was unsere Unternehmenskultur ortsunabhängig macht. Dieser Faktor ist ein unbezahlbarer Vorteil gegenüber unserem Mitbewerbern. Für uns als Unternehmen hat Gather die Zusammenarbeit – insbesondere mit unseren drei Standorten – grundlegend verändert.

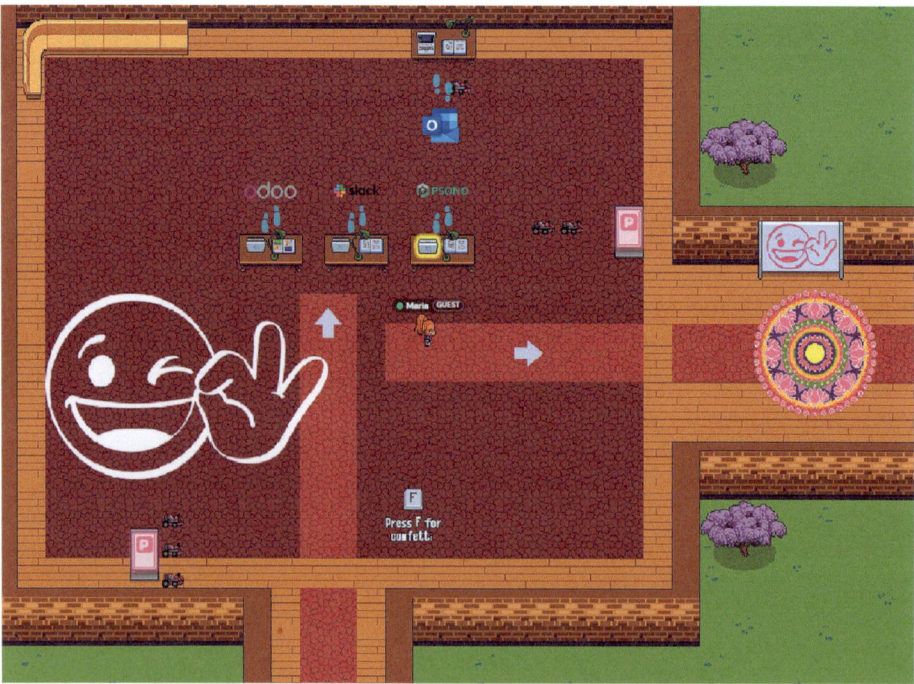

Abb. 3.18 Simple und übersichtliche Gestaltung in der teamazing-Welt. (Bild: teamazing)

Zusätzlich ist es sehr stark in unser Produktportfolio integriert – das Feedback unserer Kunden ist durch die Bank überragend."

3.6.2 Inhalte hervorheben, Interaktion mit neuen Kollegen forcieren

Bei der Einstellung und Integration neuer Beschäftigten kann die virtuelle Welt sehr helfen, wie Erfahrungen von teamazing zeigen. Die Gestaltung der immersiven Räumlichkeiten (siehe Abb. 3.19), in denen neue Mitarbeitende empfangen und eingearbeitet werden, wird in Abstimmung mit dem Unternehmen konzipiert. Wichtige Inhalte, die herausgehoben werden können, werden ebenso besprochen wie die Möglichkeit, die Interaktion mit neuen Arbeitskollegen zu forcieren und so virtuelle Begegnungsstätten zu schaffen.

Wenn die neue Kollegin also zwangsläufig von zu Hause aus eingearbeitet werden muss, kann ein „zufälliges" Treffen mit dem Avatar in der virtuellen Welt helfen, den ersten spontanen Plausch durchzuführen oder sich auf einen „virtuellen Kaffee" zu verabreden. Sehen können sich die Beschäftigten über die Kameras ja ohnehin. So kann eine virtuelle Brücke für die räumliche Distanz gebaut werden.

„Ein gut ausgearbeiteter Onboarding-Prozess kann in Kombination mit entsprechend gebautem Space die Erfahrung für alle besonders machen", sagte uns Wolfgang Weinhofer-Emberschitz, Teamtrainer des Unternehmens, in einem Gespräch. Zudem könnten

Abb. 3.19 Das virtuelle Tor zu den verschiedenen Kollaborationstools. (Bild: teamazing)

klassische Wissenstests „in ihrer Form hin zu einer gamifizierten Version verändert werden, um eine Auseinandersetzung mit den neuen Inhalten zu gewährleisten." Um neue Beschäftigte also in die Unternehmenskultur einzuführen und mit wichtigen Informationen vertraut zu machen, kann die spielerische Darstellungsform mitsamt ihrer Möglichkeiten genutzt werden.

3.6.3 Das Gefühl, in einem gemeinsamen Raum zu sein

Naturgemäß sind vor allem Hybrid-Unternehmen oder jene, die sich ausschließlich auf Remote Work konzentrieren, an solchen virtuellen Onboarding-Prozessen interessiert. Ein solcher Weg, Mitarbeitende zu integrieren, könne als „Stand Alone" oder als Zusatz zu einem Remote Workspace funktionieren, wie der Eventmanager erklärt. „Die virtuelle Welt dient des Öfteren als Wissensdatenbank und Sammelbecken für andere genutzte Tools, um einer Überforderung zuvorzukommen und den effektivsten Weg zur Einarbeitung zu garantieren."

Ein virtuelles Büro, davon ist Geschäftsführer Stanzenberger überzeugt, gebe den Mitarbeitenden das Gefühl, „in der Telearbeit in einem gemeinsamen physischen Raum zu sein und jederzeit miteinander kommunizieren und interagieren zu können. Das führt zu einem Gefühl der Verbundenheit."

Letztlich seien es jedoch die positiven Erlebnisse, die bei Meetings, Teamevents oder Ganggesprächen entstehen und die mit dem virtuellen Büro im Gehirn der Mitarbeitenden verknüpft werden. „Ähnlich, wie beim Betreten des realen Büros werden diese abgespeicherten Erinnerungen mit dem Öffnen des virtuellen Büros automatisch abgerufen. Egal, wo man es öffnet, man fühlt sich geborgen, wohl und so, als wäre man im Büro – ist man ja auch eigentlich, nur eben im virtuellen. Wir forcieren diesen Effekt gezielt mit Ritualen und Teambuildings im virtuellen Büro." teamazing arbeitet ebenfalls mit Tools wie dem Instant-Messaging-Dienst Slack, dem Online-Whiteboard Miro oder Notion, einer Webanwendung für Produktivität und Notizen.

3.7 Weitere Metaverse-Möglichkeiten: Spielerische Ansätze von Meereswelten über Fitnesstraining

Hier zeigen wir Ihnen drei Ansätze mit spielerischem Hintergrund, die kurz vor dem Jahreswechsel 2023 auf einer der größten Metaverse-Messen im deutschsprachigen Raum herausragten: Sehen Sie, wie die Sinne in einem VR-Simulator getäuscht werden können, der WWF ein scheinbar „trockenes" Thema wie Meeresschmutz in der virtuellen Welt greifbar macht und Alexander Zverev die Brille nutzt, um sich ortsunabhängig zu trainieren. Lerneffekte auf neuem Wege, die den Horizont erweitern und auf andere Art und Weise zeigen, welche Geschäftsmodelle durch virtuelle Welten entstehen können.

3.7 Weitere Metaverse-Möglichkeiten: Spielerische Ansätze von Meereswelten …   113

Abb. 3.20 Die Metaverse-Messe im Dezember 2022 blickte im Europa-Park in Rust in die Zukunft. (Bild: Sven Nordmann)

Was das Metaverse leisten kann (und was es noch nicht bietet), das zeigte sich auf einer der größten Metaverse-Messen im deutschsprachigen Raum am 1. und 2. Dezember 2022 im Europa-Park in Rust (siehe Abb. 3.20). Messen dieser Art gibt es derzeit zuhauf, im Europa-Park diskutierten führende Experten, Unternehmer und Vertriebler darüber, wie Firmen Kunden durch virtuelle Showrooms an Produkte heranführen können, der WWF mehr Spenden durch dreidimensionale Welten generieren kann und Menschen in Zukunft besser miteinander vernetzt werden können. Auf dieser Veranstaltungen sprachen wir mit vielen Expertinnen und Experten über Anwendungsfelder und Einschätzungen zum Einsatz von VR und Metaverse in der Arbeitswelt.

„Wir stehen ganz am Anfang", sagte Tim Walther, Head of Metaverse von der Volkswagen Group, in einem Gespräch kurz vor dem Jahreswechsel 2023. „Der Mensch ist und denkt dreidimensional. Wir sind nicht darauf getrimmt, eine Seite runter zu scrollen." Entsprechend sei das Metaverse als virtuelle Zukunft für Walther die logische Weiterentwicklung des Internets. „Ich glaube allerdings nicht, dass wir in drei bis fünf Jahren dort hinkommen, dass es zur Normalität wird, sich in virtuellen Welten zu bewegen. Es wird seine Zeit brauchen."

In diese Meinung stimmt auch Dirk Lueth ein. Der Gründer von Upland, der größten virtuellen Immobilienwelt, sagte uns: „Ich gehe davon aus, dass Virtual Reality erst zum Ende dieses Jahrzehnts hin massenfähig sein wird."

Vieles, das wird im Europa-Park deutlich, bewegt sich zwischen Ausprobieren und Spielerei (siehe Abb. 3.21). Der konkrete Nutzen für Unternehmen wird häufig noch

Abb. 3.21 Vorstellung der virtuellen WWF-Welt im Freizeitpark in Rust. (Bild: Sven Nordmann)

gesucht – das Metaverse selbst sucht zuweilen nach seiner Bestimmung. Der konkrete Nutzen über den Unterhaltungsfaktor hinaus darf sich zunehmend entwickeln. Wir stellen drei prägnante Praxisbeispiele von der Metaverse-Messe vor, die sich zwischen Spielerei und bereits konkretem Vorteil bewegen – und so durchaus zum Vorreiter werden können für Wege, die sich im Lern- und Arbeitskontext verwenden lassen.

Denn, das zeigt die Erfahrung: Oft ebnen spielerische Vorreiter den Weg für geschäftliche Modelle und spätere gesellschaftlich relevante Anwendungsgebiete.

3.7.1 Plötzlich wird die gemächliche Achterbahn zum Schweißbad

Was virtuelle Welten auf Unterhaltungsebene leisten können, das wird im Freizeitpark in Rust sehr gut deutlich. Gleich drei Fahrgeschäfte im Europa-Park bedienen sich der virtuellen Realität.

Im „Voletarium" schwebt der Parkbesucher in einer mehrdimensionalen Welt über Schloss Neuschwanstein und die Gletscher dieser Welt, bekommt dabei kalten Wind ins Gesicht geweht und fühlt sich wie ein Adler. Die Sinne werden im wahrsten Sinne des Wortes vernebelt. Zwei Achterbahnen können derweil sowohl mit als auch ohne VR-Brille erlebt werden. Und tatsächlich: Der Unterschied, die verhältnismäßig gemächliche Holzachterbahn „Alpenexpress" klassisch oder mit der Brille auf dem Kopf zu fahren, ist gewaltig.

3.7 Weitere Metaverse-Möglichkeiten: Spielerische Ansätze von Meereswelten … 115

Abb. 3.22 Mit der Brille auf dem Kopf in Hochgeschwindigkeit neue Welten erkunden: der Alpenexpress im Europa-Park. (Bild: Europa-Park)

Während die üblichen Runden für erprobte Achterbahnfahrer gemütlich verlaufen, wird man in der zweiten Tour mit VR-Brille auf der gleichen Achterbahn in ein Schweißbad versetzt (siehe Abb. 3.22). Plötzlich hat der Fahrgast das Gefühl, einen Looping zu fahren – trotz der identischen Achterbahn!

Mit der Brille auf dem Kopf schippert der Fahrgast vor seinem geistigen Auge nun durch die Buchten einer Großstadt, erlebt auf dem Jetski sitzend eine Verfolgungstour mit Wasserspritzern, waghalsigen Sprüngen und Stunts, während er real die gleiche Holzachterbahn fährt wie zuvor – nur mit einer Brille auf dem Kopf. Eine bemerkenswerte Sinnestäuschung.

Zwei symbolische Passagier-Aussagen: „Ich hätte schwören können, dass das zwei verschiedene Achterbahnen waren, die wir hier gerade gefahren sind!" Und: „Ich habe meinen eigenen Körper vor mir gesehen. Das Bild war verzerrt, da wurde mir etwas schwindelig." Ausgefeilt ist die Technik nicht immer, fehleranfällig zuweilen. Virtuelle Realitäten in der ständigen Entwicklung – der Europa-Park in Rust steht sinnbildlich dafür.

3.7.2 Virtuellen Meeresschmutz kaufen, Welt verbessern

Der WWF hat eine virtuelle Welt geschaffen, um die echte zu retten. In der auf safeyour. world abrufbaren kreierten virtuellen Welt kann die Meeresverschmutzung direkt erlebt werden, einzelne Dosen oder Netze können virtuell erworben werden (siehe Abb. 3.23). Der Erlös geht direkt an die Stiftung.

Abb. 3.23 Virtueller Meeresschmutz wird verbildlicht und kann durch Spenden entfernt werden. (Bild: WWF)

Menschen sollen dazu animiert werden, zu spenden, indem sie Meeresverschmutzung „kaufen" – alternativ gibt es eine direkte Spendenbox in der virtuellen Welt, auf die man klicken muss, um via PayPal, Kreditkarte oder Lastschrift Geld an die Stiftung fließen zu lassen. Tatsächlich gelang es WWF im Höchstwert über 14.000 kg im Meer binnen 48 Stunden zu „verkaufen" und so Geld für die Reinigung der Meere zu sammeln.

Die vom WWF kreierte Welt ist ein gutes Beispiel dafür, wie Menschen für ein Thema auf neuartige Art und Weise begeistert werden können, das aufgrund seiner schweren Greifbarkeit oft in Vergessenheit gerät.

3.7.3 Auch Zverev und Klopp nutzen dieses Trainingssystem

ImproVR stellt ein Trainingssystem mit VR-Brille für Athleten und Athletinnen dar, die ortsunabhängig Neuroathletik-Übungen durchführen können und sich davon eine Verbesserung der Gehirnleistung versprechen. Das Ziel ist es, neue Synapsen für schnellere und effizientere Aktionen zu erzeugen. Trainingssituationen werden virtuell simuliert, sodass ortsunabhängig trainiert werden kann und gewisse herausfordernde Momente bewusst abgespielt werden können. Beworben wird das Konzept vom besten Tennisspieler Deutschlands, Alexander Zverev (siehe Abb. 3.24).

Auf der Homepage (www.goimprovr.com) wirbt der ehemalige Weltklasse-Schiedsrichter Urs Meier mit dem Tool zur Steigerung kognitiver Fähigkeiten. Genutzt wird es laut Homepage u. a. auch vom englischen Fußball-Erstligisten FC Liverpool und Deutschlands Kulttrainer Jürgen Klopp.

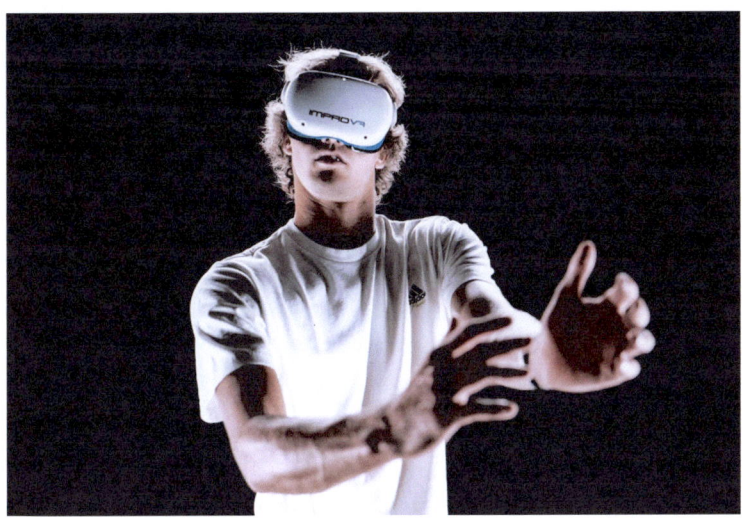

Abb. 3.24 Tennisstar Alexander Zverev wirbt für die Technik von ImproVR – www.goimprovr.com. (Bild: ImproVR/Munich)

Das von vielen prominenten Sportlern genutzte Programm steht sinnbildlich dafür, dass virtuelle Realität komplexe Situationen ortsunabhängig abbilden und so einen Lerneffekt für Nutzer der Brille ermöglichen kann.

3.8 WorldofVR: Den passenden Bürostuhl virtuell aussuchen

Ein Dienstleister für Arbeits- und Gesundheitsschutz nutzt die virtuelle Realität, um die Einstellung der passenden Tischhöhe oder die Auswahl eines geeigneten Bürostuhls zu erleichtern. World of VR, ein Entwicklungshaus für immersive Technologien aus Köln, hilft dabei. Bislang sind beide Parteien mit der Zusammenarbeit zufrieden und optimistisch, Gesundheit und Sicherheit für Beschäftigte steigern zu können.

Die Idee der B·A·D Gesundheitsvorsorge- und Sicherheitstechnik: Man möchte dem Nutzer virtueller Welten teils schwer vermittelbare Themen wie Arbeits- und Gesundheitsschutz im Metaverse spielerisch-leicht erklären, um einen dauerhaften Lerneffekt zu erzielen und über bestehende Formate hinauszudenken. Die Ergonomie im Büro wird durch das Eintauchen in virtuelle Welten durch moderne Brillen für Beschäftigte so greif- und erlebbar gemacht (siehe Abb. 3.25). Wie der tägliche Arbeitsplatz gestaltet ist, ob „klassisch" im Büro oder eben zu Hause, werde von vielen Arbeitgebenden immer noch als leidige Zusatzaufgabe wahrgenommen, meint das Unternehmen.

Durch Virtual Reality soll diesem Umstand entgegengewirkt werden. Timon Vielhaber, Geschäftsführer des Technik-Partners WorldofVR, erklärte uns in einem Gespräch: „Nach einer ersten Kontaktaufnahme steht zuerst immer das Ausloten der

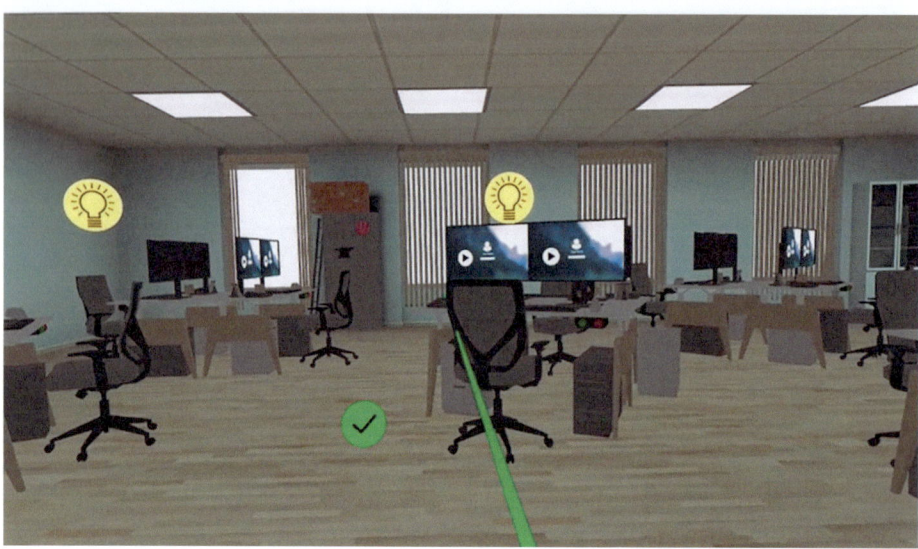

Abb. 3.25 Wenn virtuelle Realität dabei helfen soll, die richtige Büroausstattung zu finden. (Bild: WorldofVR)

Abb. 3.26 WorldofVR bildet virtuell auch Arbeitsräume nach. (Bild: World of VR)

genauen technischen Möglichkeiten und ökonomischen Umsetzung im Zentrum. Diese gestalten sich unterschiedlich je nach Anwendungsfall und konkretem Thema und wurden daher in diesem Fall in einem ersten Kickoff-Workshop gemeinsam erarbeitet" (siehe Abb. 3.26). Teilnehmende lernten so verschiedene Brillen kennen und tauschten Ideen aus, inwieweit diese ökonomisch realisierbar sind.

Damit ein solches Projekt zum Erfolg führe, sei es essenziell, dass ein crossfunktionales Projektteam eingebunden sei. Bei B·A·D brachten und bringen so Fachexperten und Management genauso wie Sozialpartner ihre Sichtweisen und Kompetenzen in den Entwicklungsprozess mit ein. Durch regelmäßige Absprachen sei so eine breite Akzeptanz in Bezug auf die neue Technologie entstanden.

„Natürlich waren und sind mit diesem neuen Thema VR auch gewisse Herausforderungen verbunden. Wir haben ständig dazugelernt und das dann nach und nach gemeistert", sagt Martin Stiemer, Projektleiter der VR-Entwicklung bei B·A·D.

Timon Vielhaber von WorldofVR erklärt: „Ob sich ein Thema für VR, AR oder das Metaverse eignet, lässt sich nicht pauschal beantworten. Ein klärendes Erstgespräch früh im Planungsprozess hilft beiden Seiten dabei."

3.9 Augmented Reality: Die Störung beheben, ohne vorbeizuschauen

Die INOSOFT AG mit Sitz in Marburg begleitet Unternehmen von der strategischen Beratung über die Konzeption bis zur fertigen Lösung und hat in den letzten Jahren beträchtliche Expertise im Bereich von Virtual und Augmented Reality aufgebaut. Für die erweiterte Realität (AR) schildert CEO Thomas Winzer einen konkreten User Case, in der die computergestützte Erweiterung der Realitätswahrnehmung hilft.

Ein weltweit tätiger Hersteller von Hochdruckpumpen, Prozesspumpen und Hochdruckreinigungsgeräten setzt dabei bereits seit 2018 auf ein AR-basiertes System für Fernunterstützung: das „i4=−Portal". Genutzt wird es in der Reparatur, Wartung und Inbetriebnahme der unternehmenseigenen Anlagen (siehe Abb. 3.27). War es vorher die Regel, einen Servicetechniker zum Kunden zu schicken, wenn ein Problem telefonisch nicht lösbar war, so ist das heute die Ausnahme: Wenn nun ein Kunde eine Störung meldet, schickt ihm der Techniker in der Zentrale einen Link auf sein Mobilgerät, den er nur anzuklicken braucht, und es öffnet sich eine Supportsitzung.

Der Techniker blickt dem Kunden sozusagen über die Schulter und sieht gleich, ob sie beide von demselben Bauteil sprechen (siehe Abb. 3.28). Der Mitarbeiter kann den Kunden in dessen eigenen vier Wänden anweisen, welchen Schalter er sich ansehen oder welches Kabel er prüfen soll. Dazu hält er die Übertragung an, markiert das entsprechende Teil, schickt dieses Bild seinem Gegenüber und blendet gegebenenfalls noch einen Ausschnitt aus einem Datenblatt ein.

Der Kunde wiederum kann, wenn er sich unsicher ist, ebenfalls die Übertragung anhalten, das Foto kennzeichnen und zurückschicken. Über die Chatfunktion kann der Techniker, wo nötig, weitere Angaben hinzufügen. Durch die Möglichkeiten der

Abb. 3.27 So kann Augmented Reality in der Praxis aussehen. (Bild: INOSOFT AG)

Abb. 3.28 Neuartiger Kundenservice, ohne vor Ort anreisen zu müssen: Mit erweiterter Realität wird es möglich. (Bild: INOSOFT AG)

AR-gestützten Anwendung wird sichergestellt, dass keine Missverständnisse oder Kommunikationsprobleme auftreten, wie das früher häufiger der Fall war. Die Fehlerlösungsquote liegt nach Unternehmensangaben bei nahezu 100 %.

> *Ein ausführliches Interview mit VR- und AR-Experte Thomas Winzer über die Zukunft des Metaverse lesen Sie im Kap. 5.*

3.10 Weltenmacher: Virtuell den Erste-Hilfe-Kurs absolvieren

Das in Düsseldorf ansässige Unternehmen „Weltenmacher" schickt sich an, Bildung durch die Kombination von virtuellen Realitäten und Künstlicher Intelligenz zu verbessern. Eine eigens entwickelte Software, gestützt auf Künstliche Intelligenz und eingebettet in Virtual Reality, soll sich an die Bedürfnisse des Lernenden anpassen und neben verschiedensten gamifizierten Inhalten eine personalisierte Lernerfahrung ermöglichen. Ein klassisches Anwendungsbeispiel: Der Erste-Hilfe-Kurs wird durch virtuelles Eintauchen vertieft.

Mit einer rund 400 EUR teuren VR-Brille auf dem Kopf sitzt der Nutzer so am Steuer eines Autos und sieht, wie vor ihm ein Unfall geschieht (siehe Abb. 3.29). Im Anschluss werden die Teilnehmenden durch den Prozess geführt und durch eigene Interaktion dazu animiert, Warndreieck aufzustellen und Wiederbeatmung durchzuführen: Die stabile Seitenlage wird virtuell trainiert, indem eine fiktive Person in der konstruierten Welt angefasst und in die entsprechende Position gebracht werden muss.

Jede neue Situation, vom Lösen des Gurtes, dem Umgang mit dem Verletzten bis hin zur Beatmung, wird dabei begleitet von schriftlichen Anweisungen und Erklär-Grafiken in der Szenerie. Sie betten sich jeweils im Blickfeld des Nutzers ein, um den Teilnehmenden eine einfache Schritt-für-Schritt-Anleitung zu ermöglichen.

Abb. 3.29 Der Nutzer betritt eine Unfallsituation: Wenn Erste Hilfe notwendig wird.... (Bild: Weltenmacher)

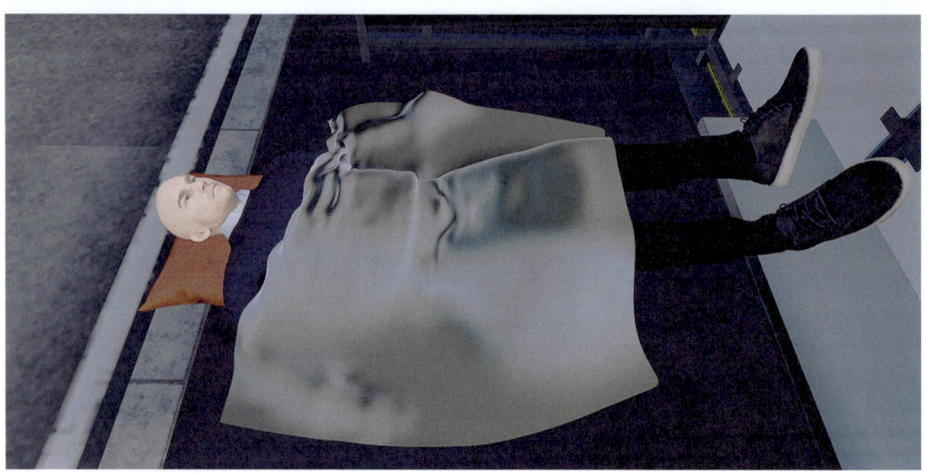

Abb. 3.30 Wie nochmal ist eine verwundete Person im ersten Moment richtig zu versorgen? (Bild: Weltenmacher)

Das simulierte 3D-Unfallszenario soll so helfen, Gelerntes anzuwenden und aufzufrischen (siehe Abb. 3.30). Verschiedene Variationen stehen zur Verfügung. Ein kabelloser Aufbau ohne notwendiges WLAN ermöglicht den Start nach fünf Minuten, eine Integration in den Erste-Hilfe-Kurs soll schnell gewährleistet werden.

Die Simulation versetzt die User in eine Unfallsituation, „in der sie die richtigen Entscheidungen treffen müssen, welche sie zuvor im Erste-Hilfe-Kurs erlernt haben", erklärt Jens Roggenfelder von Weltenmacher. „Dies ermöglicht eine einmalige Sicherung des Lernerfolgs durch den Einsatz von VR-Technologie. Die jeweiligen Situationen können individuell durch die Trainer angepasst werden, wodurch eine immer neue Erfahrung für die User entsteht." Der Einsatz erfolge in einer Gruppe von drei bis 30 Personen, aus der eine Person die VR-App nutzt und alle anderen Kursteilnehmer live den Inhalt der VR auf einem Beamer verflogen können.

Das Unternehmen bietet verschiedene VR-Lösungen an, etwa eine Dialyse-Orientierungshilfe, in der Patienten interaktiv und virtuell verschiedene Therapien veranschaulicht bekommen und in mehreren Kapiteln lernen, wie sich die Therapien auf sie auswirken. Beispielhafte Eingriffe können durchgeführt werden, die Nutzerin kann in die virtuelle Rolle der Patientin schlüpfen.

> **Zusammenfassung**
>
> - Die technischen Möglichkeiten von Virtual Reality, Augmented Reality und virtuellen Welten sind vielfältig und bereits im Einsatz – das zeigen die verschiedenen Praxisbeispiele.

- Das Spektrum reicht von der alltäglichen Büroarbeit über Workshops und das Onboarding von neuen Auszubildenden, das Training von komplexen und spezialisierten Aufgaben bis hin zu Verkauf und Kundenservice.
- Kritische Erfolgsfaktoren sind dabei die technischen Ressourcen des Unternehmens, aber auch die Bereitschaft von Beschäftigten und Geschäftsleitung, sich auf neue Methoden und Technologien einzulassen. ◄

Was weiß die Wissenschaft? – Einige Erkenntnisse für die Praxis

4

Zusammenfassung

Verschiedene akademische Fachbereiche liefern relevante Erkenntnisse und Modelle, die uns helfen, besser zuverstehen, was mit uns in virtuellen Umgebungen passiert. Wer ein bisschen tiefer schürfen möchte, für den istdieses Kapitel gedacht. Hier werden Theorien und Befunde aus Psychologie, Didaktik,Kommunikationswissenschaft und anderen Disziplinen vorgestellt, die wir in anderen Abschnitten nur gestreifthaben. Wir konzentrieren uns auf einige prägnante Thesen, die sich mit praktischen Fragen beschäftigen: 1)Warum identifizieren wir uns mit Avataren?; 2) Wieso tauchen wir so tief in virtuelle Welten ein?; 3) Wie funktioniertdie soziale Interaktion in virtuellen Welten?; 4) Fördern virtuelle Welten das Lernen?; 5) Arbeiten wir in virtuellenWelten besser zusammen? Die Studienlage speziell zu Business-Welten (wie Meta Horizon Workrooms oderGather) ist sehr dünn. Deshalb greifen wir auf Erkenntnisse zurück, die im Zusammenhang mit Social Media undComputer-Games ermittelt wurden. Einige Konzepte lassen sich dabei gut auf unser Thema übertragen.

4.1 Warum identifizieren wir uns mit Avataren?

Manche Avatare in Computer-Spielen sehen auf den ersten Blick eher albern und unrealistisch aus (siehe Abb. 4.1). Ist es wirklich möglich, dass Menschen sich damit identifizieren? Tatsächlich zeigen viele Studien aus den unterschiedlichsten Zusammenhängen, wie schnell wir einen Avatar nicht nur akzeptieren, sondern ihn als einen Teil unserer selbst ansehen.

In der Kommunikationswissenschaft werden Avatare als Teil der virtuellen Realität und damit als Teil der computervermittelten Kommunikation betrachtet. Studien zeigen, dass Avatare dabei eine wichtige Rolle spielen können, da sie die Identität und die Interaktion von Nutzern in virtuellen Räumen beeinflussen können. Avatare können beispielsweise dazu beitragen, dass sich Nutzer stärker mit einer virtuellen Umgebung identifizieren und eine größere soziale Präsenz in dieser Umgebung erfahren (Yee & Bailenson, 2007).

4.1.1 „Menschen glauben, einen Körper zu besitzen, der nicht der eigene ist"

Der Mainzer Philosoph Thomas Metzinger ist einer der wenigen Forscher seiner Zunft, der mit experimentellen Methoden arbeitet und sich derzeit damit beschäftigt, wie Menschen ihr Selbstkonzept in virtuellen Umgebungen ändern (Metzinger, 2014). Gegenüber

Abb. 4.1 Bereits Realität: Konferenzen im virtuellen Raum mit eigenem Avatar. (Bild: Adobe Stock)

der Tageszeitung WELT beschrieb er seine Forschungsergebnisse wie folgt: „Virtuelle Realität kann so starke Illusionen erschaffen, dass Menschen glauben, einen Körper zu besitzen und zu kontrollieren, der nicht der eigene ist – eine Erfahrung, die ganz anders ist als das, was Fernsehen, Film oder Computerspiele bisher erlebbar machen können." (Michel, 2016)

Als Philosoph arbeitet er die kritischen Aspekte von virtuellen Welten heraus und plädiert für eine eigene VR-Ethik – zum Beispiel sollte in virtuellen Umgebungen nichts erlaubt sein, was im wahren Leben verboten wäre – eine durchaus schwierige Forderung im Zusammenhang mit dem beliebten VR-Genre, den Ego-Shooter-Games.

In den vielen Gesprächen, die wir im Zusammenhang mit unserer Arbeit und den Recherchen für dieses Buch geführt haben, wurden uns immer mal wieder auf den ersten Blick überraschende Anekdoten erzählt. So berichtete ein Gesprächspartner von einer „übersinnlichen" Erfahrung bei einem VR-Game. Sein Avatar habe einen anderen berührt – und obwohl es keinen physischen Kontakt gab, habe er in seiner Hand so etwas wie Wärme empfunden. Für Bewusstseinsforscher sind solche Erzählungen nicht außergewöhnlich.

Unsere Wahrnehmung wird nicht nur durch die akuten Sinnesreize aktiviert, sondern auch durch unsere Erwartungen. Wenn wir sehen, dass wir einen anderen Menschen berühren, erwartet unser Gehirn einen entsprechenden Input – diese Erwartung kann dazu führen, dass wir tatsächlich etwas spüren.

4.1.2 Ist der Avatar groß, tritt man aggressiver auf

Forscher haben untersucht, welche Faktoren eine Übertragung unseres Ichs auf einen Avatar fördern. Eine VR-Brille braucht es dabei nicht für ein intensives Gefühl der Übertragung. Sehen wir unseren Avatar direkt vor uns in einer 3D-Grafik, wie es in den meisten Ego-Shooter-Spielen der Fall ist, ist die Identifizierung erfahrungsgemäß hoch. Beobachtet man Gamer, kann man sehen, wie sie nicht nur die Bewegungen des Avatars spiegeln, sondern ebenso dessen Reaktionen zeigen – wird man angeschossen, weicht man zurück, so als ob der Rückstoß des Geschosses einen nach hinten wirft.

Erstaunlich ist aber, dass selbst die wenig realistisch aussehenden Spiel-Avatare, die wir als kleinen Teil einer 2D-Grafik sehen, bereits Teil unserer Selbstwahrnehmung werden. Das passiert bei einfachen Jump-and-Run-Games (wie etwa Super Mario), doch auch in nicht-spielerischen Umfeldern. Wir konnten schon oft beobachten, dass neue Gäste in virtuellen Welten in kürzester Zeit ein Gefühl für ihren Avatar entwickelt haben und ihn ganz selbstverständlich bewegten (siehe Abb. 4.2).

Tatsächlich haben Forscher herausgefunden, dass nicht nur wir unseren Avatar beeinflussen, sondern dieser uns. Man nennt dies den Proteus-Effekt (Yee & Bailenson, 2007). Er beschreibt das Phänomen, dass sich das Verhalten einer Person in virtuellen Welten aufgrund der Merkmale ihres Avatars ändert. Dies geschieht, weil Benutzer sich bewusst

Abb. 4.2 Die beiden Autoren im Selbstversuch im Sandbox-Game. (Bild: vobiz, mit freundlicher Genehmigung von Sandbox VR)

sind, welche Verhaltensmuster andere Teilnehmer dieser virtuellen Welt gewöhnlich mit diesen Merkmalen verbinden.

Ist der Avatar groß, tritt man aggressiver auf, als wenn das Alter Ego eher klein ist. Der Begriff Proteus-Effekt kommt aus der griechischen Mythologie und leitet sich von der Gestaltwandel-Fähigkeit des Gottes Proteus ab. Das Verhalten, das in einer virtuellen Welt gezeigt wird, strahlt in die wirkliche Welt aus. Menschen, die im Rahmen eines Experiments in einem VR-Spiel einen Superhelden gespielt haben, waren später hilfsbereiter als die Kontrollgruppe. In einer gesundheitspsychologischen Studie wurde gezeigt, dass die Verwendung von Avatar-Selbstmodellierung in virtuellen Umgebungen dazu beitragen kann, dass Menschen ihre Verhaltensweisen ändern und gesündere Gewohnheiten annehmen. Die Autoren betonen, dass die Verwendung von virtuellen Avataren dazu beitragen kann, dass Menschen eine stärkere Identifikation mit ihrem virtuellen Selbst entwickeln und dadurch ihre Verhaltensweisen ändern (Fox & Bailenson, 2009).

Fassen wir zusammen: Wir identifizieren uns schnell mit Avataren und gehen eine komplexe Wechselwirkung mit ihnen ein – Wahrnehmung und Verhalten von Mensch und Avatar werden eins. VR-Technik und 3D-Grafik verstärken dies (siehe Abb. 4.3), aber einfache grafische Lösungen reichen aus. Dinge, die dem Avatar passieren, werden mitunter selbst erlebt, inklusiver starker Gefühle. Gleichzeitig wirkt der Avatar auf

Abb. 4.3 Eins mit ihren Avataren – so sehen sich die Autoren im Game. (Bild: vobiz, mit freundlicher Genehmigung von Sandbox VR)

die Selbstwahrnehmung des Nutzers zurück. Er verhält sich dem Avatar gegenüber angemessen – dieses Verhalten strahlt sogar in die Welt außerhalb der VR-Umgebung aus. Deshalb sind Avatare keine Schachfiguren, sondern tatsächlich Erweiterungen unserer Selbst.

4.2 Wieso tauchen wir so tief in virtuelle Welten ein?

Immersion bezieht sich auf das Ausmaß, in dem eine Person das Gefühl hat, in einer künstlich erzeugten, virtuellen Umgebung vollständig präsent zu sein. Man sieht sich nicht als teilnahmsloser Beobachter, sondern ist irgendwie Teil des Spiels. Tatsächlich ist diese Erfahrung nichts Neues, sondern seit Jahrhunderten bekannt, weshalb es in der Psychologie und den Medien- und Kulturwissenschaften dafür unterschiedliche Begriffe gibt.

Schon die antiken Philosophen berichten davon, wie stark Affekte einer Tragödie vom Publikum nachempfunden wurden. Die Massenpsychologie des 19. Jahrhunderts beschrieb mit Sorge, wie Personen in einer Menschenmenge völlig aufgehen und ihre Individualität verlieren. Heute sieht man das Phänomen meist positiver und lobt die „gute Stimmung" bei einem Fußballspiel oder Rock-Konzert.

4.2.1 Bemerkt unser Geist nicht den Unterschied zwischen „echter" und „falscher" Welt?

Doch kann ein solches Aufgehen in der Situation in einer künstlichen Umgebung vonstattengehen? Merkt unser Geist nicht den Unterschied zwischen der „echten" und der „falschen" Welt? Tatsächlich erleben wir Immersion im Umgang mit allen Medien. Abtauchen kann man bei einem Game, aber ebenfalls bei einem Roman oder einem Film. In der empirischen Kommunikationswissenschaft gibt es dazu zwei Konzepte: „Presence" und „Transportation" (Hofer, 2016).

„Presence" bezieht sich auf das subjektive Empfinden des Nutzers, in eine virtuelle Umgebung „eingetaucht" zu sein, als ob er sich physisch in dieser Umgebung befinden würde. Es geht darum, wie realistisch und immersiv die virtuelle Umgebung wahrgenommen wird und wie stark die Nutzer in der Situation aufgehen.

„Transportation" hingegen bezieht sich eher auf den Grad der Vertiefung, den ein Nutzer beim Hineinwerfen in eine Geschichte oder Erzählung erfährt. Es geht darum, wie sehr der Nutzer von der Erzählung mitgerissen wird und wie stark er in die Geschichte eintaucht. Transportation wird in der Forschung zu Erzähltechniken und -mustern untersucht. Wie sehr unser Denken und Fühlen von einer Geschichte beeinflusst wird, hängt vom Grad der „Transportation" ab.

Das Erleben von Presence ist in VR-Umgebungen besonders ausgeprägt. Je mehr Sinne angesprochen werden, desto stärker ist das Presence-Gefühl (Riva, 2005). Bei einem VR-Spiel werden im starken Maße visuelle und auditive Wahrnehmung stimuliert, im begrenzten Maße die haptische (wenn man einen Joystick, Controller oder eine Tastatur bedient).

Werden noch mehr Sinne angesprochen, ist die Erfahrung umso intensiver – das konnten wir selbst erfahren, als wir in Alsfeld die Sandbox-Games spielten – Vibrationen in der Weste und die Luft der Ventilatoren haben zusätzlichen Sinnesinput geliefert. Und es geht noch weiter: Derzeit wird bereits daran gearbeitet, Gerüche in ein VR-Erlebnis zu integrieren.

4.2.2 Es gibt Nebenwirkungen: Verlust des Zeitgefühls, Suchtgefahr

Dieses Eintauchen kann für kurze Zeit sehr intensiv und als befriedigend erlebt werden. Doch es kann auch des Guten zu viel sein (Witmer & Singer, 1998): Nebenwirkungen sind das Ausblenden der Umwelt, das Ignorieren von anderen Bedürfnissen (Hunger, Durst, auf die Toilette gehen), der Verlust des Zeitgefühls, schließlich besteht durchaus eine Suchtgefahr. Manche Menschen bereuen solche Presence-Episoden im Nachhinein, nach dem Motto: „Schade um die vergeudete Zeit."

Was bei einem Game gewollt ist, dürfte im Arbeitsalltag und bei Lehrveranstaltungen eher unerwünscht sein. Ein zu starkes Ein- und Abtauchen könnte zu einem Kontrollverlust führen. Zu starke Immersion ist deshalb für den Büro-Alltag unangemessen. Dies spricht aktuell gegen den immersionsfördernden Einsatz von VR-Brillen und 3D-Umgebungen in der Arbeitswelt (Bailenson, 2018).

Hier spricht doch einiges für die einfacheren 2D- oder 3D-Light Umgebungen, wie wir sie bereits zuvor in einigen Beispielen ausführlich vorgestellt haben. Sie balancieren Nähe (Presence) und Distanz (Beobachter-Perspektive) besser aus. Das hat schon der Dramatiker Bert Brecht so gesehen – in Opposition zum Theater der Affekte versuchte er, die Zuschauer in eine distanzierte Rezeptionsverfassung zu bringen, bei der er einen höheren Lernerfolg erwartete.

Fassen wir zusammen: Medien und besonders virtuelle Welten können uns in ihren Bann ziehen, wir treten in eine künstliche Welt ein. Die möglichst realistische Ansprache über mehrere Sinne fördert das Gefühl von Präsenz. Doch gleichzeitig kann es zu intensiv sein und bringt für Arbeiten und Lernen unerwünschte Nebeneffekte. Eine moderate, schwach-immersive virtuelle Welt (z. B. in abstrakter 2D-Optik) kann eine bessere Balance zwischen Eintauchen und Distanziertheit schaffen.

> **Zum Weiterlesen**
> *Ein Interview mit Eventveranstalter Torsten Schneider über die Möglichkeiten von hoch immersiven Technologien finden Sie in Kap. 5.*

4.3 Wie funktioniert die soziale Interaktion in virtuellen Welten?

Die Kommunikationswissenschaftler und Medienpsychologen kennen das Phänomen einer „Social Presence" (Hofer, 2016). In einer künstlichen Umgebung entsteht das Gefühl, man sei mit anderen Menschen tatsächlich zusammen. Die Erfahrung von Nähe und persönlicher Interaktion wird erlebt. Unsere Urgroßeltern erfuhren dies vielleicht beim Lesen der Briefe ihrer Lieben. In der computervermittelten Kommunikation ist es lange schon bekannt. Hier sind es weniger die immersiven, alle Sinne ansprechenden Elemente der virtuellen Welt, die das soziale Präsenzerleben fördern. Vielmehr sind es die unmittelbaren Reaktionen der anderen.

Soziale Präsenz kann prinzipiell in E-Mails oder Text-Chats erlebt werden. Künstliche Avatare fördern sie nicht besonders, eher schon Profilbilder und Videos der anderen. Oft werden die fehlenden Sinneseindrücke aber gedanklich durch unsere Vorstellungen ausgefüllt. Das führt dazu, dass man manchen Chat-Partner idealisiert – wir malen uns die Lücken im mentalen Bild möglichst schön aus (Walther & Parks, 2002).

Social Presence beschreibt im Grunde das Gefühl von Nähe und zwischenmenschlicher Interaktion, das viele Menschen bei Remote Work vermissen. Die gängigen Videokonferenztools tun zwar einiges, um eine soziale Präsenz zu fördern – sie zeigen

Ton und Bild, außerdem können Emojis und Reaktionen (Klatschen, Daumen hoch etc.) gezeigt werden, doch scheint all das wenig zu fruchten.

4.3.1 Persönliche Nähe braucht geschützte Situationen

Offensichtlich ist der statische Aufbau eines Video-Meetings hinderlich, ebenso das Gefühl, dass man ständig und von allen beobachtet wird. Nicht selten werden vorhandene Hierarchien in einem Online-Meeting wie in einem Brennglas reflektiert und verstärkt (Neeley, 2022). Um es mit dem in einem früheren Kapitel erläuterten Begriff zu sagen: Die vorhandene operative und persönliche Distanz wird nicht abgebaut, sondern eher verstärkt.

Persönliche Nähe benötigt geschützte Situationen, in denen man nicht von Dritten beobachtet wird (siehe Abb. 4.4). Das ist manchmal das Flüstern zum Sitznachbar, der kurze Plausch beim Kaffee oder der Zigarette, ein verschwörerischer Blick oder ein einfaches Lächeln. Wichtig sind Rückzugsräume und ein größeres Repertoire an nonverbalen oder privaten Ausdrucksmitteln – Gestik, Mimik, vielleicht sogar Emojis.

Verschiedene Studien haben gezeigt, dass nonverbale Kommunikation in virtuellen Welten möglich und wirksam ist. Bereits Sherry Turkle, eine Pionierin der Internet-Ethnografie, hat 1995 heraufgefunden, dass sich die Körpersprache und Mimik von Avataren auf die Interaktion und Wahrnehmung der Gesprächspartner auswirken können (Turkle, 1998). Weitere Studien haben gezeigt, dass die Verwendung von Gesten

Abb. 4.4 Gemütliche Zusammenkunft beim Lagerfeuer: Ein vertrautes Gespräch kann sich auch mit virtuellem Avatar entwickeln. (Bild: Gather)

und Emoticons in virtuellen Umgebungen die emotionale Ausdrucksfähigkeit und die zwischenmenschliche Interaktion verbessern können. Sie spielen bei der Wahrnehmung von Glaubwürdigkeit und Kompetenz eine Rolle (Hofer, 2016).

Fassen wir zusammen: Social Presence ist das Gefühl, tatsächlich mit Menschen zusammen zu sein, obwohl man an unterschiedlichen Orten ist. Dieses Gefühl wird durch direkte, oft nonverbale und vertrauliche Reaktionen gefördert, die im normalen Setting einer Videokonferenz eher unpassend sind. Doch grundsätzlich sind sie in der computervermittelten Kommunikation möglich.

4.4 Das digitale Klassenzimmer – Lernen in virtuellen Welten

Online Learning is,t wie bereits in Kap. 1 beschrieben, kein neues Phänomen und existierte schon lange vor Corona. Viele Pädagogen, Lehrer, Hochschuldozenten und Bildungspolitiker haben sich bloß erst durch die Pandemie notgedrungen damit beschäftigt. Sie hatten zuvor kaum eine Ahnung von der einzusetzenden Technik, doch noch weniger schienen sie über die durchaus reichhaltige Evaluationsforschung von digitalen Lernmethoden Bescheid zu wissen.

Dabei gab es diese schon lange vor dem Internet. Vielleicht kann sich der eine oder andere noch an die Sprachlabore in den Schulen der 70er und 80er Jahren erinnern. Dort sollte ein selbstprogrammiertes Lernen stattfinden, das hieß: Jeder Schüler lernt Vokabeln in seinem individuellen Tempo. Schon damals konnte ein gutes, wissenschaftlich fundiertes Konzept sich nicht langfristig durchsetzen, weil sich viele Lehrer, Schüler und Eltern nicht auf die Technik einlassen wollten – und stattdessen zu den altbewährten Methoden zurückkehrten.

Der richtige Einsatz von digitalen Medien in Schule, Hochschule und Berufsbildung kann den Lernerfolg fördern, das zeigen Studien (Shernoff et al., 2014). Viele Erkenntnisse lassen sich auf das Lernen in virtuellen Welten übertragen.

Die Verknüpfung von digitalen Lernmethoden mit virtuellen Meetings ist erfolgsversprechend, weil es zwischen beiden Komponenten keinen Medienbruch gibt (siehe Abb. 4.5). Lernende sitzen schon am Bildschirm und können leicht von einer Anwendung zur nächsten wechseln – oder die anderen digitalen Apps werden in die virtuelle Welt integriert, wie wir es in den entsprechenden Praxisbeispielen in diesem Buch zeigen.

Studien haben bereits das Thema Lernen durch Serious Games (also digitale Lernanwendungen, die Videospielen nachempfunden sind), in den Blick genommen: Die Forschung erkennt, dass Serious Games die Motivation und das Engagement von Lernenden fördern können (Bellotti et al., 2014). Auch wird das eigene Lernen besser reflektiert und Feedback eher angenommen als beim Arbeiten allein. Positive Effekte konnte man beim Einsatz von VR-Techniken in der medizinischen Ausbildung finden (Huang et al., 2016).

Abb. 4.5 Vorlesung von Autor Fischer bei Studium Plus an der THM Mittelhessen: Virtuelle Welten mit neuen Umgebungen können die Motivation von Lernenden fördern. (Bild: Holger Fischer)

4.4.1 Manchen fällt es virtuell leichter, sich etwas zuzutrauen

Ein wichtiges Anliegen in der Pädagogik ist das Fördern von Menschen, die sich aus welchen Gründen auch immer mit dem Lernen schwertun. So beteiligen sich manche Schüler wenig am Unterricht, aus Angst vor Versagen oder Schüchternheit. Menschen mit schwachem Selbstbewusstsein fällt es in einer virtuellen Umgebung mitunter sogar leichter als in Präsenz-Lehrveranstaltungen, sich Dinge zuzutrauen und beispielsweise Antworten zu geben. Das ist für die betriebliche Weiterbildung relevant.

Virtuelle Welten können ein hohes Maß an Individualisierung und Anpassung an die Bedürfnisse der Lernenden bieten, da die Lernumgebung und -aktivitäten leicht modifiziert werden können. Das knüpft an das Konzept des „selbstprogrammierten Lernens" der 70er Jahre an.

Neben dem Vermitteln von Wissen und Fakten geht es in der Bildung – und damit ist auch die betriebliche Aus-, Weiter- und Fortbildung gemeint – vor allem um das Einüben von sozialen Fähigkeiten und das Fördern von Zusammenarbeit. Genau das lässt sich durch ein virtuelles Setting unterstützen: Zum einen durch „Social Presence" (wie wir bereits erklärt haben), zum anderen dadurch, dass Lernende in einer simulierten Umgebung interagieren und kooperieren können.

Fassen wir zusammen: Virtuelle Umgebungen sind also ein geeignetes Mittel, um Menschen mit unterschiedlichen Bedürfnissen beim Lernen individuell zu unterstützen. Besonders die Kombination mit anderen Online-Lehrmethoden (Videos, Quiz, digitale Whiteboards etc.) und Blended-Learning-Plattformen (wie z. B. blink.it) ist vielversprechend.

4.5 Der Schreibtisch im Metaverse – Arbeiten in virtuellen Welten

Kommen wir zum Ursprungsthema unseres Buches: Das Remote-Arbeiten in einer virtuellen Umgebung (siehe Abb. 4.6). Noch gibt es hierzu wenig Forschung. Doch das Interesse der Wissenschaft steigt, das merken wir schon alleine an den vielen Anfragen von Studierenden, Examenskandidaten und Hochschulmitarbeitern, die bei uns und unseren Gesprächspartnern nach Gastvorträgen oder Experteninterviews anfragen.

Eine interessante Studie wurde unter dem Titel „Values of the Metaverse: Hybride Arbeit in virtuellen Begegnungsräumen" veröffentlicht (Kammler et al., 2022). Dort wurde in zwei Unternehmen die virtuelle Welt Gather eingesetzt, um virtuelle Begegnungsräume für die Mitarbeitenden zu schaffen. Die Autoren führten eine sorgfältige

Abb. 4.6 Wenn das Büroleben glaubwürdig abgebildet wird: Kurze Besprechung im virtuellen Arbeitszimmer der Kollegin. (Bild: Confidos Akademie)

Evaluation der Maßnahmen durch, um zu ermitteln, wie virtuelle Räume zur Förderung von Kollaboration, Kreativität und Diversität genutzt werden können. Dabei zeigte sich, dass Gather helfen konnte, das Teamgefühl zu steigern, Spaß am Arbeitsalltag zu fördern und die Interaktionen der Mitarbeitenden untereinander zu erhöhen.

Das Team der Forschenden betont die Bedeutung von Werten wie Vertrauen, Offenheit und Respekt für die Schaffung erfolgreicher virtueller Arbeitsumgebungen. Die Studie kommt zu dem Schluss, dass die Nutzung virtueller Räume für hybride Arbeit eine vielversprechende Möglichkeit darstellt, um die Arbeitswelt der Zukunft zu gestalten.

4.5.1 Studie empfiehlt, spontanen Austausch unter Kollegen zu ermöglichen

Eine Empfehlung dieser Studie ist es, geschützte Interaktionsräume (Private Spaces) zu schaffen, um den spontanen, unbeobachteten Austausch mit Kollegen zu ermöglichen. Das ist keine Selbstverständlichkeit. Die Vermischung von privater und betriebsöffentlicher Kommunikation in einem digitalen Umfeld ist für manche Beschäftigte ein Phänomen, an das man sich erst gewöhnen muss.

Das gilt ebenfalls für die gemeinsame Nutzung von Social-Media-Plattformen in Betrieben – ein Thema, das bereits etwas besser erforscht ist (Leonardi, 2013). Tendenziell scheint Social Media die Zusammenarbeit zu fördern – doch sind die Ergebnisse ambivalent und es gibt durchaus Probleme im Zusammenhang mit als angemessen oder unangemessen wahrgenommenem Verhalten von Mitarbeitern. Daraus kann man lernen, worauf man achten sollte, wenn man die Beschäftigten in einer virtuellen Welt miteinander arbeiten lässt: keine Anonymität im sozialen Umgang, Verbindlichkeit, eine Etikette, Respekt auch gegenüber den Avataren und dem virtuellen Büro (Abstand halten, Anklopfen etc.).

4.5.2 Die Vorteile virtueller Welten

Die internationale Forschung rund um das Thema virtuelle Teams und Remote Work (Bell & Kozlowski, 2002) zeigt die Herausforderungen. Wir glauben, die Chancen sind hoch, dass virtuelle Welten hier helfen können.

- Virtuelle Welten können die Zusammenarbeit und Kommunikation von geografisch verteilten Teams verbessern, insbesondere durch die Möglichkeit, gemeinsam an Projekten zu arbeiten und in Echtzeit zu kommunizieren.

- Der Einsatz von virtuellen Welten kann zu Kosteneinsparungen und verbesserten Prozessen führen, insbesondere durch die Möglichkeit, Meetings und Schulungen virtuell abzuhalten.
- Die Diversität und Inklusion am Arbeitsplatz kann durch virtuelle Arbeitsumgebungen gefördert werden, insbesondere durch die Möglichkeit, sich in einer virtuellen Umgebung auszudrücken und virtuelle Identitäten anzunehmen – solche Effekte haben wir im Zusammenhang mit Avataren schon beschrieben.

Es gibt also viele Anhaltspunkte, dass das Arbeiten von Teams in virtuellen Umgebungen funktioniert und positive Effekte hat. Die identifizierten Probleme können helfen, das richtige Setting für virtuelle Teams zu schaffen. Produktivität, Mitarbeiterzufriedenheit und Effizienz können gesteigert werden, wenn sorgfältig und reflektiert beim Etablieren von virtuellen Arbeitsräumen vorgegangen wird.

4.6 Es muss weiter geforscht werden

Dieser kleine Ausflug in die wissenschaftliche Forschung aus den unterschiedlichsten Fachbereichen hat uns einiges gelehrt. Aus diesen Befunden und Modellen haben wir vielfältige Ableitungen getroffen und bei Praxisprojekten zum Einsatz gebracht. Beispiele dafür finden sich in den Fallstudien in Kap. 3. Gleichzeitig sensibilisiert uns das Wissen über Forschungsergebnisse dafür, die kritischen Punkte in Praxisprojekten zu erkennen und zu reflektieren.

Da das Arbeiten in virtuellen Welten immer noch ein eher neues Phänomen ist, hoffen wir, dass die Forschung hier weitere Resultate sammeln wird. Alles, was wir vorgestellt haben, sind vorläufige Erkenntnisse auf dem bisherigen Forschungsstand, der sich jederzeit ändern kann.

Noch ein anderer Aspekt macht die Vorläufigkeit der oben gesammelten Überlegung deutlich: Die technische und wirtschaftliche Entwicklung hat eine solche Dynamik, dass sich der Forschungsgegenstand ständig ändert. Wohin die Reise geht, kann niemand mit Gewissheit sagen. Doch müssen wir versuchen, künftige Wege schon so gut wie möglich zu antizipieren.

Zusammenfassung

- Menschen können gut mit Avataren umgehen. Sie haben mitunter sogar positive Effekte auf Mitarbeiter und ihr Verhalten außerhalb des virtuellen Settings.
- Eine zu starke Immersion kann zu anstrengend sein und emotionale Nebeneffekte haben, die für das Arbeiten nicht hilfreich sind. Immersives Erleben ist ein besonderer Zustand, der in einem Business-Kontext (anders als in einem Computer-Game) eher in abgeschwächter Form vorkommen sollte. Deshalb sind schwach-

immersive Umwelten (die z. B. eine 2D- anstatt einer 3D-Grafik verwenden) für das Arbeiten und Lernen eher geeignet.
- Soziales Präsenz-Erleben wird durch nonverbale Kommunikation und andere Signale der persönlichen Nähe gefördert. In virtuellen Welten können diese ihre Wirkung entfalten.
- Virtuelle Welten fördern den Erwerb von Wissen und das Einüben von sozialen Verhalten. Sie ermöglichen Lernen und können einen positiven Einfluss auf den Lernerfolg haben.
- Das Arbeiten in virtuellen Umgebungen kann Mitarbeiterzufriedenheit, Teamwork und Effizienz fördern. ◄

Literatur

Bailenson, J. (2018). *Experience on Demand – What Virtual Reality is, how it works, and what it can do*. W. W. Norton & Company.
Bell, B., & Kozlowski, S. (2002). A typology of virtual teams: Implications for effective leadership. *Group & Organization Management, 27*(1), 14–49.
Bellotti, F., Kapralos, B., Lee, K., Moreno-Ger, P., & Berta, R. (2013). Assessment in and of serious games: An overview. Advances in Human-Computer Interaction, 1–11.
Brucks, M., & Levav, J. (2022May). Virtual communication curbs creative idea generation. *Nature, 605*(7908), 108–112.
Fox, J., & Bailenson, J. N. (2009). Virtual self-modeling: The effects of vicarious reinforcement and identification on exercise behaviors. *Media Psychology, 12*(1), 1–25.
Hofer, M. (2016): *Precence und Involvement*. Nomos.
Huang, H. M., Liaw, S. S., & Lai, C. M. (2016). Exploring learner acceptance of the use of virtual reality in medical education: A case study of desktop and projection-based display systems. *Interactive Learning Environments, 24*(8), 1821–1836.
Kammler, P., Gravemeier, L. S., Göritz, L., et al. (2022). Values of the Metaverse: Hybride Arbeit in virtuellen Begegnungsräumen. *HMD, 59*, 1062–1074. https://doi.org/10.1365/s40702-022-00885-6
Leonardi, P. M., Huysman, M., & Steinfield, C. (2013). Enterprise Social Media: Definition, History, and Prospects for the Study of Social Technologies in Organizations. *J Comput-Mediat Comm, 19*, 1–19.
Metzinger, T. (2014). *Der Ego-Tunnel: Eine neue Philosophie des Selbst: Von der Hirnforschung zur Bewusstseinsethik*. Piper.
Michel, S. (2016). „Virtual Reality ist eine Art Massenversuch". WELT.de 01.09.2016. Zugriff: 16. April 2023. https://www.welt.de/vermischtes/article157912006/Virtual-Reality-ist-eine-Art-Massenversuch.html
Neeley, T. (2022). *Remote Work Revolution – Succeeding from anywhere*. Harper Business.
Riva, G. (2005). Virtual reality in psychotherapy: Review. *CyberPsychology & Behavior, 8*(3), 220–230.
Shernoff, D. J., Csikszentmihalyi, M., Schneider, B., & Shernoff, E. S. (2014). Student Engagement in High School Classrooms from the Perspective of Flow Theory. In C. Levesque-Bristol,

M. C. O'Connor, & M. T. Greenberg (Hrsg.), *The Handbook of School-Based Mental Health Promotion* (S. 205–222). Springer.

Turkle, S. (1998). *Leben im Netz – Identität in Zeiten des Internet*. Rowohlt.

Walther, J. B., & Parks, M. R. (2002). Cues filtered out, cues filtered in: Computer-mediated communication and relationships. Handbook of Interpersonal Communication, 3, 529–563.

Witmer, B. G., & Singer, M. J. (1998). Measuring Presence in Virtual Environments: A Presence Questionnaire. *Presence: Teleoperators and Virtual Environments, 7*(3), 225–240

Yee, N., & Bailenson, J. N. (2007). The Proteus Effect: The Effect of Transformed Self-Representation on Behavior. *Human Communication Research, 33*(3), 271–290.

Wohin bewegen wir uns? 5

> **Zusammenfassung**
>
> Chance oder Gefahr? Diese Frage stellt sich jedem Betrachter, der sich mit der virtuellen Realität und Künstlicher Intelligenz, mit Simulationen und Sinnestäuschungen beschäftigt (siehe Abb. 5.1). Reicht es uns künftig aus, das Meeresfeeling durch virtuelle Realitäten zu erleben? Verzichten wir auf das Reisen und bevorzugen das Aufsetzen einer VR-Brille? Werden Kundenberater künftig durch Roboter ersetzt? Läuft uns die Künstliche Intelligenz den Rang ab und macht den Menschen obsolet? Und erwerben wir bald alle virtuelle Grundstücke? Fragen, die sich zwangsläufig stellen und in diesem Kapitel behandelt werden.

Hier stellen wir aktuelle Entwicklungen vor und zeigen, wohin der Weg mit Brillen und Bots führen kann. Wir stellen im ersten Part einen Pionier vor, der überzeugt sagt: „Das menschliche Gehirn ist auszutricksen. Die Entwicklung ist unaufhaltsam." und lassen gleichzeitig einen Skeptiker zu Wort kommen, der sagt: „Es wird sich nicht viel verändern, weil wir Menschen sind und bleiben. Der Hype rund um das Metaverse wird sich einpendeln."

Wir beleuchten im zweiten Part das stetig wachsende Thema Künstliche Intelligenz mit seinen Auswüchsen rund um ChatGPT und Co und geben abschließend im dritten Part ein persönliches Statement zur ethischen Frage ab, wohin die Menschheit steuert.

5.1 Pro & Contra: Übernimmt das Metaverse die Kontrolle?

Wir stellen zwei konträre Meinungen gegenüber: Wir sprachen mit zwei VR-Experten, die einen zuversichtlichen und einen skeptischen Blick auf die Zukunft des Metaverse werfen.

Abb. 5.1 Wie können wir zukünftig Synergien, die sich zwischen menschlicher Intelligenz, virtuellen Welten und KI ergeben, sinnvoll und ethisch verantwortlich nutzen? (Bild: Midjourney, Holger Fischer)

5.1.1 Zuversicht – Virtuelle Realität in der Zukunft: Der optimistische Blick

Torsten Schneider (siehe Abb. 5.2) wirbt mit einer der modernsten Anlagen für Virtual Reality in Deutschland und ist überzeugt von der immersiven Kraft. Der 43-jährige Alsfelder liebt es, Situationen dank technischer Hilfsmittel täuschend echt wirken zu lassen und glaubt daran, einen echten Mehrwert bieten zu können: Reisen ohne zu reisen, Extremsituationen spielerisch testen, ausbilden ohne Gefahrensituationen zu kreieren.

Torsten Schneider sitzt in seinem Meetingraum im mittelhessischen Alsfeld und sagt: „Das menschliche Gehirn ist auszutricksen." Es ist der Grund, warum der 43-Jährige für über 300.000 EUR einen Standort mitten in Deutschland geschaffen hat, an dem filmreife Erlebnisse in der virtuellen Realität erlebt werden können. „Wir haben das modernste Hardware-Setup in Deutschland", sagt Schneider. „Bei uns kann man dank Motion Capture und High-End-Technik nicht nur realistische Spiele erleben, sondern alles simulieren. Wir können Rednerszenen (mit Pult vor einem Publikum ebenso virtuell nachbilden wie wütende Aliens, die auf mich zugerannt kommen. Und mein Gehirn kann nicht mehr unterscheiden, ob das nun real passiert oder nicht."

5.1 Pro & Contra: Übernimmt das Metaverse die Kontrolle?

Abb. 5.2 Autor Fischer (links) mit Torsten Schneider (rechts) in der Sandbox in Alsfeld. (Bild: Sven Nordmann)

„Das menschliche Gehirn ist auszutricksen" (Torsten Schneider)
Genau solche Szenarien suchen Kunden von „Next Level", wie der Standort in Alsfeld sich nennt. „Derzeit kommen noch zu 80 % junge Männer zu uns, die Spaß am Gaming haben, sich gemeinsam beweisen und ein Teamevent zusammen veranstalten wollen."

In einer Gemeinschaft werden Sensoren an Fuß und Arm befestigt, eine Weste samt Rechner am Rücken festgezurrt, ein Headset und eine VR-Brille aufgesetzt. Verfolgt von zwölf Kameras im hochmodernen Simulationsraum können Besucher dann mit einer Waffe ausgestattet auf die Jagd gehen, Zombies eliminieren oder Star Trek nachempfinden.

„Erlebnisse schaffen Erinnerungen" – mit diesem Slogan wirbt das Unternehmen auf seiner Homepage. Auch klassisches Lasertag und das Betreten eines Escape Rooms sind in Alsfeld möglich – der Schwerpunkt aber liegt auf der neuartigen VR-Welt. Gemeinsam gegen die virtuell und real erscheinenden Aliens anzukämpfen, soll verbinden. „Gaming ist in der Nutzung von moderner Technik oft der erste Schritt in die Gesellschaft. Wir können diese Technik auf alles transportieren. Aber der Mensch muss bereit dazu sein. Das ist er bislang nicht. Der Mensch muss es wollen", sagt Schneider.

Wer sich in die virtuelle Welt in Alsfeld begibt, die Brille aufsetzt und sich ins Abenteuer stürzt, taucht tatsächlich schnell in andere Dimensionen ein.

Mit Technik am Körper und Waffe in der Hand ausgestattet sieht man sich in einem kurzen Intro selbst in einer Art Spiegel, verwandelt in einen Weltraum-Krieger mit voller Rüstung. Seine Mitspieler sieht man ebenfalls in voller Montur, als Roboter. Da die Sensoren jede Bewegung ohne Zeitverzögerung in der Simulation umsetzen, dauert es nur wenige Sekunden, bis man sich ganz natürlich bewegt.

Man hört und sieht die Mitspieler, lernt seine Waffe zu bedienen und bekommt den Sinn des Spiels erklärt (siehe Abb. 5.3). Es geht darum, im Weltraum-Fahrstuhl eine wichtige Fracht vor den Angriffen feindlicher außerirdischer Monster zu sichern. Rennen unentwegt Aliens auf einen zu, löst das Stress aus. Der Teilnehmer hat das Gefühl, in der Situation „gefangen zu sein". Adrenalin wird im Körper freigesetzt, die eigenen Reaktionen werden reflexartig.

Wird man von den Kontrahenten getroffen, merkt man das am Körper, indem die Weste vibriert. Steigt der Aufzug in einer kurzen Atempause empor, sorgen im Raum angebrachte Vibratoren für Fahrtwind: Niemand traut sich dabei wirklich, von der Empore zu treten und ins Bodenlose zu fallen. Die virtuelle Realität nimmt den Teilnehmer zum Großteil ein (siehe Abb. 5.4). Kurzum: Das Erleben ist intensiver als bei einem „normalen" Videospiel an einem Computer oder einer Spielkonsole.

Schneider ist fasziniert von den heutigen Möglichkeiten und weiß doch: „Wir stehen ganz am Anfang. Für mich sind zwei Dinge klar: Die Entwicklung ist unaufhaltsam. Und wir müssen effizienter werden und diese Möglichkeiten nutzen. Die Zahl der Bewohner auf diesem Planeten steigt stetig und irgendwann sind Grenzen erreicht, gerade in der Mobilität. Die virtuelle Realität ermöglicht, dass wir die Welt erkunden, ohne zu reisen."

Durch fortgeschrittenste Technik, die alle Sinne anspricht, entwickle sich die Immersion immer weiter – „und die Hemmschwelle, die Dir sagt, dass das, was Du siehst,

Abb. 5.3 Aufgepasst, wo kommen die Aliens? (Bild: Holger Fischer)

Abb. 5.4 Die Verbindung zum eigenen Avatar war für Autor Dirk Engel spürbar. (Bild: Mit freundlicher Genehmigung von Sandbox VR)

hörst, riechst und schmeckst, dass das nicht real ist, die wird überschritten. Es kommt Dir real vor. So kann ich perspektivisch gesehen an andere Orte reisen, ohne dort zu sein. Wo besteht der Unterschied, ob ich tatsächlich am Abgrund des Grand Canyon stehe oder virtuell das gleiche Gefühl empfinde?"

Was für viele zunächst nach Utopie klingt, wird dann zügig glaubwürdiger, wenn man persönlich die Alsfelder VR-Welt betritt und Hemmungen empfindet, „den Schritt vorwärts" zu gehen, weil einem die virtuelle Realität vorgaukelt, man falle dabei in die bodenlose Tiefe. „Wir können die reale Situation abbilden, ohne in der Situation zu sein", sagt der Gründer. „Das kann uns vor allem im Lernkontext enorm helfen – wie beim Flugsimulator, der dem Piloten assistiert. Du brauchst nur genug äußeren Input, damit der Kopf glaubt, was passiert."

Die Ausbildung, das Simulieren von herausfordernden Situationen ohne echte Gefahr also, stellt einen unwiederbringlichen Reiz der virtuellen Realität dar. Ein Nutzen der virtuellen Realität samt Künstlicher Intelligenz kann für Unternehmen schon jetzt in Bereichen des Kundendienstes liegen. „Ein KI-gesteuerter Kunde kommt herein und stellt den auszubildenden Verkäufer vor individuell angepasste Herausforderungen. So wird gelernt, ohne in einer tatsächlichen Drucksituation zu sein."

Könnte der Verkäufer eines Einzelhändlers heute schon ersetzt werden? „Von der Künstlichen Intelligenz her ja", sagt Schneider. „Aber uns fehlt noch der Roboter." Auf welchem ethischen Weg sich die Menschheit mit diesem „Fortschritt" bewegt, wird später noch diskutiert.

Fakt ist: „Eine Kombination aus virtueller Realität und Künstlicher Intelligenz ist mächtig. Schon jetzt können wir diese Tools als unsere persönlichen Assistenten nutzen. Während wir Menschen für ein Buch vielleicht drei Tage zum Lesen benötigen, liest es die KI in Echtzeit. Das ist einfach nicht mehr vergleichbar." Welche Hilfe künstlich geschaffene Chat-Bots und persönliche Assistenten im Jahr 2023 bieten können, wird ebenfalls in diesem Kapitel erläutert.

Mit seinem VR-Studio betreibt Torsten Schneider jedenfalls Pionierarbeit. Er hält weltweite Kontakte, sagt: „Ich wollte keine Miete in den USA zahlen. Ich will in meinem eigenen Vorgarten ausprobieren und spielen: hier, im oberhessischen Alsfeld." Pläne für eine Ausdehnung auf weitere Standorte in Deutschland existierten im ersten Quartal 2023 bereits.

Noch beschränkt sich der Nutzen vornehmlich auf die Gaming- und Eventszene: Torsten Schneider aber ist überzeugt davon, dass es nur eine Frage der Zeit ist, wann Unternehmen die „riesigen Möglichkeiten" für sich erkennen. „Das Unternehmen, das die Künstliche Intelligenz einsetzt, wird riesige Vorteile haben. Gegen die KI kommen 180.000 Angestellte nicht an. Eine sich selbst weiterentwickelnde Instanz ist unschlagbar."

Bisher lasse sich die deutsche Führungsebene nicht auf diese Themen ein: „Die Entscheider in unserem Land haben im Schnitt ein gewisses Alter und beschäftigen sich nur ungern mit diesem Metier. Deshalb fehlt es noch an Mut und Fördergeldern. Unsere Aufgabe ist es, Begeisterung für etwas zu entfachen, das sie noch nicht verstehen und greifen können."

5.1.2 Skepsis – Virtuelle Realität in der Zukunft: Der kritische Blick

Thomas Winzer wirft als VR- und AR-Experte sowie Vorstandsvorsitzender der INOSOFT AG einen kritischen Blick auf die nähere Zukunft des Metaverse. Die Zurückhaltung deutscher Unternehmen und der oft als nur gering erachtete Nutzen virtueller Realität lässt den Technikliebhaber zu einem aktuell ernüchternden Fazit kommen: „Es wird sich nicht viel verändern, weil wir Menschen sind und bleiben."

Thomas Winzer ist überzeugt davon, dass sich VR-Welten in den nächsten Jahren nicht durchsetzen werden (Foto: INOSOFT AG)

Thomas Winzer zählt zu jenen Menschen, die sich in den Führungsriegen der Nation in den letzten Jahren viele Absagen einhandelten, wenn es darum ging, die virtuelle Realität in deutsche Unternehmen zu tragen. Der Vorstandsvorsitzende der INOSOFT AG mit Sitz im mittelhessischen Marburg kennt all die technischen Vorzüge: Sein 75 Mitarbeiter starkes Unternehmen baute eine nur noch in Grundmauern existierende Synagoge in Marburg zum virtuellen Erlebnis nach, ermöglicht das Erlernen von Maschinenbedienungen in VR und lässt Menschen ihre Phobie vor Spinnen in 3D abbauen.

„Sind wir hier auf dem falschen Dampfer?" (Thomas Winzer)

INOSOFT startete vor rund 30 Jahren als Trainingsinstitut mit Excel und Word, bewegte sich dann in die Software-Entwicklung, wurde Microsoft-Partner und entwickelt heute für Großunternehmen mit 15.000 Beschäftigten aufwärts Software. „Unser Brot- und Buttergeschäft ist die Softwareberatung", sagt Winzer. „Mit dem Gang in die virtuelle Realität haben wir eine gewisse Aufmerksamkeit erlangt. Die gesamte Firma ist technikverliebt."

Nach mehreren Jahren Investition finanzieller und personeller Natur in die Ausgestaltung virtueller Räume, Möglichkeiten und Lösungen aber präsentiert der Vorstandsvorsitzende der AG einen ziemlich nüchternen Blick: „Der deutsche Mittelstand ist konservativ. Ich bin überzeugt davon, dass sich VR-Welten, wie sie Meta proklamiert, in den nächsten Jahren in deutschen Großunternehmen nicht durchsetzen werden. Wir reden hier von notwendiger Infrastruktur, Lizenzen und Wartungen. Die Firmen sind froh, wenn sie ein Tool wie Teams oder Zoom flächendeckend etabliert haben."

Darüber hinaus bleibe der Mensch schlicht Mensch und wolle nicht stundenlang in virtuellen Räumlichkeiten verbringen: „Unsere Entwickler kommen zumeist aus der Gaming-Szene. Wenn wir die fragen: ,Wollt ihr den ganzen Tag so eine Brille aufsetzen?', dann schauen die uns an und sagen: ,Spinnt ihr? Nein!' Es wird sich nicht so viel verändern, weil wir Menschen sind und bleiben. Das hat mit unserem Erlebnischarakter zu tun."

Thomas Winzer erinnert sich gut daran, als im März 2016 die Mixed-Reality-Brille „HoloLense" auf den Markt kam: „Damals dachten wir: ,Jetzt geht es ab!' Heute sind wir an einem Punkt angekommen, an dem in der Wirtschaft kaum ein Mensch mehr über diese Brillen spricht und vieles weitgehend über das Smartphone abläuft. Ist man damals auf Messen gegangen, hatte jeder mindestens eine solche Brille dabei, um cool und modern zu wirken. Ich kenne Unternehmen, die haben 20 solche Brillen für je 5000 EUR gekauft – und diese Brillen liegen nun ungenutzt im Regal. Die Coolness alleine reicht nicht aus, um Geld zu verdienen. Die Frage muss lauten: ,Wofür nutzen wir das wirklich? Was haben wir konkret davon?' Solange die Unternehmen sich gegen die Möglichkeiten technischer Neuerungen sperren, wird sich wenig tun."

Dabei scheitere eine Integration der virtuellen Realität in den Berufsalltag meist nicht an den technischen Möglichkeiten an sich, wie der Experte aus etlichen Gesprächen zu berichten weiß: „Es liegt an der Akzeptanz der Bürger und der Nutzerfrage." Dafür führt Winzer drei Beispiele auf:

1. Der Maschinenbau ist ein großer Abnehmer der INOSOFT AG – „Die Anzahl an Rückmeldungen auf unsere VR-Angebote bei den über 5.000 Adressen in Deutschland sind verschwindend gering. Der allgemeine Maschinenbauer ist so sehr in seinen täglichen Geschäften und etablierten Prozessen verankert, dass er an dem ‚Weiter so' anhaftet. Es braucht zumindest eine gewisse IT-Affinität, einen Antreiber und ein Gehör in der Unternehmensführung. Wir sind seit einem Jahr und drei Monaten dabei, eine VR-Lösung bei einem Anlagenbauer zu implementieren. Das muss man sich mal vorstellen. Das liegt daran, dass Prozesse und die Frage nach der Zuständigkeit immer wieder neue Zeitverschiebungen hervorrufen. Es ist ernüchternd, wie langsam die Mühlen mahlen."
2. Zur 800-Jahr-Feier der Stadt Marburg baute die INOSOFT AG die nur noch in Grundmauern existierende Synagoge am Obermarkt virtuell nach (siehe Abb. 5.5). „Das war unser Geschenk an die Stadt. Ein teures Geschenk", sagt Winzer mit einem Lachen. „Wir haben diese Idee im Anschluss vertrieben, auf Veranstaltungen vorgestellt. Insgesamt haben rund 3.000 Menschen diese Synagoge virtuell erlebt. Alle waren begeistert. Wie viele Anfragen sind auf dieser Grundlage und dieser Erfahrung reingekommen? Wie viele Anfragen kamen nach dem Motto: ‚So etwas könnten wir uns

Abb. 5.5 Virtuell nachgebaute Synagoge der Stadt Marburg. (Bild: INOSOFT AG)

vorstellen? Könnt ihr so etwas für uns bauen?' So gut wie keine! Unter den Begutachtern waren alle Gruppen dabei: Unternehmer, Rentner, Hausfrauen."
3. Thomas Winzer ist ein Fan der Technik – und weiß die menschliche Interaktion von Angesicht zu Angesicht doch zu schätzen: „Wir können wirklich sehr spannende Produkte und Projekte kreieren – die Frage ist, ob die Menschen das dauerhaft nutzen wollen." Winzer geht auf die Gestaltung von humanoiden Avataren ein: „Das erfordert aktuell eine immense Rechenleistung, ist teuer und bleibt trotzdem künstlich. In der Filmindustrie wird das sehr häufig genutzt. Aber so realistisch der Avatar aussehen mag, er bildet niemals alle Gesichtszüge ab, er ist und bleibt nachgebaut und kein Original in dem Sinne."

Im Gegenzug nennt der Gründer der INOSOFT AG drei praxiserprobte Wege, auf denen VR sich durchsetzen kann bzw. schon durchschlagende Erfolge gefeiert hat:

1. „Im Aus- und Weiterbildungsbereich kann sich die virtuelle Realität durchaus sehen lassen: Wenn eine Firma mit weltweiten Niederlassungen und tausenden Beschäftigten eine neue Fleischerei-Maschine etabliert, wären in der alten Welt viele Reise- und Übernachtungskosten entstanden, um die Mitarbeitenden zusammenzubringen und in die Bedienung der neuen Maschine einzuführen. Das können wir heute digital erledigen, mit einer virtuellen Maschine, an der die Beschäftigten direkt von ihrem Standort aus lernen können. Das kann VR sein: nachhaltig, ressourcenschonend, kostensparend."
2. Für die schnelle Erfüllung von großen Wünschen sieht Winzer einen Markt: „Wenn ein Ingenieur auf einen Knopf drückt und sich die Kunden ihr potenzielles künftiges Haus mit einer VR-Brille von innen direkt virtuell ansehen können, dann erhöht das selbstverständlich die Qualität der Arbeit. Auf diesem Level, dass das sofort umsetzbar ist, sind wir aber noch nicht."
3. Auch Winzer sieht in niedrigschwelligen Lösungen, die mit begrenzten Kosten und einer überschaubaren Technik schon heute nutzbar sind, eine realistische Möglichkeit für die nächsten Jahre: „Dort einzusteigen, ist eine gute Idee." Gather oder WorkAdventure (siehe Kap. 6) stellen vor allem für Unternehmen, in denen das Homeoffice eine relevante Rolle spielt, eine passende Alternative dar, wenn es darum geht, Beschäftigte von ihrem Arbeitsplatz zu Hause digital miteinander zu verbinden.

Der VR-Experte steht für eine klare Haltung: „In diesem gehypten Metier bewegen sich oft zwei Gruppen von Menschen: Vordenker, die begrenzten Wirtschafts-, bzw. Praxisbezug besitzen. Und Politiker oder all jene, die gerne auf den Zug aufspringen, nichts verpassen wollen und sich mit ihrer eigenen Vorstellungskraft gebündelt dann Phrasen überlegen, die große Bilder versprechen. Die entscheidende Frage aber ist: Sind wir hier auf dem falschen Dampfer? Braucht es das Metaverse überhaupt? Wie wollen wir es wirklich nutzen?"

Thomas Winzer ist sich sicher: „Letztlich wird sich dieser bereits abebbende Hype einpendeln wie die Künstliche Intelligenz – es ist kein Allheilmittel, aber ein Werkzeug für gezielte Anwendungsfälle. Wir können die Arbeit und das Leben von Menschen damit erleichtern, ja. Aber ich bin überzeugt davon, dass wir uns nicht täglich im Metaverse bewegen werden. Es ist ein bisschen wie mit dem Phantasialand, dem Freizeitpark. Da fahre ich einmal im Jahr hin. Aber ich fahre ja nicht täglich ins Phantasialand."

5.2 Wie die Künstliche Intelligenz die Arbeitswelt verändert

Die Künstliche Intelligenz – ein Thema, das 2022 in der gesellschaftlichen Diskussion auf eine breite Basis gestellt wurde und spätestens seit 2023 immer mehr an Bedeutung gewinnt: Mit hoher Wahrscheinlichkeit wird uns die Künstliche Intelligenz in den nächsten Jahrzehnten, wenn nicht sogar Jahren, eine veränderte Lern- und Arbeitswelt bescheren.

Dabei ist sie gar nicht so neu, wie viele von uns denken: Über die KI wird schon seit den 50er Jahren diskutiert (Rosengrün, 2022). Wir alle profitieren von dieser Technologie schon jetzt in unserem alltäglichen Leben. Im Grunde dreht sich bei der Künstlichen Intelligenz alles darum, Prozesse mit dem Computer nachzubilden. Vorgänge sollen mechanisch bzw. automatisiert ablaufen.

Dass geschaffene Strukturen in ihrer Intelligenz schon an das menschliche Gehirn heranreichen, ist allerdings nicht der Fall. Ein Computer, der wie ein Mensch denken kann, ist (noch) Science Fiction. Noch also haben wir es nicht mit einer starken Ausprägung zu tun. Wenn wir von Künstlicher Intelligenz reden, dann von verschiedensten Verfahren, in denen Maschinen lernen, Bausteine zusammenzufügen und Informationen zu verwerten.

Dieser Zwischenschritt in der Entwicklung aber ermöglicht den Menschen schon viel Hilfe. Die KI ist fest integriert in Software, technischen Geräten oder Websites. Sie kann Texte schreiben, Sprachen erkennen und übersetzen oder Bilder generieren. Aus zur Verfügung gestellten Informationen kreiert der Computer etwas Neues.

5.2.1 Virtuelle Assistenten, die wie Menschen aussehen

Das heißt, dass die Künstliche Intelligenz schon jetzt eine Realität ist – nicht in Form des Superbrains, wohl aber in Form vieler hilfreicher Tools, die zunehmend in Businessanwendungen Einzug halten. Während wir in den 90ern noch klare Befehle an der Computer-Tastatur eingeben mussten, klickten wir in den 2000ern schon freudig mit der Maus umher. Heute erkennt die KI Sprache und wir müssen keine Excel-Tabelle mit Formel anlegen, sondern können die Künstliche Intelligenz fragen: „Wie viel haben wir verkauft?" Die neueste Technik kann so das Arbeiten erleichtern.

Es gibt die unsichtbare KI, wenn sich die Auflösung an Ihrem Bildschirm während eines Videochats verringert, wenn die Internetverbindung schlechter wird. Und es gibt die sichtbare KI, etwa in Form eines Chat-Bots oder Avatars, der Menschen in virtuellen Räumen empfängt und mit ihnen wie ein Mensch redet.

Die virtuelle Assistenz kann Menschen als Avatar, den viele nicht von einer realen Person unterscheiden können, mit gewisser Informationsfütterung beeindruckende Erklärvideos vorführen und so zur hilfreichen Ergänzung werden lassen. Wenn die künstliche Person der Betrachterin durch flüssige Sätze und menschliche Züge ein Thema erklärt, kann sie Lernen im Verhältnis zum reinen Lesen zuweilen erleichtern.

KI-Systeme wie beispielsweise von Synthesia oder HeyGen AI, die auf dieser Basis von frei wählbaren künstlichen Figuren in bis zu 80 verschiedenen Sprachen Texte verarbeiten lassen, bieten eine Vielzahl von einfachen Gestaltungsmöglichkeiten und werden bereits für die Wissensvermittlung eingesetzt. So kann eine täuschend echt wirkende Figur in über 100 Sprachen, von Schweizerdeutsch bis Chinesisch, über die Photosynthese philosophieren oder die Wartezeit beim nächsten Businessmeeting verkürzen (siehe Abb. 5.6).

Die recht simple Anweisung, ein 90-Sekunden-Video zu einem bestimmten Thema zu kreieren, reicht in Verbindung mit Informationsfütterung schon aus: Und schon hält der realitätsgetreu aussehende Avatar einen Vortrag. Das freilich wirft ethische Fragen auf, die wir zum Abschluss dieses Buches thematisieren. Einerseits erleichtern solche technischen Entwicklungen das Lernen, andererseits werden Täuschungen in einer ohnehin hektischen Welt damit Raum und Tür geöffnet.

Abb. 5.6 Mit der KI-Software Synthesia erstellte virtuelle Assistenten ähneln Menschen und werden im Lern- und Arbeitskontext bereits eingesetzt. (Bild: Confidos Akademie)

5.2.2 Chat-Bots im Kundenempfang oder zur Meetinganalyse nutzen

Chat-Bots werden mittlerweile von vielen Unternehmen im Kundenempfang oder der Beratung eingesetzt – ganz üblich auf einer Homepage oder eben in virtuellen Welten, in denen sich die Anwendungsmöglichkeiten erweitern. Dort können Chat-Bots eingebunden und in Kombination mit virtueller Realität noch mehr Wirkungskraft entfalten: etwa in Form von real wirkenden Avataren oder als digitaler Assistent (Gentsch, 2018). Große Popularität auch bei vielen Laien hat das frei verfügbare Sprachmodell ChatGPT erlangt, das vielen Menschen die Einsatzmöglichkeiten von Künstlicher Intelligenz und Chat-Bots gezeigt hat (siehe Abb. 5.7).

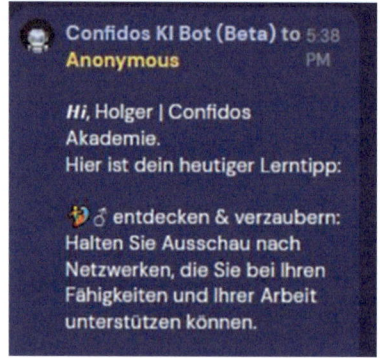

Chat-Bots erfassen auf verschiedensten Wegen Informationen, lernen so dazu und bieten dem lebenden Gegenüber einen Service, für das die Firma personelle Arbeitskraft

Abb. 5.7 Die Welt staunt über ChatGPT. (Illustration: Daniel Jennewein)

spart. Ein Chat-Bot kann durch die neuronalen Netze im Hintergrund ständig dazulernen – wenn man ihn denn lässt. Alle verfassten Texte können auf der Homepage von ihm ebenso aufgegriffen werden wie Gespräche, für die man ihm die Genehmigung zur akustischen Aufnahme gewähren könnte.

So können Meetings von der Künstlichen Intelligenz aufgezeichnet werden, um im Anschluss Zusammenfassungen zu präsentieren oder den Beteiligten klarzumachen, wer sich zurückgehalten hat und wer dominant aufgetreten ist. Seit jeher hinterlassen wir beim Besuch im Internet Spuren, sprich Daten. Das KI-Verfahren wertet diese in Echtzeit aus. Das hat Vorteile, wirft aber Fragen auf (siehe ethischer Aspekt). Zum einen kann Energie gespart, die Effizienz gesteigert und die Kommunikation verbessert werden, zum anderen entstehen drängende Fragen: Wie transparent laufen diese Aufnahme- und Verarbeitungsprozesse ab? Wer steuert und nutzt das Ganze? Wer bestimmt über welche Grenzen und hält sich daran?

Ein anderer Ansatz ist besonders für das Marketing, aber ebenso für Recruitment oder die Kommunikation mit Anspruchsgruppen vielversprechend. Viele Unternehmen verdichten ihre Marketing-Zielgruppen zu anschaulichen Personas, denen man Namen, Aussehen und Biografie gibt. Der nächste Schritt ist es, diese Personas zu interaktiven Bots zu gestalten, mit denen wie mit einem Menschen kommuniziert werden kann. Dann können die Kundenzielgruppen in jedem Meeting mit am Tisch sitzen und nach ihrer Meinung gefragt werden. Das erhöht die Kundenorientierung im Unternehmen und führt zu besseren Marketing-Entscheidungen (vorausgesetzt, die Personas wurden auf empirischer Basis mit echten Daten aus Marktforschung oder Kundendatenbanken erstellt). Auch das ist ein Beispiel, wie im Sinne des Metaversums reale Welt und digitale Welt intensiver miteinander vernetzt werden, um produktiver zu arbeiten.

5.2.3 Für Unternehmen gilt es, sich folgende Fragen zu stellen

- Wie können wir von den aktuellen Entwicklungen profitieren?
- Welche Tools können wir in unserem Arbeitsalltag gewinnbringend einsetzen?
- Was hat es überhaupt mit Künstlicher Intelligenz und seinen ständig wachsenden Möglichkeiten auf sich?
- Wer im Unternehmen kann als Anlaufstelle dienen und Kontakte knüpfen?
- Wie arbeiten wir mit neuen Systemen?
- Wie können wir die Belegschaft begeistern und mit einbeziehen?
- Welcher konkrete Vorteil ergibt sich aus der Arbeit mit virtuellen Welten und Künstlicher Intelligenz?
- Folgt das Unternehmen in dieser Thematik einer einheitlichen Linie?

5.2.4 Drei Empfehlungen für die Nutzung eines Chat-Bots

- Beschäftigen Sie sich vor der Installation eines Chat-Bots mit dem Thema und vergewissern Sie sich, wie das System funktioniert. Lassen Sie das System nicht einfach auf Ihre Beschäftigten los und diese dann damit alleine.
- Machen Sie sich klar, wie der Chat-Bot lernt und neue Zusammenhänge herstellt. Machen Sie sich klar, dass Sie es mit einer Maschine zu tun haben, die auf Informationen zurückgreift, ohne dieses Material im Zweifel auf Sinnhaftigkeit zu prüfen. Verlassen Sie sich nicht blind auf den Chat-Bot bzw. die Künstliche Intelligenz. Erinnern Sie sich daran, dass Sie intelligenter sind und einen Schritt zurücktreten und die Situation mit Abstand betrachten können.
- Entwickeln Sie im Unternehmen eine klare Haltung zum Thema, betreiben Sie Aufklärungsarbeit, um Vorurteile und Ablehnung zu vermeiden und eine sinnvolle Nutzung für alle Beteiligten zu gewährleisten. Machen Sie sich klar, wie Sie den Chat-Bot bzw. Künstliche Intelligenz nutzen und auf welchem Wege Sie sich unterstützen lassen möchten.

5.2.5 Drei Beispiele, wie digitale Assistenten konkret helfen können

- Ein Chat-Bot empfängt Besucher auf Ihrer Homepage, gibt ihnen technische Hilfestellung oder beantwortet auf Basis ihm zur Verfügung gestellter Informationen automatisch Fragen. Sie kennen dieses Prinzip von Alexa oder Siri. Auf Ihrer Homepage können Sie eine solche virtuelle Assistenz einrichten, die etwa vorgefertigte „Lern-Nuggets" in Häppchen an die Beschäftigten weitergibt.
- Textverarbeitungsprogramme wie ChatGPT liefern Ihnen in Windeseile vorzeigbare Texte, denen zuweilen zwar die kreativ-emotionale Ader fehlen mag, die aber inhaltlich durchaus mit vielen menschlich-verfassten Texten mithalten können – und sie in der zeitlichen Ausgestaltung verlässlich um Längen schlagen. Entweder Sie suchen nur nach einer Antwort auf eine bestimmte Frage oder lassen sich eine Menge an Text zusammenfassen – ChatGPT hat sich in den letzten Monaten weltweit einen Namen gemacht. Das Tool ist dabei ein Ergebnis jahrelanger Forschung (Heaven, 2023).
- Nutzen Sie die Vielfalt Künstlicher Intelligenz: In vielen Businessanwendungen von Microsoft, etwa Word oder Excel, können Sie sich die Arbeit durch Rechenleistungen oder Transferaufgaben der KI erleichtern – ebenso können Sie die Künstliche Intelligenz im Hintergrund Daten auf Ihrer Homepage analysieren und so Erkenntnisse zusammentragen lassen.

5.3 Unser Abschlussplädoyer mit einer Prise Ethik

Um in Deutschland einem ähnlichen Dilemma wie in der verschlafenen Digitalisierung vorzubeugen, sollten wir schleunigst die Kurve kriegen und uns für virtuelle Welten und die Künstliche Intelligenz öffnen. Zwei Themen steuern mit Wucht auf die Menschheit zu, die unseren Alltag mit hoher Wahrscheinlichkeit verändern werden. Besser, wir gestalten diese Entwicklung aktiv mit, anstatt sie über uns ergehen zu lassen und abhängig von Technologien zu werden, die wir nicht verstehen (siehe Abb. 5.8).

Die in rasantem Tempo fortschreitende Entwicklung der Künstlichen Intelligenz, die eine massive Umschichtung von Arbeitsplätzen mit sich bringen wird, hat ihren Ursprung im amerikanischen Silicon Valley und in China. Microsoft und Google sind die Global Player. Um den Anschluss nicht vollends zu verlieren und einen demokratischen Raum zu erhalten, ist es wichtig, dass KI-Zentren wie z. B. das Deutsche Forschungszentrum für Künstliche Intelligenz in Darmstadt entstehen, die Start-ups fördern und die Möglichkeit bieten, Teil des Spiels zu werden, das aufgrund seiner Kraft viele Fragen aufwirft.

Wenn uns immer mehr Antworten gegeben und Entscheidungen abgenommen werden, drängt sich die Frage auf: Verblöden wir? Eine Frage, die bei der Einführung jeder neuen Technologie gestellt wurde – von der Schrift bis zum Smartphone. Ist es nicht tatsächlich so, dass es vor allem darauf ankommt, den richtigen Umgang zu lernen und zu bestimmen?

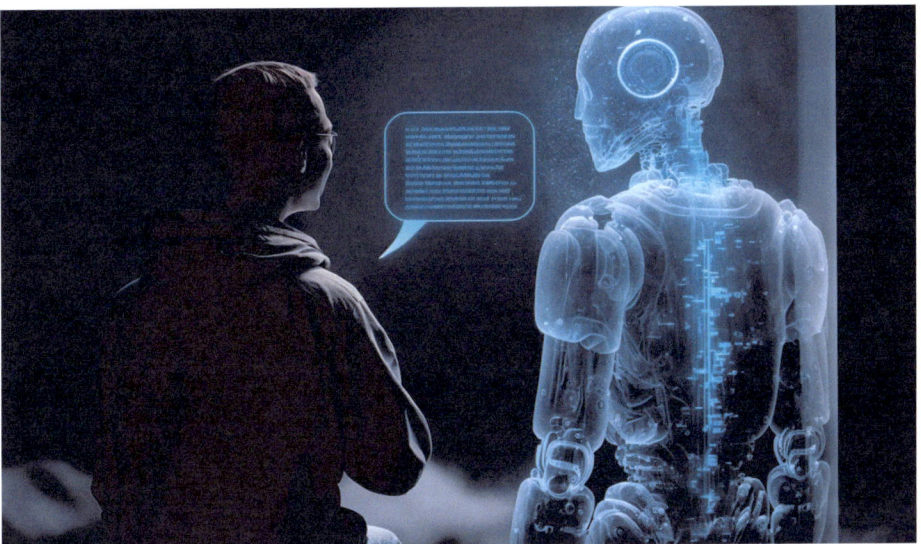

Abb. 5.8 Zukunft gestalten: Mit KI und virtuellen Welten – oder macht sich der Mensch so überflüssig? (Bild: Adobe Stock)

Was passiert mit unseren Daten, wenn die Künstliche Intelligenz im Hintergrund alles erfasst und analysiert? Was bedeutet das Absaugen personenbezogener Informationen? Wie gehen wir mit immer neuen Auswüchsen der Künstlichen Intelligenz um, die es schon Anfang 2023 ermöglichte, täuschend echte Fake-Bilder zu konstruieren: Donald Trump, der angeblich verhaftet wird, Russlands Präsident Wladimir Putin, der einen Kniefall vor Chinas Staatsoberhaupt Xi Jinping mache. Für viele Menschen sind die immer realistischer werdenden Täuschungen nicht mehr zu unterscheiden und im Netz eine praktikable Möglichkeit, um Stimmungen zu verbreiten und zu forcieren.

Weitere Fragen: Welche Entscheidungen werden uns künftig abgenommen? Im Kleinen bedeutet das, dass der Drucker selbst entscheiden mag, wieviel Patronen bestellt werden müssen. Im Großen, dass die KI bestimmen könnte, welche Mitarbeiter eingestellt werden. Erste Firmen aus Asien werben bereits damit, die Künstliche Intelligenz als CEO eingestellt zu haben. Ganz unabhängig von Überwachungs- und Sicherheitsfragen drohen schnell bisherige ethische Grenzen überschritten zu werden.

KI in der Diskussion
Sperre von ChatGPT in Italien, Untersuchung in Kanada wegen Verletzung der Datenschutzrechte, Debatten über ein Verbot der Künstlichen Intelligenz in Deutschland: Zum Zeitpunkt des Redaktionsschlusses dieses Buches kochten die Diskussionen rund um die Zukunfts-Technologien hoch. Das Tempo, mit dem sich Künstliche Intelligenz und virtuelle Realität entwickeln, ist zuweilen schwindelerregend – genau deshalb ist eine exakte Vorhersage der weiteren Schritte schwer zu treffen.

Unser Buch ist so aktuell wie irgend möglich – und doch in manchen Aspekten schon morgen überholt. Das gilt in diesem Metier schlicht für jede Publikation und liegt in der Natur der Sache. Gleichzeitig ändert es nichts an den Grunderkenntnissen und Thesen, die zeitlos bleiben und Ihnen jetzt helfen können, eine fundierte Orientierung in diesem für viele so neuen Feld zu gewinnen.

Über 1.500 KI-Forscher unterschrieben bis zum Frühjahr 2023 einen offenen Brief, in dem sie ein sechsmonatiges Aussetzen für die Weiterentwicklung von ChatGPT4 forderten. Wo wir in einem, in drei oder in fünf Jahren stehen werden, wie selbstverständlich neue Technologien Einzug halten in unseren Alltag – das kann Ihnen keiner mit Gewissheit sagen. Genau deshalb aber meinen wir ungeachtet ständig aktueller Entwicklungen: Es ist so wichtig, sich mit diesem Thema ernsthaft auseinanderzusetzen – um nicht eines Tages wie der Ochse vor dem Berg zu stehen.

Keiner kann den genauen Zeitpunkt benennen, an dem der Computer beginnt, eigenständig zu denken, sich weiterzuentwickeln und somit die Büchse der Pandora zu öffnen. Was, wenn Maschinen eines Tages intelligenter als der durchschnittliche Mensch werden? Was, wenn das oberste Interessen dieser Instanzen die Rettung des Planeten und damit die Zerstörung der Menschheit bedeutet? Wird sie dies tun?

5.3 Unser Abschlussplädoyer mit einer Prise Ethik

Große Fragen, die wir uns kaum zu stellen trauen – und doch flackern sie ohnehin im Hinterkopf jedes Beteiligten auf. Es ist ein gefährliches Spiel, das die Menschheit mit der Künstlichen Intelligenz betreibt. Wir aber meinen: Besser, wir sehen die Chancen und lassen die Risiken nicht außer Acht.

Im Privaten gefällt manchen die Vorstellung, beim Nachhausekommen den Roboter damit zu beauftragen, die Kochplatte anzustellen und ein leckeres Menü zu zaubern – im Beruflichen freunden sich Unternehmer bereits damit an, effizienter zu arbeiten, in dem sie Routinearbeiten an die Technik abgeben können.

Fakt ist: Die Entwicklung schreitet voran und die Künstliche Intelligenz kommt auf uns zu – ob wir wollen oder nicht. Wer die Chancen sieht, kann auf der Welle mitschwimmen. Dabei ist es von großer Relevanz, sich offen und rechtzeitig mit dem Thema zu beschäftigen – und dann die Menschen mit einzubeziehen und aufzuklären.

Mit klassisch deutscher Bürokratie und Bedenkentum werden wir in dieser Thematik große Probleme bekommen. Es gilt, sich nicht allem automatisch zu verschließen – sondern Risiken im Blick zu haben und gleichzeitig Möglichkeiten zu erkennen. Wenn wir Künstliche Intelligenz für uns gewinnbringend nutzen wollen, müssen wir aber vor allem eines machen: Ins Tun kommen!

Das bedeutet konkret auf Arbeiten und Lernen bezogen: Beschäftigen Sie sich als Personaler bewusst mit den Chancen des Metaverse für Ihr Unternehmen – finden Sie eine Person, bestimmen Sie einen geeigneten Beschäftigten, der oder die eine Faszination für das Thema aufbringt und finden so gemeinsam heraus, welchen Mehrwert das Arbeiten & Lernen in virtuellen Welten und die Nutzung von Künstlicher Intelligenz für Ihr Unternehmen wirklich bieten können.

Besser, Sie gehen diesen Weg, anstatt in einigen Jahren hinterherzulaufen und den Anschluss, auch bei der Personalgewinnung, verloren zu haben. Es gilt, das Beste aus beiden Welten, aus der gewohnten Präsenzwelt und der virtuellen Realität, miteinander zu verbinden – um wettbewerbsfähig zu bleiben und ideal für die Zukunft aufgestellt zu sein! Denn trotz aller ethischen Fragezeichen bieten die neuen Metaverse-Technologien, die wir in diesem Buch anhand von verschiedenen Praxisbeispielen aufgezeigt haben, schon jetzt viele Chancen.

Wie immer gilt dabei: Learning by doing! Je eher Sie sich zutrauen, den ersten Schritt in das Metaverse zu gehen, desto einfacher werden weitere folgen. Genau dazu dient dieses Buch: Es soll verdeutlichen, dass niedrigschwellige Lösungen schon jetzt Sinn ergeben und einen Mehrwert bieten. Während einerseits teure und andererseits oft noch komplizierte VR-Lösungen ein Thema der Zukunft sein werden, ergeben sich schon jetzt konkrete Chancen, Arbeiten und Lernen im Remote Work durch einfache virtuelle Welten zu verbessern: mit oder ohne VR-Brille, wenig oder stark immersiv! Trauen Sie sich – und lassen Sie sich von diesem Buch begleiten.

Metaverse, virtuelle Welten, VR und AR, Künstliche Intelligenz und Chat-Bots und alle weiteren digitalen Techniken und Tools, die es jetzt schon gibt oder die noch kommen werden – sie alle können auf verschiedene Weise eingesetzt werden. Tools können Jobs vereinfachen, aufwerten, überflüssig machen oder erschaffen. Die Haltung der

Abb. 5.9 Mensch und KI: Eine Verbindung mit Zukunft? (Bild: Midjourney, Holger Fischer)

Menschen ist entscheidend: Wir sollten uns auf die neuen Möglichkeiten einlassen und alles versuchen, sie dafür zu nutzen, unsere Arbeit besser zu machen. Ob KI zum Guten oder Schlechten in der Welt beiträgt, hängt in erster Linie von uns ab, denn im Grunde spiegelt sie nur unsere Intentionen, Werte und Ziele wieder (siehe Abb. 5.9). Künstliche Intelligenz sollte nicht die menschliche Intelligenz ersetzen, sondern sie ergänzen und erweitern. Ein Leben in virtuellen Welten sollte nicht das Leben in der Realität verdrängen, sondern unser Zusammenleben und Zusammenarbeiten für alle erleichtern. Deshalb muss sich auch unsere Intelligenz verändern – wir müssen eine hybride Intelligenz aufbauen, mit der wir erkennen können, wie wir unsere Kreativität und Produktivität erweitern können. Das erfordert Veränderungsprozesse in Unternehmen, aber ebenso in uns selbst. Die unglaubliche Dynamik, mit der die Digitalisierung fortschreitet, erlaubt keine langen Anpassungsprozesse, vielmehr müssen wir schnell reagieren und oft improvisieren. Nicht, um jedem Trend hinterherzulaufen, sondern um zu lernen und zu experimentieren. Die hier vorgestellten Beispiele sollen zeigen, wie man bereits heute die neuen Techniken und Tools einsetzen kann, damit wir das hybride Arbeiten verbessern können.

> *Für die Zukunft des Lernens und Arbeitens in virtuellen und analogen Welten brauchen wir eine hybride Intelligenz.*

Zusammenfassung

- Die zukünftige Entwicklung und ethische Herausforderungen von VR, KI und Simulationen werden kontrovers diskutiert, wir haben einige Stimmen gesammelt.
- Torsten Schneider sieht großes Potenzial in VR, betont aber auch Vorbehalte und Herausforderungen in Deutschland.
- Thomas Winzer äußert Skepsis über den breiten Einsatz von VR in deutschen Großunternehmen, sieht jedoch Potenzial in spezifischen Sektoren.
- KI-gesteuerte Avatare und Chat-Bots revolutionieren Lernumgebungen und Kundenkommunikation.
- Unternehmen sollten den Einsatz von Chat-Bots sorgfältig planen und implementieren.
- Deutschland sollte in der KI- und VR-Entwicklung aktiv mitwirken, um international wettbewerbsfähig zu bleiben.
- Es gibt ethische Bedenken bezüglich des Einflusses von KI auf Wahrnehmung, Datenverwendung und Entscheidungsfindung, die man ernst nehmen muss und bei der keine abschließende Beurteilung möglich ist.
- KI und virtuelle Technologien transformieren die Arbeitswelt und Bildung – ob zum Positiven, hängt von uns ab.
- Der Schlüssel zum Erfolg liegt in der hybriden Intelligenz, also der intelligenten Nutzung von Technologie und menschlicher Vernunft. ◀

Literatur

Gentsch, P. (2018). *Künstliche Intelligenz für Sales, Marketing und Service – Mit AI und Bots zu einem Algorithmic Business*. Springer Gabler.

Heaven, W. (2023). Woher kommst Du, ChatGPT?; in: MIT Technology Review (deutsche Ausgabe), 03/2023 (März – Juni 2023), S. 72 – 74

Rosengrün, S. (2022). Künstliche Intelligenz – zur Einführung. Hamburg.

Weitere Quellen

Teile dieses Kapitels basieren auf Gesprächen und Interviews, die mit Unterstützung von Sven Nordmann (freier Journalist) von Herbst 2022 bis April 2023 geführt und mit dem Autorenteam abgestimmt wurden.

Weiterführende Literatur

Handelsblatt (2023). Aufbruch in eine neue Zeit. 80 Seiten zur K.I.-Revolution, Nr. 124, Wochenende. 30. Juni/1./2. Juli 2023.

Weitere Informationen und Tipps 6

> **Zusammenfassung**
>
> In diesem Kapitel stellen wir Ihnen weitere 2D- und 3D-Lösungen vor, die keine großen Anschaffungskosten für den Einstieg in das Metaverse voraussetzen. So erfahren Sie, welche Plattform für Ihr Unternehmen und den Start ins Metaverse auf einfache Art und Weise am geeignetsten ist. Sie können wählen zwischen verschiedenen auf dem Markt zur Verfügung stehenden Tools, die das Büroleben, den informativen Austausch oder schlicht gelegentliche Meetings zu einem anderen Erlebnis werden lassen. Außerdem geben wir Tipps, wie man sich bei den Themen Datenschutz und Datensicherheit auf dem Laufenden halten kann.

6.1 Der niedrigschwellige Einstieg ins Metaverse: Vier praktikable Varianten

Der Fokus liegt dabei auf niedrigschwelligen Lösungen ohne VR-Brille oder Anwendungen, die Virtual Reality voraussetzen. Gerade im Kontext von Remote Work bieten sich einfache Tools an, um einerseits einen Einstieg zu erleichtern, andererseits aber eine langfristige und selbstverständliche Nutzung zu gewährleisten. Noch dienen VR-Brillen und das immersive Eintauchen in virtuelle Welten eher temporären Beschäftigungen. Niemand läuft den gesamten Arbeitstag über mit einer VR-Brille umher.

An anderer Stelle sind wir exemplarisch auf die Plattform Gather eingegangen, da man an ihr die Funktionalitäten und Vorteile einer solchen virtuellen Welt gut darstellen kann, außerdem ist es die Plattform, mit der wir bisher die meisten praktischen Erfahrungen sammeln konnten. Selbstverständlich gibt es aber eine ganz Reihe weiterer Angebote. Ein lückenloser Überblick ist kaum möglich, deshalb mussten wir eine

Auswahl treffen. Die hier vorgestellten fünf sind aus unserer Sicht und der unserer Gesprächspartner besonders relevant. Alle können New Work heute schon erleichtern. Dabei helfen wir Ihnen und zeigen, auf welche Aspekte zu achten ist (siehe auch Checkliste für Unternehmen, Kap. 3) und beantworten die Frage, wie die richtige Plattform für den einfachen Einstieg ausgewählt wird.

6.1.1 Wie finde ich die richtige Plattform für einen niedrigschwelligen Einstieg?

Wer eine virtuelle Welt für die eigenen Meetings, Events, Weiterbildungs veranstaltungen oder das alltägliche Remote-Working sucht, hat eine große Auswahl:

- Es gibt offene virtuelle Welten, die eher aus dem Bereich Gaming und Events kommen. In einigen von ihnen lässt sich jede Art von Raum kreieren – ob Partykeller oder Kunstgalerie. Diese Welten werden gelegentlich für das Arbeiten „zweckentfremdet". Es sind eher die Nerds und Start-up-Gründer, die sich oft sowieso in den Gaming-Welten zuhause fühlen und sich dann beruflich mit VR-Brille zu einem Brainstorming auf solchen Plattformen treffen. Für eine wirklich professionelle Nutzung empfehlen sich solche Game- und Event-Plattformen eher nicht, da ihre Funktionalitäten nicht auf das Remote-Working ausgerichtet sind.
- Die klassischen Video-Meeting-Tools sind ebenfalls eine Art Konkurrenz. Sie werden mit dem wachsenden Bedarf für umfassendere Remote-Work-Anwendungen immer ausgetüftelter. Ideen aus der VR- und Game-Welt haben schon lange Einzug bei Zoom und Teams gehalten: virtuelle Hintergründe, Filter und „Masken", Avatare, Emojis, Collaboration-Tools wie Whiteboards. Vieles davon wirkt eher unbeholfen – etwa die Ansicht, bei der die Videos aller Konferenz-Teilnehmer in einen Hörsaal projiziert werden. Es ist aber anzunehmen, dass die Anbieter – allen voran Microsoft – weiterhin stark in den Ausbau dieser Tools investieren werden. Dadurch können Funktionen, die bisher nur in 2D-Welten oder ähnlichen Anwendungen zu finden sind, irgendwann auch in Zoom, WebEx, GoTo, Teams oder sogar andere Office-Anwendungen integriert werden.
- Selbst die Zahl der business-orientierten Plattformen ist groß. Dabei gibt es zwei große Gruppen mit konträren Design-Prinzipien: Auf der einen Seite die 2D-Optik, auf der anderen Seite eine 3D-Grafik, die erst mit VR-Brille richtig zur Geltung kommt.

6.1.2 Worauf müssen Sie achten?

Die hier vorgestellten Plattformen haben eine große Ähnlichkeit und sind alle für Remote-Working geeignet. Worauf bei der Auswahl der Plattform zu achten ist, hängt von den eigenen Zielen und der Strategie, die man verfolgt, ab. Hier einige Punkte, die man prüfen sollte:

- Datenschutz nach EU-Recht: Viele Anbieter sitzen außerhalb von Europa und haben dort ihre Server stehen. Legt Ihr Unternehmen Wert auf einen Server in der EU? Hier ist noch anzumerken, dass der Wettbewerbsdruck dazu führt, dass Firmen sich zunehmend darum bemühen, den strengeren europäischen Anforderungen zu genügen.
- Open Source: Wenn man eigene Programmierer und Techniker im Unternehmen hat, kann es zum Wunsch kommen, möglichst viel Kontrolle zu übernehmen. Bei einer Open-Source-Lösung wäre es etwa möglich, alles über den eigenen Server laufen zu lassen.
- Unternehmensgröße: Große Unternehmen haben in der Regel mehr Ressourcen, die für die Kunden eingesetzt werden. Sie sind unabhängiger von äußeren Einflüssen und haben einen kontinuierlichen Support.
- Schließlich sind Funktionalitäten und Grafik wichtig: lieber 3D oder 2D?

Die folgende Vorstellung von Remote-Work-Plattformen ist nicht vollständig, beinhaltet nur Kandidaten, mit denen wir oder unsere Gesprächspartner bereits positive Erfahrungen gemacht haben. Der Markt ist sehr dynamisch, neue Anbieter kommen hinzu, andere verschwinden (wie etwa die Plattform Wonder.me, die im April 2023 offline ging). Deshalb können wir nur eine Momentaufnahme liefern.

6.1.3 FrameVR: Offene Plattform in 3D-Format

FrameVR.io ist webbasiert und erlaubt es Benutzern, virtuelle Realitäten zu kreieren, zu teilen und auszuprobieren. Sie ist besonders benutzerfreundlich gestaltet und benötigt keine besonderen Programmierkenntnisse, um VR-Inhalte zu erstellen. Mithilfe dieser Plattform können Nutzer ihre eigenen VR-Szenarien und -Umgebungen kreieren und diese in einem 3D-Format präsentieren.

Die Plattform bietet eine Vielzahl von Tools und Funktionen, die es Benutzern ermöglichen, ihre virtuellen Welten zu gestalten und anzupassen. Dazu gehören eine einfache Drag-and-Drop-Schnittstelle, 3D-Modelle, Texturen, Beleuchtungsoptionen, Audio- und Video-Integration, Interaktivität und vieles mehr (siehe Abb. 6.1).

Nutzer können ihre VR-Inhalte auf der Plattform speichern und freigeben oder sie direkt mit anderen Benutzern teilen. Die Plattform unterstützt die Integration von VR-Hardware wie Oculus Rift, HTC Vive, Samsung Gear VR und Google Daydream.

Eine Besonderheit von FrameVR.io ist, dass es eine offene Plattform ist, die es Benutzern ermöglicht, die Funktionalität der Plattform zu erweitern und eigene Plugins zu erstellen. Dies ermöglicht es Nutzern, die Plattform an ihre Bedürfnisse anzupassen und

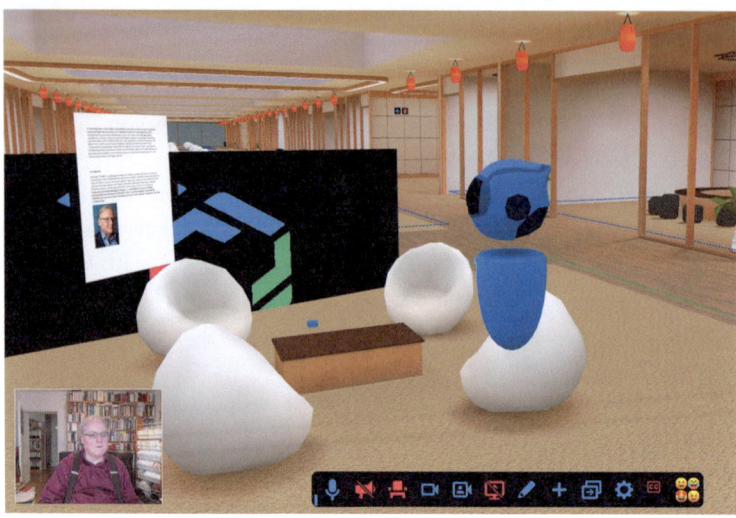

Abb. 6.1 Virtuelles Zusammentreffen in der Welt von FrameVR.io. (Bild: Screenshot Dirk Engel)

eigene Funktionen hinzuzufügen. So lassen sich zum Beispiel reale Büros in einem 3D-Modell nachbilden.

FrameVR.io wurde von dem Unternehmen Frame entwickelt. Das Unternehmen wurde im Jahr 2014 gegründet und hat seinen Hauptsitz in San Mateo, Kalifornien. Frame hat sich zum Ziel gesetzt, die Entwicklung von Virtual- und Augmented-Reality-Anwendungen zugänglicher und benutzerfreundlicher zu gestalten. Frame arbeitet mit einer Vielzahl von Partnern zusammen, um die Integration von VR-Technologie in verschiedenen Branchen voranzutreiben.

6.1.4 WorkAdventure: Benutzerfreundliche 2D-Umgebung

Work Adventure ist eine webbasierte Plattform, die es Nutzern ermöglicht, virtuelle Arbeitsplätze zu erstellen, zu teilen und zu besuchen. Die Plattform ist ein Open-Source-Projekt und kann auf eigenen Servern gehostet werden, was für Unternehmen, die europäischen Datenschutzbestimmungen unterliegen, von Vorteil sein kann. Die grafische Oberfläche zeigt deutliche Ähnlichkeit zu Gather, besonders durch die Verwendung von Avataren in einer 2D-Umgebung (siehe Abb. 6.2). Work Adventure bietet eine relativ benutzerfreundliche Schnittstelle, um virtuelle Arbeitsplätze zu gestalten.

Das Nutzererlebnis auf WorkAdventure ist ähnlich wie bei anderen Plattformen, doch es gibt kleine Unterschiede – die nicht besser oder schlechter sind, nur anders. Nutzer können ihre virtuellen Arbeitsplätze auf der Plattform speichern und mit anderen teilen.

6.1 Der niedrigschwellige Einstieg ins Metaverse: Vier praktikable Varianten 165

Abb. 6.2 WorkAdventure: Leistungsstarke Alternative aus Frankreich. (Bild: Screenshot Dirk Engel)

WorkAdventure ist auch in der Lage, in bestehende Arbeitsabläufe integriert zu werden, indem es mit anderen Plattformen und Diensten wie Slack, Jitsi und Google Drive verknüpft wird.

Das Unternehmen, das WorkAdventure entwickelt hat, ist die französische Firma TheCodingMachine. Es wurde im Jahr 2003 gegründet und hat seinen Hauptsitz in Montpellier, Frankreich. TheCodingMachine ist ein bekannter Name in der Open-Source-Community und hat zahlreiche erfolgreiche Projekte entwickelt. WorkAdventure ist eines der wichtigsten Projekte von TheCodingMachine und hat sich als eine beliebte Lösung für virtuelle Arbeitsplätze und Remote-Teams etabliert.

TheCodingMachine hat sich zum Ziel gesetzt, die Entwicklung von Open-Source-Software zu fördern und eine leistungsstarke und zugängliche Lösung für die Fern- und Zusammenarbeit zu schaffen. Für externe Entwickler ist es einfacher, eigene Anwendungen zu integrieren. Die Zukunft der Plattform ist aufgrund der Open-Source-Strategie relativ sicher, da der Code auch dann verfügbar bleibt, wenn das Unternehmen nicht mehr existieren sollte.

Insgesamt kommt WorkAdventure für viele Unternehmen infrage, die auf der Suche nach einer zuverlässigen und zugänglichen Plattform für virtuelle Arbeitsplätze sind. Mit seinem leistungsstarken und benutzerfreundlichen Design bietet Work Adventure eine positive Erfahrung für Remote Work und die Zusammenarbeit.

6.1.5 ZEP.US: Individuelle Projekte aus Südkorea

ZEP.US ist eine Website für virtuelle Zusammenarbeit, die es Nutzern erlaubt, Räume für Büros, Events, Schulungen und mehr zu erstellen und zu besuchen. Die Benutzer können miteinander kommunizieren und interagieren, als ob sie in der physischen Welt wären. Die Plattform bietet intuitive Tools für die Erstellung von virtuellen Umgebungen und ist insbesondere für Unternehmen und Organisationen konzipiert. ZEP.US ist kostenlos und bietet auch Premium-Funktionen für Unternehmen, die zusätzliche Funktionen und Services benötigen. Die Plattform ist einfach zu bedienen und erfordert keine komplizierte Installation oder Registrierung.

Die Plattform ähnelt Gather und wird von vielen Beobachtern als ein „Gather.town-Klon" bezeichnet. Wie Gather und WorkAdventure nutzt ZEP.US eine zweidimensionale Benutzeroberfläche, verzichtet also ebenfalls bewusst auf eine 3D-Optik (siehe Abb. 6.3). Die Entwickler scheinen einige der Funktionen von Gather nachempfunden und dabei die Grafik verbessert zu haben. Die Anmutung ist bei aller Ähnlichkeit flüssiger und weniger grob. Kritiker bemängeln das unklare Preissystem.

ZEP.US gehört zu einem großen koreanischen Gaming-Giganten und verfügt über ein erfahrenes Entwicklerteam, das kundenindividuelle Lösungen anbieten kann. ZEP.US arbeitet mit Projekten wie ZEIT zusammen, um sicherzustellen, dass keine persönlichen

Abb. 6.3 Übersichtlich gestaltete 2D-Welt aus Korea: ZEP.US. (Bild: Screenshot Dirk Engel)

Daten der Benutzer verfolgt werden. Die Plattform erleichtert es Entwicklern, individuelle Umgebungen zu erstellen und anzupassen.

Das Unternehmen hat sich auf den Bereich Online-Multiplayer-Spiele spezialisiert und hat in diesem Bereich eine führende Position in Asien erreicht. Das Entwicklerteam von ZEP.US hat eine lange Erfahrung in der Gaming- und VR-Industrie und kann kundenindividuelle Lösungen schaffen. Dabei arbeiten sie mit externen Programmierern auf Kundenseite zusammen, sodass maßgeschneiderte Projekte entstehen.

6.1.6 Meta Horizon Workrooms: Die andere Variante von Meta

Als im Oktober 2021 das Unternehmen Facebook seinen Namen in Meta änderte, war der Begriff Metaverse in der Öffentlichkeit kaum bekannt. Die Umbenennung hat das Thema definitiv auf die Agenda gebracht – so sehr, dass einige Metaverse und Meta gleichsetzten, was in den Köpfen Verwirrung stiftete. Um den Führungsanspruch beim Thema Metaverse zu dokumentieren, startete man eine eigene virtuelle 3D-Welt: Meta Horizon World. Es soll ein offener Treffpunkt für alle Zwecke sein, die VR-Variante von Facebook.

Wie keine andere VR-Plattform wurde und wird es skeptisch von den Medien beäugt und man konnte schon viel Kritik lesen. Bisher erfüllt es die sehr hochgesteckten Erwartungen der Öffentlichkeit nicht, fast schon hämisch werden alle Schwachpunkte seziert: Avatare ohne Unterleib (angeblich, um sexuelle Übergriffe zu verhindern, tatsächlich aber, weil die meisten Webcams Beine nicht erfassen können), nur wenige Besucher, eine eher durchschnittliche Grafik. Weit weniger Aufmerksamkeit bekam bisher die Business-Version: Meta Horizon Workrooms.

Meta Horizon World und Meta Horizon Workrooms sind zwei separate Produkte, die beide von Meta bereitgestellt werden. Meta Horizon World ist eine virtuelle Welt, in der Benutzer mithilfe von VR-Headsets eigene und fremde Orte erkunden und miteinander interagieren können. Meta Horizon Workrooms ist hingegen eine virtuelle Arbeitsplattform, die Teams die Möglichkeit bietet, in einer virtuellen 3D-Umgebung zusammenzuarbeiten (siehe Abb. 6.4). Obwohl sie unterschiedliche Zwecke erfüllen, sind sie Teil desselben kleinen Meta-Metaversums (man kann sich also zwischen beiden bewegen). Beide können mit VR-Headsets genutzt werden.

Mit Workrooms können Teams virtuelle Räume erstellen und betreten, um Meetings abzuhalten, Brainstorming-Sessions durchzuführen oder Aufgaben gemeinsam zu erledigen. Die Plattform ermöglicht eine immersive Zusammenarbeit, bei der die Teilnehmer das Gefühl haben, tatsächlich im selben Raum zu sein. Workrooms bietet eine Vielzahl von Tools, darunter permanente Whiteboards, flexible Räumlichkeiten und Remote Desktops, um die Produktivität der Teams zu steigern. Workrooms ist kostenlos und kann über das Meta-Quest-Headset genutzt werden.

Die Plattform ist einfach zu bedienen und bietet eine personalisierte Umgebung, in der die Teams in Echtzeit zusammenarbeiten können – egal, ob sie ein Virtual-Reality-

Abb. 6.4 Will Teamarbeit neu gestalten: Meta Horizon Workrooms. (Bild: www.meta.comde-workworkrooms)

Headset tragen oder über einen normalen Videoanruf teilnehmen. Es ist möglich, den Remote-Desktop Ihres Computers in die VR zu holen. Workrooms unterstützt räumliches Audio und ausdrucksstarke Avatare, die die nonverbale Kommunikation verbessern. Benutzer können ihre Umgebungen personalisieren und natürlich ungewohnte Orte abseits eines Büros nutzen. Beliebt sind Meetings am virtuellen Badestrand.

Im Vergleich zu anderen VR-Meeting-Plattformen wie FrameVR ist Meta Horizon Workrooms sehr viel ausgereifter. Nach wie vor sind die Erwartungen hoch und man kann mit einer kontinuierlichen Weiterentwicklung rechnen. Trotz des großen finanziellen Investments ist es alles andere als sicher, ob das Meta-Horizon-Ökosystem zu einem ähnlichen Erfolg wie seinerzeit Facebook wird.

6.2 Tipps, um auf dem Laufenden zu bleiben bei Datenschutz und Datensicherheit

Eine leichtverständliche Einführung für alle, die sich für Datenschutz und Datensicherheit sensibilisieren möchten, liefert das schmale Bändchen „30 min Digitale Souveränität". Hier bekommt man einen ersten Einstieg in das komplexe Thema (von Hattburg, 2022).

Es gibt Institutionen, die auf ihren Websites regelmäßig Updates zu rechtlichen Fragen rund um die digitale Welt veröffentlichen. Es lohnt sich, diese Websites regelmäßig zu besuchen oder Newsletter der Institutionen zu abonnieren. Hier sind einige hilfreiche Anlaufstellen im Internet:

- Der Branchenverband Bitkom liefert umfassende Informationen und Forschung rund um die Informations-Technologie. https://www.bitkom.org/Themen/Datenschutz-Sicherheit/Datenschutz-Sicherheit
- Der Bundesverband der digitalen Wirtschaft BVDW hat einen Schwerpunkt im Bereich Marketing, Werbung und E-Commerce, doch gibt es zusätzlich eine Sektion für E-Learning. Für das Thema Recht gibt es einen eigenen Bereich auf der Website. https://www.bvdw.org/themen/recht/
- Einige Forschungseinrichtungen der Fraunhofer Gesellschaft widmen sich ebenfalls regelmäßig den Themen Datenschutz und Datensicherheit im Zusammenhang mit neuen Technologien. Dazu findet sich vieles auf der Website, außerdem werden dort Veranstaltungen und Publikationen vorgestellt. Lesenswert ist etwa eine Ausgabe des kostenfrei erhältlichen Fraunhofer Magazins (02/2022), die einen entsprechenden Schwerpunkt hat. https://www.fraunhofer.de/content/dam/zv/de/publikationen/Magazin/2022/Fraunhofer-Magazin-2-2022.pdf/https://www.fraunhofer.de/
- Die Zeitschrift t3n widmet sich allen Aspekten der digitalen Welt – Gaming, Programmierung, gesellschaftliche Auswirkungen, Technologie, Online-Marketing und vieles mehr. Hier erfährt man die aktuellen Trends. Einige Rubriken richten sich eher an „IT-Nerds", andere sind allgemeinverständlich und oft inspirierend. www.t3n.de
- Eher wissenschaftlich geht die Fachzeitschrift „Wirtschaftsinformatik & Management" an das Thema heran. Hier finden sich viele Experten-Einschätzungen. Die Beiträge sind zusätzlich über die kostenpflichtige Plattform „Springerprofessional" abrufbar, die den Zugriff auf eine Vielzahl von Zeitschriften, Büchern und Online-Beiträgen zu den Themen Management, Wirtschaft und Technik als Abonnement ermöglicht. https://www.springerprofessional.de/wirtschaftsinformatik-management/5030266/https://www.springerprofessional.de/

Zusammenfassung

- Es gibt verschiedene Arten von Plattformen: offene virtuelle Welten aus dem Gaming-Bereich, klassische Video-Meeting-Tools wie Zoom und speziell business-orientierte Plattformen in 2D oder 3D.
- Am Markt existieren derzeit zahlreiche niedrigschwellige 2D- und 3D-Lösungen für den Einstieg in virtuelle Welten für Remote Work oder hybrides Arbeiten. Wir stellen wenige vor, wobei der Fokus auf Tools ohne VR-Brille liegt.

- Bei der Auswahl einer Plattform sind Aspekte wie Datenschutz, Open-Source-Optionen, Unternehmensgröße und gewünschte Grafik (2D oder 3D) zu berücksichtigen.
- Wegen der dynamischen Entwicklung des Gebiets ist es notwendig, sich mit aktuellen Quellen auf dem Laufenden zu halten

Literatur

von Hattburg, A. T. (2022). *30 Minuten Digitale Souveränität*. GABAL. Offenbach.

If you have any concerns about our products,
you can contact us on
ProductSafety@springernature.com

In case Publisher is established outside the EU,
the EU authorized representative is:
**Springer Nature Customer Service Center GmbH
Europaplatz 3, 69115 Heidelberg, Germany**

Printed by Libri Plureos GmbH
in Hamburg, Germany